财经法治

投服中心系列丛书

China Securities Investor Services Center

纠纷调解案例评析

2018年

郭文英　徐　明◎主编

Cases Review of Dispute Mediation

法律出版社
LAW PRESS·CHINA

纠纷调解案例评析

Cases Review of Dispute Mediation

总 序

2018年金秋，中证中小投资者服务中心（以下简称投服中心）主编的“投服中心系列丛书”终于与大家见面了。投服中心是中国证监会直属的证券金融类公益机构，成立3年来，不忘初心，始终坚守保护中小投资者合法权益的使命，积极探索投资者保护新路径，努力引导投资者理性投资、全面知权、积极行权、依法维权。“投服中心系列丛书”的出版是对“知权、行权、维权”工作的一个总结，希望借此契机能凝聚一批法学学者、市场实务人士等专家对资本市场的热点难点问题进行长期的探讨研究。

自2014年成立以来，投服中心在中国证监会党委的领导和部署下，在证监会投资者保护局的指导和相关部门、各派出机构的支持下，在证监会系统兄弟单位和社会各界的大力支持下，从中小投资者权益保护和救济诉讼的实际需求出发，创新了一套适合我国资本市场中小投资者保护的机制和实现路径——以投资者教育工作为基础，通过事前持股行权、事中纠纷调解、事后支持诉讼来切实维护广大中小投资者的合法权益。投资者是资本市场发展的重要基石，培育良好的投资者群体，保护好广大中小投资者合法权益，是促进资本市场健康发展的重要一环，直接关系维护社会的公平正义，直接关乎亿万人民群众的切身利益。但中国资本市场的中小投资者既是数量上的多数，又是专业知识、投资理念、维权能力等方面的“弱势少数”，因此，中小投资者合法权益时常受到漠视甚至侵害。长期以来，中小投资者权益保护问题既是资本市场的一个宏观问题，又是要落实到每位投资者身上的微观问题。如何从立法层面更细致地规定中小投资者保护的内容，形成法律、行政法规、部门规章及操作性指引；如何从司法层面推动示范判决制度、探索强制调解机制等制度的建设；如何从监管层面创新机制，加大对侵害中小投资者合法权益的违法违规行为的打击和惩罚力度,更多地保护中小投资者的合法权益;如何帮助中小投资者树立权利意识,建立长期投资、价值投资理念,强化风险意识,提高维权能力。这些问题的解决都不是一蹴而就的,我们需要扎根于中国资本市场的土壤,需要政策、法律的研究,需要投保机制的创新,需要与广大中小投资者面对面的交流。为此,投服中心出版系列丛书,以投服中心工作为蓝本,研究了一些热点问题,探索了一条"投服模式"的投资者保护道路,积累了一些经验分享给读者。

"投服中心系列丛书"由《投资者权益知识读本》《重大资产重组行权案例评析》《纠纷调解案例评析》《支持诉讼维权案例评析》《投服研究》等书组成。其中《投资者权益知识读本》登载的"权益360"系列文章,根据我国资本市场和广大投资者的实际情况,接地气、聚人气,本着知识性、实用性、趣味性的宗旨,为投资者普及权益知识。《重大资产重组行权案例评析》《纠纷调解案例评析》《支持诉讼维权案例评析》汇集了投服中心持股行权、纠纷调解及支持诉讼工作中具有代表性的实际案例,旨在进一步发挥投服中心示范引领作用,唤醒广大中小投资者的股东意识,督促上市公司提高依法运营水平;以及进一步探讨在全国范围内的建立调解合作、小额速调、诉调对接、证券支持诉讼示范判决等机制。《投服研究》选取了投服中心课题中较突出的研究报告,包含投资者交易行为研究、上市公司章程反收购条款效力研究、证券市场投资者保护条例等一系列资本市场热点、难点问题的研究。"投服中心系列丛书"综合了普及性、专业性及学术性的特点,面向广大投资者、上市公司及专家学者等群体,期望与其一道共同推动中小投资者权益保护工作。

我们希望,"投服中心系列丛书"是一涓细流,能不断汇集中国资本市场土壤上的经验与创新机制,不断丰富学术理论,不断普及权益知识。我们相信,中国中小投资者保护事业能在资本市场各方的努力下,共同谱写新的篇章。

2018年8月

目　录

第一篇

纠纷调解案例

Cases
Review of
Dispute
Mediation

前　言

“用严谨、周密的语言、专业知识、技巧等剖析矛盾产生的根源，从而达到案结事了”，“能用手解开的结不要用刀割断”，这些说法都很好地诠释了调解的定义及内涵。我国有着调解的优良传统，调解制度的源头可以追溯到古代中国的儒家文化，具有“东方经验”的美誉。“和谐无讼，止分定争”，不仅是我国传统纠纷解决文化的最高境界，也是世界法治文化思想的瑰宝。在新的历史时期，我们应该发扬优良传统，确立多元证券纠纷解决机制，充分发挥调解方式化解证券期货市场矛盾的优势。

截至2017年年底，我国资本市场投资者已达1.34亿户，其中超过95%为中小投资者，他们风险识别和自我保护能力较弱，加之多层次资本市场快速发展、规模不断扩大、新业务大量增加，投资者与市场主体之间的纠纷持续增多。一方面，投资者习惯采用的向监管部门投诉解决纠纷的方式，不仅面临监管资源有限的问题，更关键的是监管部门直接处理民事纠纷于法无据，以行政手段解决民事纠纷很难有效满足投资者的诉求。另一方面，投资者通过诉讼、仲裁解决纠纷存在门槛高、成本高、耗时长的问题，有限的资源也难以满足纠纷解决的需要。通过调解的方式化解上述纠纷，既促进了监管转型，也节约了司法资源，还提高了纠纷解决的效率，有效地保护了投资者特别是广大中小投资者的利益。

我国多元化纠纷解决机制所追求的善治和法治目标与各国替代性纠纷解决（Alternative Dispute Resolution，ADR）运动完全一致，共同构成了“全球调解趋势”，将多元化纠纷解决机制作为国家发展战略，正是回应了社会需求和国际趋势。同时，我国的多元化纠纷解决机制与西方的ADR的概念有所不同，是一种适应我国法治和社会可持续发展的需求，兼顾诉讼与非诉讼均衡发展的理念与实践。因此党的十八届三中全会提出要改进社会治理方式,创新有效预防和化解社会矛盾体制。党的十八届四中全会提出要健全依法维权和化解纠纷机制。国务院办公厅《关于进一步加强资本市场中小投资者合法权益保护工作的意见》提出了"支持自律组织、市场机构独立或者联合依法开展证券期货专业调解,为中小投资者提供免费服务"的要求。党的十九大报告更是明确提出了打造共建、共治、共享的社会治理格局,发挥社会组织作用的要求。纠纷调解是监管工作的有效延伸,是投资者保护工作的重要抓手,中国证监会对此项工作十分重视。中证中小投资者服务中心(以下简称投服中心)是依据国务院办公厅《关于进一步加强资本市场中小投资者合法权益保护工作的意见》(国办发〔2013〕110号),由中国证监会批准设立并直接管理的资本市场投资者保护公益机构。根据中国证监会批复,投服中心的主要职责是为中小投资者自主维权提供教育、法律、信息、技术等服务。其中,受中小投资者委托,提供调解、和解服务是核心职责之一。2016年5月,最高人民法院、中国证券监督管理委员会联合发布的《关于在全国部分地区开展证券期货纠纷多元化解机制试点工作的通知》(法〔2016〕149号)将投服中心列为全国证券期货纠纷试点调解组织。投服中心的调解范围包括:投资者与上市公司等信息披露主体违法违规的民事纠纷;投资者与从事内幕交易、操纵市场等侵权行为人之间的民事纠纷;投资者与证券、基金、期货等经营机构的民事纠纷;其他适宜通过调解方式解决的证券期货民事纠纷等。目前,投服中心在全国范围内聘请了400多名专家调解员,主要包括退休法官、资深律师、业内专家学者等,为纠纷调解工作提供了专业保障。为适应证券期货市场纠纷调解的特殊需要,在依法、中立、公正的前提下,初步建立了申请便捷、程序简化、专业权威、效力保证的新型纠纷调解机制:一是便捷的纠纷受理承办网络,建立了覆盖全国各省市及计划单列市的调解工作站,形成了覆盖全国的纠纷受理和调解网络,并依托中国投资者网站平台,开通在线调解,为投资者解决纠纷提供便利;二是纠纷单边受理机制,在市场主体自律配合的情形下,凡投资者提出申请且经投服中心审核属于受案范围的纠纷均能纳入调解程序处理,有效解决调解"入门难";三是小额速调、单边裁决机制,针对难以和解的纠纷,依托市场主体自律配合,由投服中心组织专家作出裁决,在投资者认可的情况下,机构一方必须自觉接受,有效解决纠纷"调成难";四是建立诉调、仲调、证调对接机制,双方当事人调解达成协议的,可以通过诉调、仲调、证调对接机制,赋予调解协议执行效力，有效解决调解“生效难”；五是诚信监管协作机制，凡不履行已经生效的调解协议的失信行为，将录入市场主体诚信档案，纳入资本市场诚信监管范围，依法予以诚信约束。

截至2018年7月，投服中心共登记纠纷案件6480件，正式受理4121件，调解成功3044件，投资者和解获赔金额达6.68亿元，逐渐成为资本市场纠纷化解的主渠道。本篇选取了投服中心在调解工作开展过程中比较典型的案例进行剖析研究，旨在通过案例分析来阐明法律适用、剖析交易规则、交流调解技巧、提示投资风险等。案例类型覆盖基础理论研究、虚假陈述纠纷、私募基金纠纷、融资融券纠纷以及新三板投资纠纷等各领域，希望对中小投资者维权、经营主体规范经营以及以后案件的调解工作产生一定的借鉴作用。

第一章　理论探究

期货交易中的全权委托及多元纠纷调解机制

陈春熙*

一、案 情 回 顾

原告王某诉被告××期货有限公司其他期货交易纠纷一案,2013 年 7 月 8 日上海市第一中级人民法院作出判决,判定被告员工接受原告的全权委托,根据最高人民法院《关于审理期货纠纷案件若干问题的规定(一)》(以下简称《期货纠纷规定》)第 17 条规定:期货公司接受客户全权委托进行期货交易的,对交易产生的损失,承担主要赔偿责任,赔偿额不超过损失的 80%。根据现有证据不能认定被告擅自交易的过错,且原告未妥善保管其密码,亦未及时审核其交易结算报告,也是导致被告员工上述违规行为得以成立不可缺少的原因之一,故原告对该期间其账户内的损失亦应自行承担部分责任。前述期间内原告账户内亏损额为 2,733,910 元,鉴于原告、被告对上述损失均应承担相应责任,故酌定被告应就上述损失的 60%,即 1,640,346 元及其利息损失对原告承担相应赔偿责任,驳回原告王某其余诉讼请求。××期货有限公司不服一审判决,向上海市高级人民法院上诉。上海市高级人民法院判决:撤销上海市第一中级人民法院(2013)沪一中民六(商)初字第 2 号民事判决;对被上诉人王某的原诉讼请求不予支持。

* 重庆利欣律师事务所合伙人。

王某再次提起诉讼要求××期货有限公司因全权委托行为承担赔偿责任。法院立案后首先将案件交中证中小投资者服务中心(以下简称投服中心)进行调解,后双方争议太大未能达成一致,中止调解。

二、法律观点

(一)侵权责任与违约责任竞合

1. 概述

责任竞合也指请求权竞合,即不法行为人的行为基于合同法与侵权行为法的分离具有多重性,权利人基于不同法律规定享有多重请求权,此现象称为请求权竞合。侵权责任与违约责任是民事责任中最基本的两类民事责任。违约责任又称合同责任,指的是合同当事人履行合同的行为不符合合同约定应产生的法律责任。侵权责任则是不法行为人侵害权利人法定民事权益而依法应承担的民事责任。违约责任与侵权责任的竞合是指行为人实施的某一违约行为,具有违约行为和侵权行为的双重性,从而在法律上导致违约责任与侵权责任共同产生。同一违法行为具有多重性质,可能出现既符合合同法又符合侵权行为法之责任要件的情形。

各国对违约责任与侵权责任竞合的对策及评价对侵权责任与违约责任竞合的现象,各国有三种基本法律对策,即禁止竞合、允许竞合及选择请求权制度和限制竞合。(1)禁止竞合制度。法国法是禁止竞合的典型代表,这种观点认为,合同当事人不得将对方当事人的违约行为视为侵权行为,只有在没有合同关系时才产生侵权责任。一个违法行为要么是违约行为,承担违约责任;要么是侵权行为,行为人承担侵权责任,两种责任是不相容的。(2)允许竞合和选择请求权制度。此观点以德国法为代表,帝国法院的判例确认了这种竞合,而且某些单行民事法规也确认受害人具有双重请求权,这种观点认为合同法与侵权行为法不仅适用于典型的违约行为也适用于双重违约行为。受害人基于加害人行为的双重违法性质而产生两个请求权。受害人既可以提起违约之诉也可以提起侵权之诉。如果一项请求权因时效届满而被驳回时,还可行使另一项请求权,但受害人之双重请求权因其中之一的实现而消灭。(3)有限制的选择诉讼制度。这种观点一方面承认受害人的双重请求权,另一方面对这种双重请求权之行使作出一些限制性规定。英美侵权行为法是代表,它一般认为责任竞合制度主要是解决诉讼法上的问题而非实体法上的问题,因此其所主张的限制不同于德国法的允许竞合。[①] 我国立法和司法实践对二者竞合的处理经历了从否定、回避到承认的变化,但我国合同法正式确定了违约责任和侵权责任的竞合问题。我国《合同法》第122条规定:"因当事人一方的违约行为,侵害对方人身、财产权益的,受损害方有权选择依照本法要求其承担违约责任或者依照其他法律要求其承担侵权责任。"这里明文肯定了责任竞合现象,并给予受害人对赔偿请求的自由选择权,有利于对权利人(受害人)的保护。

2.分析

本案中,由于××期货有限公司工作人员全权委托的违法行为给原告造成了损失,王某有权就其损失提起侵权之诉或违约之诉。而原告第一次选择了侵权之诉,法院应当就当事人的诉讼请求进行审理。本案中,王某以被告××期货有限公司侵权为由向一审法院提起诉讼,审判中适用法律应当是根据《民法通则》(案件审理之时《民法总则》尚未出台)、《侵权责任法》等有关侵权法律规定来进行审理。但一审法院在原告诉讼请求未变更的情况下按照双方的合同关系认定合同无效,并依据《合同法》关于无效合同违约责任的判决明显适用法律错误,造成被告上诉后二审法院以适用法律错误为由依法撤销一审判决。

(二)全权委托的认定及责任分担

1.概述

所谓全权委托又称概括性授权,是指投资客户授权经纪公司或其从业人员自主决定处理投资客户账户的下单买卖事宜,每笔具体交易无须再由投资客户授权。[②] 它和普通的委托交易有所不同(见图1-1),在正常的期货交易中,期货从业人员需要依据投资客户明确的交易指令进行期货交易。而如果投资客户全权委托期货公司进行交易,他人可以不经过投资客户的交易指令直接进行期货交易。

---

① 参见王大奎:《试论违约责任与侵权责任的竞合》,载《西南家业大学学报》(社会科学版)2013年第3期。

② 参见党亦恒:《期货经纪中全权委托的法律问题》,载《法学》1996年第2期。

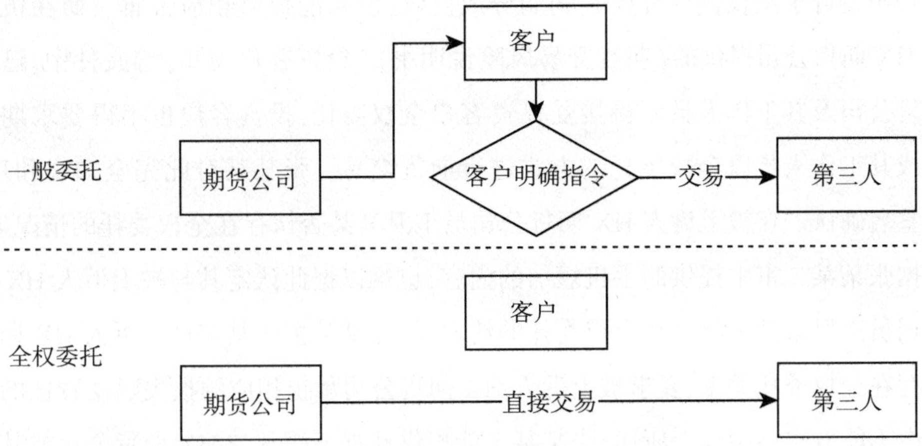

图1-1　全权委托与一般委托的区别

近年来,随着期货市场的迅猛发展,不少期货从业人员为了谋求高额利益而铤而走险,利用投资者信息不对称规避法律法规的禁止性规定,违规接受投资客户全权委托。本案中也涉及全权委托的问题。

2. 期货公司接受全权委托的认定

在本案中,一个主要的争议焦点是案涉期货公司是否接受了原告的全权委托。其中,主要的法律问题是期货公司接受全权委托的认定。

一般认为,在审判实践中,期货公司的以下几种行为构成全权委托:(1)投资客户与期货公司签订协议,由期货公司负责具体操作,投资客户享有保底收益;(2)签署期货经纪合同时,投资客户授权期货公司的从业人员为指令下达人,可以代投资客户下达指令;(3)期货公司要求或投资客户主动在空白交易指令单上盖章或签字,并将指令单交给期货公司或其从业人员;(4)参与"期货基金",投资客户与期货公司签署协议,由期货公司负责具体操作,并约定双方按照一个比例共享盈利、共担风险。①

从案例来看,期货公司是否接受全权委托,主要从以下三个方面进行认定。

(1)认定因素一:行为人与期货公司之间存在全权委托关系

行为人无证据证明其与期货公司之间存在全权委托关系的,应自行承担交易损失。一个典型的案例是张某某案。在该案中,二审法院认为,张某某称与HX期

① 参见张海棠主编:《证券、期货纠纷》,法律出版社2010年版,第238~240页。

货公司签订了全权代理合同和利润分成协议,但未能提供相应证据。而在被上诉人 HX 期货公司提供的《期货交易风险说明书》《投资客户须知》等文件中,已明确期货公司及其工作人员不得接受投资客户全权委托,投资客户也不得要求期货公司或其工作人员以全权委托的方式进行期货交易。张某某对此完全知晓和理解,并签名确认。在被上诉人 HX 期货公司员工尹某某否认存在全权委托的情况下,仅根据张某某二审中提供的手机短信的内容,也难以据此认定其与被上诉人 HX 期货公司员工尹某某之间存在全权委托的约定,故张某某主张其与被上诉人 HX 期货公司存在全权委托关系,要求被上诉人 HX 期货公司承担相应的损失赔偿责任的上诉理由不能成立……综上所述,张某某未能提供证据证明其与 HX 期货公司或其工作人员构成全权代理,期货交易的亏损应由其自行承担。①

(2)认定因素二:从业人员未基于行为人具体的交易指令进行交易行为

如果从业人员未依据行为人具体的交易指令直接进行交易,可能被认定为全权委托行为。要证明这一点,仅仅不确定是不够的,主张一方应当有确切证据证明从业人员未基于行为人具体的交易指令进行交易。在周某某与 JC 期货经纪有限公司期货交易纠纷案中,法院认为,关于全权委托一说是否成立,原告称没有下达过交易指令,而是被告利用全权委托代其下达,但没有双方书面约定加以证实,相反,经纪合同中明确全权委托系被禁止的委托方式……故原告此称缺乏足够证据加以证明,本院不予采信。②

(3)认定因素三:期货公司知晓从业人员的全权委托交易行为

如果期货从业人员违反规定,未经过期货公司而与投资客户私下签订全权委托协议的,对由此受到的损失期货公司不承担责任,而应由投资客户和从业人员依过错自行承担责任。在王某某与 SC 期货经纪有限责任公司期货经纪合同纠纷上诉案中,法院认为,王某某私下与姚某某两度签订《委托协议书》,不仅对姚某某进行全权委托,而且约定获利保证、利益分享和风险共担,且双方实际进行了分红,王某某的行为已构成故意违反合同义务的行为。而姚某某作为 SC 期货经纪有限责任公司的从业人员,明知 SC 期货经纪有限责任公司的禁止性规定,仍违规接受王

---

① (2015)沪高民五(商)终字第 29 号。

② (2002)沪一中民三(商)初字第 296 号。

某某的全权委托，并对王某某作出获利保证和约定分享利益、共担风险，其行为已超出期货公司从业人员正常的工作范围，该行为不应被认定为 SC 期货经纪有限责任公司工作人员的职务行为。在王某某与姚某某之间成立委托代理从事期货交易关系时，双方均有明知故犯和恶意规避法律法规规定的过错。现王某某未能提交确实、充分、有效的证据证明 SC 期货经纪有限责任公司对此知情，亦不应推定 SC 期货经纪有限责任公司对此知情，故 SC 期货经纪有限责任公司对此没有过错。对王某某因此所受损失，应由王某某和姚某某自行承担。

综上所述，要认定期货公司接受投资客户的全权委托进行交易，关键在于认定期货公司和投资客户之间存在全权委托的明示或默示的约定。如果双方没有明确的全权委托的约定，投资客户主张全权委托，则要证明三个事实。(1)投资客户不知晓从业人员不得接受全权委托。如果《期货交易风险说明书》《投资客户须知》等文件中明确从业人员不得接受全权委托，而投资客户签字确认的，投资客户全权委托的主张很可能得不到支持。(2)从业人员依据客户的概括授权，未依据投资客户的交易指令直接进行交易。其中，客户没有下达交易指令需要有证据证明，仅仅不明确不能认定从业人员接受客户全权委托进行交易。(3)期货公司知晓从业人员的全权委托交易行为。如果期货从业人员违反规定，未经过期货公司而与投资客户私下签订全权委托协议的，不能认定期货公司接受客户全权委托进行交易，其损失应当由投资客户和从业人员按过错承担。

本案中，根据王某的陈述事实，还不足以认定××期货有限公司和王某之间存在全权委托的约定，仅可以认定××期货有限公司员工未按客户的交易指令入市交易，给客户造成损失。如果王某最终不能证明双方有全权委托协议，可以适用《期货纠纷规定》第 15 条确定期货公司的责任。

3. 全权委托交易产生的损失范围及损失责任分配

(1)因交易产生的损失范围

有学者认为，所谓赔偿全权委托"交易所造成的损失"，指的是期货公司应承担返还投资客户保证金并赔偿投资客户损失的责任，应当适用《期货纠纷规定》第 15 条关于赔偿损失范围的规定，即包括交易手续费、税金及利息。[①] 也就是说，交易损

① 参见谢志洪：《期货交易全权委托合同效力及责任承担》，载《人民司法》2004 年第 8 期。

失不包括投资客户在交易中的亏损额。笔者赞同这一观点。《期货纠纷规定》第 15 条第 2 款规定,该机构未按投资客户的交易指令入市交易,投资客户没有过错的,该机构应当赔偿投资客户的损失。赔偿损失的范围包括交易手续费、税金及利息。这里投资客户的损失,应当至少包含投资客户在交易中的损失。期货公司接受投资客户全权委托虽然违反法律相关规定,但期货公司经过投资客户授权进行交易,其行为的过错性质较上述第 15 条未按照投资客户指令进行交易的性质更轻。因此,举重以明轻,应当认定《期货纠纷规定》第 17 条中"因交易产生的损失"范围应当同第 15 条第 2 款规定的范围,即包括交易手续费、税金和利息,而不包括亏损金额。

(2)损失责任分配

在本案中,上海市第一中级人民法院认为:"根据现有证据不能认定被告擅自交易的过错,且原告未妥善保管其密码,亦未及时审核其交易结算报告,也是导致被告员工上述违规行为得以成立不可缺少的原因之一,故原告对该期间其账户内的损失亦应自行承担部分责任。……鉴于原、被告对于上述损失均应承担相应责任,故酌定被告应就上述损失的 60% 。"其中涉及期货公司接受全权委托时责任分配的问题。

首先,在审理期货纠纷案件过程中,必须坚持过错与责任相一致的原则。认真分析当事人是否有过错,以及过错的大小,过错与损失之间的因果关系,并据此确定他们应当承担的相应责任。

其次,期货公司应当承担主要责任,但不应承担全部责任。有观点认为,全权委托虽然是无效行为,但期货公司是否应对投资客户的亏损承担民事赔偿责任,则要考察投资客户的亏损与全权委托有无因果关系。由于全权委托并不导致期货交易完成的合约无效,因此,除非有证据证明期货公司故意违规操作造成损失,期货公司不应承担民事赔偿责任。笔者认为,这种观点是错误的,虽然全权委托合同并不导致每一次期货交易完成的合约无效,但期货公司及其经纪人明知国家有关规定禁止全权委托,仍然予以接受,并且由于全权委托产生的亏损是由期货公司单独下达交易指令或者代理投资客户进行期货交易,将投资客户的投资客户资金调拨权、指令下达权、交易确认权等权利归于自己一身,却要投资客户完全承担交易后果而造成的,因此可以认为,在此情形下投资客户产生的交易损失与全权委托是有因果关系的。期货公司和经纪人员作为专业从事期货交易的机构和人员，理应负有更大的谨慎义务，当然应当对损失的造成承担主要的过错责任，这种责任是导致合同无效而承担的缔约过失责任。投资客户应当知道此规定仍然自行其是，也负有一定的责任，应当依据过错自行承担一部分损失。① 因此，我国《期货纠纷规定》第 17 条规定：期货公司接受客户全权委托进行期货交易的，对交易产生的损失，承担主要赔偿责任，赔偿额不超过损失的 80%。因此，本案酌定 × × 期货有限公司承担 60% 的损失，符合法律相关规定。

（三）证券期货市场多元纠纷解决机制

1. 国际中纠纷解决机制的运用

综观域外证券国家和地区纠纷解决机制，作为全球最大证券交易市场的美国，采用仲裁加调解的证券纠纷双重解决机制，各大证券交易所设立自己的证券仲裁机构，解决投资者与交易所会员之间的纠纷。同时，美国金融监管局（Financial Industry Regulatory Authority，FINRA）下设"纠纷解决机制"有效解决投资者、证券公司和证券公司雇员之间的经济、业务和劳动纠纷；证券传统国英国采用证券申诉专员制度（Financial Ombudsmon Service，FOS），设立独立、专业的第三方机构，采取调解裁决相结合的方式解决金融机构与投资者之间的纠纷；而同为大陆法系的我国台湾地区，早在 2002 年便颁布实施"证券投资人及期货交易人保护法"，以制定规范的方式对投资者权益予以特别保护。之后，台湾地区又陆续颁布实施"证券投资人及期货交易人保护机构管理规则"和"证券投资人及期货交易人保护机构调处委员会组织与调处办法"，规定该"调处委员会"作为证券争端解决机构，负责就投资者与证券期货机构的争议作出调处书，调处书经由管辖法院核定即发生法律强制力。

我国于 2014 年 12 月 5 日成立投服中心。该机构的成立标志着我国证券市场多元纠纷解决机制的初步形成。

2. 调解机制的特征

自愿原则，投服中心调解机制以自愿作为基本原则，即需争议各方就选择投服中心调解纠纷及纠纷处理结果自愿达成一致意见。在本案中，作为原告的王某及

① 参见谢志洪：《期货交易全权委托合同效力及责任承担》，载《人民司法》2004 年第 8 期。

争议相对方××期货有限公司均愿在投服中心的调解下解决纠纷。虽本次调解因双方分歧过大未能达成一致意见,争议双方仍继续采取诉讼途径解决争议,但投服中心的调解过程可贯穿纠纷解决全过程,在司法机构未就本案作出生效裁判文书以前,争议双方均可继续将案件交由投服中心调解处理。

3. 投服中心与其他纠纷解决机构的区别

投服中心调解机制作为多元纠纷解决的有力补充,与诉讼解决机制、仲裁解决机制以及行业自律纠纷解决机制存在如下区别。

(1)机构性质及法律地位不同。投服中心是隶属证监会的公司制法人,人民法院系国家司法机关,仲裁委员会(不含劳动仲裁)系人民政府组织有关部门和商会设立的非营利性的事业单位法人,而诸如证券业协会、证券基金业协会则属于行业自律组织的社会团体法人。

(2)启动程序及方式不同。诉讼系纠纷解决的最后救济途径,争议一方可就争议事由向有管辖权的人民法院提起诉讼,仲裁启动的前提需争议各方事先就仲裁解决争议达成书面仲裁协议;而投服中心与行业自律组织的调解遵循自愿原则,需经争议各方就调解达成一致意见。

(3)法律后果不同。经人民法院或仲裁机构作出的裁判文书具有法律效力及强制执行力,争议各方就同一争议不得再行诉讼或仲裁,对于负有履行义务的当事人拒绝履行裁判文书确定内容的,另一方可申请人民法院强制执行;而经投服中心和行业自律组织调解所达成的和(调)解协议不具有强制执行力,当争议一方不履行的,需另一方就该和(调)解协议重新向人民法院或仲裁机构申请效力确认,经确认后方具有强制执行力。

(4)专业性及保护主体的区别。诉讼解决纠纷范围较广泛,仲裁主要解决除人身关系及侵权纠纷外的民商事纠纷,行业自律组织主要解决其行业内会员与会员之间、会员与非会员之间纠纷,而投服中心着力于保护中小投资者,解决中小投资者与其他证券市场参与主体之间的纠纷,其专业性及针对性更强。

综合以上各类纠纷解决机制的比较结果可以看出,任意单一纠纷解决机制都很难有效地妥善解决纠纷,故有的放矢,利用各解决机制的优点,合理构建各机制的有效对接,构建多元化的纠纷解决机制,才是改变长久以来传统证券期货市场纠纷解决机制的缺陷和不足。

4. 调解加裁决的纠纷解决机制探索

投服中心就争议事项所作出的调解结果从其法律性质上来看，系纠纷当事方对争议标的所达成的合意，属合同性质。根据我国《合同法》及相关规定，合同缔约主体适格、内容不违反法律法规之强制性规定，则合同合法有效。投服中心的调解遵循自愿原则，纠纷当事人经投服中心调解所达成的和解或调解协议，系当事各方经自愿、平等、协商一致所达成，内容不违反法律法规的强制性规定，故该和（调）解协议合法有效，但协议合法有效却不具有裁判文书的法律强制力。所谓法律强制力，是指生效民事判决裁判的诉讼标的对双方当事人和法院所具有的强制性通用力。我国法院所作出的生效裁判文书、我国承认或执行的外国法院确定的终局判决、我国仲裁机构作出或经承认的生效仲裁文书均具有法律强制力。针对投服中心和（调）解协议不具备法律强制力这一特性，投服中心与各地管辖法院先后开展了多项诉调对接合作，建立诉调对接机制。该诉调对接机制明确，人民法院可根据争议各方经投服中心调解达成的和（调）解协议制作裁决文书，赋予其法律强制力。

在本案中，上海市第一中级人民法院作为案件的管辖法院，在诉讼过程中将案件交由投服中心进行调解，借助投服中心的调解机制及行业专业特性促成双方调解，并在可能达成调（和）解协议的基础上据以作出生效裁判文书，正是司法机构与投服中心建立调解与裁决对接模式的有效践行。

期望在左？ 失望在右？

——基于法社会学与替代性纠纷解决双重理论视域下的案例分析

王周户* 陈 阳**

一、引 言

科学家们相信，所谓创造性，绝大程度上是把一种在环境中学到的技能应用于另一环境中。同样是面前的这个世界，如果我们换个角度进行观察，或许别有洞天。本文所要评述的案例，就是跳出了固有的以诉讼解决纠纷的思维模式，而用一种非传统的解决方案，即替代性纠纷解决机制模式来解决问题并最终取得了良好效果。基于此，笔者也尝试用一种非传统狭义上的法学视域，即在一个全新的法社会学视角来分析和看待此案，以期另有一番“创造性”的收获。

本文的思路是遵循卢曼“社会复杂性与偶然性—期望—失望—失望处理—制度化第三方的出现”的社会系统理论路径，同时在此基础上进行适度延伸，用“制度化第三方的出现—法律制度（传统诉讼机制）—法律制度（ADR 机制）—商事调解”的逻辑结构加以补充，力图将法社会学理论与替代性纠纷解决理论相结合，建构一个更加合理的学理框架来更好地分析案件。

二、案情简介

2016 年年底，某财富公司发行了一些理财产品，张女士得知后，便向某财富公司理财经理表示购买意向。后张女士直接和某财富公司签订了直销合同，并直接划款至某财富公司认购了该理财产品。但该理财产品后期出现了风险，未能如期

---

* 西北政法大学教授、博士研究生导师。

** 西北政法大学宪法学与行政法学硕士研究生。

兑付本金以及年化10%左右的收益。张女士认为其是从某证券公司得知的该理财产品的消息，故因此产生纠纷，认为某证券公司也应当对该理财产品的兑付承担责任；某证券公司认为，张女士是和某财富公司直接签署合同购买的理财产品，并非购买某证券公司的产品，故某证券公司不应承担任何责任。双方当事人多次协商无果，后于中证中小投资者服务中心（以下简称投服中心）申请调解。

投服中心受理该纠纷后，调解员首先和证券公司联系获得相关信息，并和投资者联系获得签署的投资合同等相关材料。经过电话沟通和对获得材料的分析，调解员明确了双方的争议焦点，主要体现在以下三个方面：一是张女士所购买的理财产品是否系某证券公司所代销，是否存在不当推荐等违规行为；二是谁应该对张女士目前本金及利息不能回收的损失负责；三是某证券公司和某财富公司是什么关系，如果需要承担责任，两公司各应承担多大的责任。进行初步的法律判断，投资人张女士系与某财富公司直接签署的理财产品合同；根据合同的相对性原理，合同的当事人即张女士和某财富公司。某证券公司在这个合同签署过程中也许在实际操作中存在一些瑕疵，但并无明确证据予以证明。调解员同时注意到，张女士是某证券公司的老客户，经常从某证券公司购买理财产品；某证券公司因为代销了部分某财富公司的理财产品，因此与某财富公司有较频繁的沟通；某财富公司也在进行市场化的债务重组，对投资者的理财产品兑付也出具了相应的方案，并已得到大部分投资者的认可和落实。不过，由于某财富公司在其他省份，在与投资者沟通方面存在不便。

基于以上情势分析，调解员想出了三步走策略：第一步，让投资者能够接受财富公司的兑付方案；第二步，让证券公司能够积极配合协助解决该纠纷，由证券公司和财富公司积极对接和沟通；第三步，根据沟通结果签署相应的调解协议，并由证券公司负责督促财富公司落实。调解协议签署后，投资者收回了80万余元的本金投资款，其所投资的本金将在近期全部收回。

在纠纷调解过程中，以事实为依据、以法律为准绳，以解决纠纷为行为导向，坚持以法律思维为基础，但又不限于法律思维，取得了良好的纠纷解决效果。第一，坚持合同的相对性法律原理。合同相对性是合同法的一个基本原则，是指原则上合同项下的权利义务只能赋予当事人，合同只能对合同当事人产生拘束力，而非合同当事人不能诉请强制执行合同。从这个法律角度来思考，合同的当事人即张女士和某财富公司,本纠纷中的张女士在自行向某财富公司购买理财产品的情况下,如果主张兑付或者不能兑付后的责任,应当向某财富公司而非向某证券公司主张。虽然张女士提出某证券公司存在代销乃至一些违规行为,但并无相关证据予以佐证,同时亦无法查证,故不能予以确认。所以,仅就事实证据和法律规定来讲,某证券公司是不需要对张女士承担法律责任的。第二,不受制于法律思维构建"双赢"方案。在多次积极沟通后,张女士也深入地了解了合同的相对性原理,同时,对于某财富公司所提出的偿还方案也有了认可。但是,如果直接和某财富公司沟通,张女士还是不愿意接受。考虑到某证券公司已经为购买其代销产品的客户解决了这方面的问题,且张女士是某证券公司的老客户;虽然在本纠纷中某证券公司并无合同上的义务和责任,但是某证券公司可以代替张女士与某财富公司进行沟通,督促某财富公司将相应款项偿付给张女士。最终,张女士向某证券公司出具了授权委托书,某证券公司积极督促财富公司对张女士进行了本金的偿付,实现了张女士和某证券公司的"双赢"。

三、法社会学视角的分析

卢曼的社会学理论遵循"社会复杂性与偶然性—期望—失望—失望处理—制度化第三方的出现"的基本框架。其中,"社会复杂性与偶然性"是卢曼社会系统理论的中心论题和逻辑前提,"期望"则是其社会系统理论行动观的核心概念。卢曼对于社会行动的探讨,是以"期望"为核心,并在"期望"这个中心概念的带动下,"对行动过程的可能性场域进行一个多面向的分析"。①

(一)起:社会复杂性与偶然性

社会复杂性是指,"与已经获得了现实化的可能性相比,总是还有其他更多的可能性存在"。偶然性(也称偶在性、偶发性)是指,"在即将来到的下一步体验中,被指向的可能性总是有可能与期望中的可能性不一致"。② 换句话说,复杂性源于社会的高度分化,在行动贯彻没有完全实现以前,可能性的因素总是远多于实现的

① [德]尼古拉斯·卢曼:《法社会学》,宾凯、赵春燕译,上海人民出版社2013年版,第14页。
② 同上书,第71页。

因素;偶然性则体现了行动者社会行动逻辑的极端复杂性,原来期望的各种可能性,在其实现时总是显示出与原来预期或大或小的差距,其意味着任何一个行为都有失望的危险和冒风险的概率。因为事物发展的轨迹不是仅靠当事人的一厢情愿就可以形成的。

社会复杂性与偶然性是卢曼社会系统理论的逻辑起点。如果社会是单一的、不存在任何变数,那就无所谓期望,或者说期望毫无意义。因为在这种前提下,整个社会已经确定了前进方向,且这个方向是唯一的。假使如此,则不论社会行动者如何"期望",未来社会都会朝着唯一既定的方向发展。但实践证明这是不存在的:社会必然是多元、复杂且偶然的。正是由于社会的高度复杂性和偶然性,使社会中的各个行动者,无论个人还是集体,在社会行动的过程中,面对行动的复杂性以及结果的不确定性,产生了一种极端复杂的心理和态度——"期望"。

(二)承:期望

基于社会环境的复杂性和偶然性,社会行动者在做每一件事时都可能产生不同的结果。而期望则是基于社会高度复杂性与偶然性社会行动者产生的,在趋于无限可能发生的结果中达致某一或某些"可能性"的心理状态。在"期望"面前,一切行动及其相关的问题,都指向"可能性"的范畴,并且这种复杂的"可能性"心理贯穿于行动始终,"无论在行动前、行动过程中,还是行动之后,其行动永远都属于一种可能性"。[①] 世界的高度复杂性和偶然性使可能性的总和趋于无限大:一切皆有可能。

虽然说任何行动都有发生的可能,但各事件发生的概率不同,即可能性有大小之分。面对系统与环境之间的各种可能状况,行动者始终只能以"期望"的心态和态度从事其实际的行动过程,而一旦行动者在行动过程中抱着期望的心态,"就会以复杂的心情策划其行动策略、方式、手段和程序,并以复杂的心情对待其行动的开展过程及其结果"。[②] 尽管社会系统的客观运作和社会行动主体的主观心理都是极其复杂的,但基于"经济人"的假设,我们可以将当事人的表现相对简单化——面对结果产生的"不确定性"和"可能性",其总是希望出现对自己最有利的结果。例

---

① 高宣扬:《鲁曼社会系统理论与现代性》,中国人民大学出版社2005年版,第15页。

② 同上。

如,前文所提到的案例,无论是张女士,还是某财富公司,抑或是某证券公司,各方当事人投资理财的“期望”始终是在商业活动中获取最大化盈利。

当然,社会不可能仅仅存在“我”,他人的介入成为必然。我的期望与他人的期望可能相同,也可能不同。我希望别人的期望与我自己的期望保持一致(在某些情况下也可能是不一致)时,就称为期望的期望。当“我”把自己的心理世界,连同我的实际活动场域,打算与“他”尝试链接时,期望的期望,乃至期望的期望的期望,开始有层次的分化。一种多维度的、非单向的社会结构正逐步产生,期望更具复杂性,偶然性和出错的风险开始逐步增大,失望出现的频次也逐渐增多。

(三)转:失望

期望有兑现的可能,就有落空的概率。在卢曼的社会学框架中,面对失望,社会主体往往表现出两种不同的态度——认知期望与规范期望。认知期望,指的是“改变遭遇了失望的期望的可能性,根据眼下的令人失望的现实进行调整”;规范期望则意味着“继续维持期望,以一种对失望的现实进行抵抗的态度继续生活”。① 换句话讲,认知期望是一种“调整适应型”的期望,当期望一旦遭遇失望并被社会行动者所认识到时,其就会采取积极的方式去适应现实;规范期望则是一种“继续坚持型”的期望,当某人并没有遵循期望行事时,我们并不会因此放弃和改变期望,而是选择坚守下去。这两种心理态度的表现形式虽有不同,但从功能意义上讲却是相同的——二者都有助于我们克服失望的情境。

当一个事件中有社会其他个体介入时(这其实是必然),期望开始从一维向多维发生跃迁。以此处的认知期望和规范期望为例,假设 A 和 B 处在同一事件且都对事件结果表示失望,其心理态度至少包括“认知—认知”“认知—规范”“规范—认知”“规范—规范”几种情况,即 A 可能认知性地期望 B 会保持认知性或规范性的期望,A 也可能规范性地期望 B 会保持认知性或规范性的期望。在如此严格的前提假设下,我们所获取的排列组合都有四种之多,可想而知实践情况会更加复杂。在每个社会行动者进行社会行动的实际过程中,都可能不断地在期望与失望之间“来回穿梭”。“例如,当我试图去落实期望的期望时,我在解释他人的期望的时候可能出错,并因此而令他人失望。他人的期望可能是不现实的,他人的期望也

① [德]尼古拉斯·卢曼:《法社会学》,宾凯、赵春燕译,上海人民出版社 2013 年版,第 81 页。

可能会被我合理或不合理地假定为不现实的、不可履行的。我们可以直接同意或是反对某些期望,但是,我们也可能合理或不合理地期望着他人合理或者不合理地同意反对我们的期望,我们还可能合理或不合理地期望着我们的伙伴合理或不合理地期望我们同意或反对他们的期望……"[①]作为社会一分子的"我",开始与"他人"在各种社会活动中产生复杂的交互性,失望的频次也开始呈几何式的增长。

只要有一方主体的要求被拒绝,达不到其预先设想的期望,那么他就会产生失望与不满,进而加大了形成纠纷的风险与概率。"某人遭致失望后,他的体验就会呈现情绪化特征,并常常被传递给机体系统,触发心理过程,尤其在行动可能性受到阻碍时更是如此。他会处于兴奋状态。"[②]他可能难受,可能焦虑,可能在咒骂使其期望落空的另一社会行动者,甚至可能采取一系列行为。总之,要想"简单地让事情过去以此了事",[③]似乎很难做到。

失望激发了行动,在情绪化的状态下社会行动者很可能造成危险的后果,在高度复杂的现代社会更是如此。一旦遭致失望的人在焦虑状态下的行为变得无法预见,那么就会出现双重危险:一方面,他可能为了恢复一个期望而导致更多的失望,为解决一个问题而引发更多的问题;另一方面,他可能在焦虑中大发脾气,忘乎所以,并因此破坏他的自我表现的连续性和可靠性,为捍卫某个期望而丧失其人格的社会同一性的风险。[④]

当各方的期望都无法满足,个人对失望的处理又会产生冲突时,整个社会达成了一个共识性的"期望"——期望通过制度化第三方,以其被社会主体共同认可的程序和规范来解决纠纷。

(四)合:制度化的第三方出现

我们一直在强调社会的复杂性,这种周遭世界的复杂性使系统本身处于不确定的各种可能性中。但是,"这种复杂性又迫使系统为了维持其自身的功能和结构的完整性,而尽可能地采取对环境进行选择的处理方式。这种处理方式的基本特征,就是选择性地进行简化或化约的过程"。[⑤] 社会的复杂性并不只起负面的限定

① [德]尼古拉斯·卢曼:《法社会学》,宾凯、赵春燕译,上海人民出版社2013年版,第76页。
② 同上书,第91页。
③ 同上。
④ 同上。
⑤ 高宣扬:《鲁曼社会系统理论与现代性》,中国人民大学出版社2005年版,第96页。

作用,而是反过来积极地促进了系统功能和结构的优化。为了回应复杂的现实社会,社会主体将期望依托于制度化的第三方,期望通过第三方的介入将社会的复杂性加以简化。一系列致力于有效解决纷争、简化社会复杂性与偶然性并简化到符合期望程度的社会制度,如法律制度,开始建构起来。

包括法律制度在内的制度化的第三方的出现,尽可能地将高度复杂的社会环境加以简化,将某些特定的干扰因素排除在外,使社会主体的行动尽可能地朝着原本期望的方向发展,从而维系系统功能的正常运作。首先,通过法律规范的公之于众,给予社会主体期望以持久性。基于法律规定与法律关系的安定性,各方主体不必担心规范随时失效,减少了随时面临失望的可能性。其次,法律制度作为一般性共识的制度化,有助于将社会各类主体的期望尽可能简单化。每个人都会有很多要求和预期,但是法律规定就像是"筛子",将那些不合理的期望直接筛掉,某些主体个人不赞同的事实被直接忽略与简化。电影《无间道》中刘建明站在天台上,他仍然在为自己争取,"我们都没得选所以只能先违心,可是我真的想做一个好人",但是得到的回答是"跟法官说,看他让不让你做个好人"。这个回答很精辟,也恰恰说明了法律作为制度化之后的第三方介入当事人纠纷,在期望与失望之间来回穿梭,成了当事人行为、信息、利益维系的关键。

诉讼作为法律制度的传统典型,在解决当事人纠纷方面一直发挥着极其重要的作用。不过,在社会发展过程中,社会对司法和诉讼日益寄予了更高的社会期望,例如,通过司法诉讼程序确定政策、重新分配社会资源乃至衡量并调整利益关系等社会功能受到越来越多的关注和重视,①以至于近现代法治曾经以司法尽可能取代其他纠纷解决方式作为最终的目标。但实践证明,这种想法是不切合实际的。诉讼程序的复杂性与费用高昂、迟延等弊端是无法回避的;程序的复杂性导致诉讼成本的增加、案件的积压,使诉讼的迟延在所难免,无形中降低了正义的价值,导致了诉讼"不能承受之重"。

诉讼所面临的困境促使人们重新对多元化纠纷解决机制的寻求,而不再试图以司法尽可能地取代其他纠纷解决方式,ADR正是基于这样一种社会需要而产生的。ADR(替代性纠纷解决机制)是"Alternative Dispute Resolution"的缩写,是使用

① 范愉:《非诉讼纠纷解决机制研究》,中国人民大学出版社2000年版,第37~38页。

诉讼以外的多种方式来解决纠纷的总称，该术语由弗兰克·桑德尔教授在1976年的庞德会议上第一次提出。作为一个集合性概念，其涵盖着纠纷解决过程中的诸多形式，如仲裁、调解、小型审判等。ADR机制具有诸多的功能与优势，其在解决纠纷的效率和成本方面，在程序的规范性与灵活性方面，在对纠纷双方友好关系的恢复和维持方面，乃至在纠纷解决协议的权威性和履行方面，都是诉讼判决难以企及的。[①]

笔者认为，由法律制度（传统诉讼机制）向法律制度（ADR机制）的转型体现的是现代社会的进一步发展与分化。社会分化是必然，分化并不意味着孤立与分裂，而是意味着相对独立性以及一定的可变性来保持回应现实能力的基础与可能。进一步讲，ADR的出现也是因为社会复杂化加剧，人们对传统的纠纷解决处理模式——诉讼的"失望"。当然，并不一定是对公平正义的忧虑，而更多的是基于效率、经济成本防线的考量。在社会分化的同时，传统诉讼机制与ADR机制也保持着本质的同一性——最典型的莫过于两者的目的均是为了解决社会纠纷而产生。

实际上，ADR也只是为当事人提供选择的可能性。既然有选择的余地，那仍然会产生一种期望，而调解制度作为ADR机制的重要组成部分，凭借自身结构和功能的优势，在众多的"可能性"中脱颖而出。

四、调解——作为"制度第三方"新发展的再展开

笔者在卢曼"制度化第三方"的基础上进行逻辑框架的延伸，即按照"制度化第三方—法律制度（传统诉讼机制）—法律制度（ADR机制）—商事调解"的路径展开。如果说法律制度（传统诉讼机制）是制度化第三方的发展，那么法律制度（ADR机制）则是在社会变革背景下制度化第三方的新发展，尤其是与本文所评案例有密切联系的调解制度，将是本文的另一着力点。笔者试图从结构和功能两个维度进行分析。

（一）调解模型的建构

调解的出现有现实的积极意义，它不仅可以极大缓解司法和社会的压力，而且能最大限度地节约社会和当事人在纠纷解决中的成本，缓和法律与社会的冲突和

---

① 参见王周户主编：《行政法学》，中国政法大学出版社2015年版，第467页。

矛盾,从而促进整个社会的和谐安定。不同于当事人之间自主协商和解,也不同于法院司法介入当事人纠纷,调解的典型特点是第三人以"调解人"的身份介入,形成"当事人甲—调解人—当事人乙"的三方结构,调解者是调解机制中的核心。我们用两个抽象的"模型"来对调解者进行分析。

在第一个模型下,介入的第三方需要:在当事人之间建立联系;保证争点的确定与交流;负责选择的确定及评价;鼓励任何必要的立场改变;帮助明确任何后续的协议。

在第二个模型下,介入的第三方需要:与各方当事人建立联系;获得有关争议性质的信息;为获得诊断(diagnosis)而进行上述信息的评价;在专业知识的基础上提供建议;努力说服当事人接受这一解决方式。①

上述两个模型,均与调解人的角色定位有关。第一个模型我们称为"辅助人"模型,第二个模型我们称为"建议者"模型。二者最主要的区别在于,调解人作为介入的第三方的介入方式与程度有所不同。如果说"辅助人"模型是被动的、回应型的调解模型,那"建议者"模型更倾向给我们展现出一种主动的、能动型的调解员角色。在"建议者"模型中,调解人员通过充分发挥自身的主观能动性,积极协助各方当事人进行更有效的交流,确保各方期望可以在一个法律规定的区间内调和出一个尽量使各方满意的阈值。

结合到本案中,投服中心充当的便是"建议者"式的调解第三方。在获得有关当事人争议焦点之后,投服中心的调解人员会进行专业的分析和评价,并在专业知识的基础上为各方当事人,如所评案例中的张女士、某财富公司以及某证券公司,提供专门有效的建议。当然,尽管最终决策权在当事人手上,不同于"辅助人"模式——仅仅提供一种心理上的鼓励与形式上的帮助而不会干扰当事人作出决定,"建议者"模式中的调解者会尝试"努力说服当事人接受这一解决方式"。例如,本案中的投服中心,作为专业的调解机构,在纠纷发生后,会以一个积极的姿态介入,并以能动的方式促进当事人协商,在允许的情况下为其协商草拟出一个专业的协商方案,以达到纠纷解决的目的与效果。

---

① 参见[英]西蒙·罗伯茨、彭文浩:《纠纷解决过程:ADR 与形成决定的主要形式》,刘哲伟、李佳佳、于春露译,北京大学出版社 2011 年版,第 210 页。

这种调解成功的希望在于通过中立的调解人的帮助，将为了共同解决问题的当事人自愿聚集在一起。当这种共同的努力得以发生时，当各方将力量交会与融合时，一种所谓的“合力现象”（power—with）就产生了。合力现象是一种协作的力量，是一种“整体大于部分之和”的现象。合力并不是指冲突已经不存在，而是将焦点集中在某一共同目标上。“在调解的情况下，这一目标是尽可能满足了谈判各方需求的协议的产物。”①对利用调解的商人来说，为了获益的增加，合力必然得以在调解之中盛行。在一场调解中，当当事人终于开始对所谓的共同解决问题这一议题作出回应，或者为了对他们之间的相互依赖而进行都可接受的调整展开谈判之时，上述情形就会出现。要解决的问题变成“在这种程序下如何使问题得到补救？”而不再是“谁要为误入歧途的事情负责？”或者是“为那些额外的劳作付出多少钱，才能使我们双方一致认可其公正性？”也不再是“我要怎样才能尽可能少出点”？②

不过，在民间第三方调解人介入下的纠纷解决过程中，由于缺乏国家强制力，“其处理结果的效力和履行的保证问题始终是它的致命弱点”。③ 即上述模式很可能因为最终当事人对调解协议的不认可、不执行而被破坏。无论是哪种模型，当其“失效”频率太高，自然会影响该模型乃至采用该种模型处理纠纷的机构的效益、权威性甚至存亡。因此，如何妥善解决后续问题成为关键。有学者认为，一是要树立信心，既要树立当事人对ADR的信心和利用积极性，又要树立对调解机构的信心；二是在赋予当事人所达成合意的“契约效力”的基础上，在必要时建议当事人通过公证获取“公证效力”；三是促进调解机制自身的完善，在调解程序、调解质量、调解效率方面作进一步提高。④

（二）调解功能的认识

调解通过自身的特点和优势，对诉讼审判制度补偏救弊、分担压力和补充替代，减少纠纷解决的成本和代价，有效地节约了司法资源，其功能不断被提出并得到确认。在笔者看来，调解制度主要具备以下几个功能。

1.解纷功能。包括调解在内的替代性纠纷解决方式与诉讼具有相同的解纷功

---

① ［英］西蒙·罗伯茨、彭文浩：《纠纷解决过程：ADR与形成决定的主要形式》，刘哲伟、李佳佳、于春露译，北京大学出版社2011年版，第272页。

② 同上书，第273页。

③ 范愉：《非诉讼纠纷解决机制研究》，中国人民大学出版社2000年版，第385页。

④ 同上书，第385～386页。

能,否则就无法对诉讼进行替代。在最近 20 年间,全世界出现了许多专门提供纠纷解决服务的机构。以商业领域为例,在证券纠纷(诸如本案)、保险纠纷或公司纠纷产生时,当事人基于信任也会开始寻找专门的机构来解决纠纷。如英国 1990 年成立的“纠纷解决中心”(Center for Dispute Resolution, CEDR),英国的“独立调剂人组织”(Panel of Independent Mediators),①还有我国近年来在北京、上海等地成立的以调解证券期货纠纷为主的投服中心,均是在调解商事纠纷领域具备一定实力并享有良好信誉的专业机构。

2. 修复功能。调解机制首要且“相对适度”的目标即是“修复”,尽量将各方当事人之间的社会关系恢复到正常状态。在由纠纷导致的混乱语境下,调解可以有效弥合当事人愈显破裂的相互关系,消除当事人之间的利益对抗、情绪对抗和立场对抗,“修复裂痕,重归于好”,促使各方握手言和、形成共同决定。

3. 回调功能。很多时候,当事人之间产生纠纷都源于其错误地估计了自己的可得利益。这种错误估计,往往是一种过高的“期望”。调解的回调即是在某种程度上降低各方当事人中不切实际的、过高的期望,正确地链接当事人自己的期望利益与自己坚持的调解方案,引导当事人将对调解方案乃至纠纷解决的期望值调整到一个合理的区间,进而在这个基础上达成各方都可以接受的调解方案。

4. 传递功能。信息传递的前提是信任关系的确立,而要建立当事人对调解员的信任,主要有两种情形:一种是在当事人自愿选择调解方式解决纠纷时起,对调解员的信任便产生;另一种是在纠纷解决过程中,逐步建立当事人对调解员的信任。② 基于当事人对调解机构和调解人员的信任,调解者作为一个信息的专业传递者,确保当事人之间的有效沟通与交流。为了进行协商,当事人必须交换信息。调解则可以促进这种沟通,提供信息交换的平台和渠道。在当事人远离彼此或是处于严重分歧的情况下,可能当事人之间的信任关系完全破裂,私下协商不存在可能性,此时只能靠调解者来实现信息传递。信任是简化社会复杂性的重要方式,世界太复杂,社会行动者自身认知水平和时间精力都有限,基于信任将某些事项委托给

---

① [英]西蒙·罗伯茨、彭文浩:《纠纷解决过程:ADR 与形成决定的主要形式》,刘哲伟、李佳佳、于春露译,北京大学出版社 2011 年版,第 87 页。

② 参见乔红梅、王菁:《信任与沟通——纠纷解决的理念与过程》,载赵旭东主编:《如何打破僵局?——替代性纠纷解决机制(ADR)的研习与实践》,陕西人民出版社 2010 年版,第 286 页。

更具专业实力的第三方机构,使社会系统的复杂关系简单化。这不失为社会个体面对社会复杂性的有效应对措施。

5. 引导功能。调解机制中的调解员在进行调解的过程中,也会进行一定的引导,而不是简单机械的传递与跑腿。就算是在略显被动性的“辅助人”模式中,调解员也是凭借着自身的专业能力尽可能地为当事人提供支持和帮助。在“建议人”模式中,引导的痕迹更加明显。当然,正所谓“调解员控制过程,当事人决定结果”,引导是通过对过程的引导,促进当事人形成最终的解决方案,至于最终调解方案能否形成,决定权还是掌握在当事人手上。

调解虽然是更柔和的纠纷解决方式,能够满足人们的情感、时间和精力等诸多需求,但不可否认,在实践中,有的僵局却很难通过调解来打破。[①] 无论是选择调解的当事人,还是努力为当事人的谈判协商提供有组织帮助的调解人,都应清楚认识到调解功能也具有一定的局限性。

在实际的纠纷解决过程中,影响调解发挥功能与作用的因素是多方面的,如(1)调解需要当事人双方的共同努力和诚意,一方或双方的消极态度会使合意很难达成;(2)当事人对最终结果寄予过高的、不切实际的期望值,使交易很难达成;(3)当事人缺少对程序的了解,事先准备和交流不足,会使纠纷解决过程收效甚微;(4)当事人没有耐心进行协商;(5)缺少使当事人消除对立的环境;(6)调解机关或调解人缺乏权威性和解决纠纷的能力……[②]

笔者认为,调解最后能发挥多大功能,主要受到“人”和“事”因素的影响,“因人因事而异”。所谓“人”的因素,既包括了各方当事人素质、立场的特殊性,也说明调解机制对调解员的专业知识水平、调解的技术与方法提出了很高的要求。有学者认为,要做到解决纠纷,相关人员至少应在以下几个方面达标:(1)对纠纷的性质、类别及其强度的认识;(2)对当事人诉求的依据和真实意图的把握;(3)对纠纷的产生背景包括当事人的社会处境、心理状态的了解;(4)对法律规范和法律精神的充分理解;(5)对场所、态度和时机的把握。[③] 所谓“事”的因素,指的是当事人虽

---

① 参见谢军、曹娟:《如何打破僵局?——调解的要领与实务操作》,载赵旭东主编:《如何打破僵局?——替代性纠纷解决机制(ADR)的研习与实践》,陕西人民出版社2010年版,第219~220页。

② 参见范愉:《非诉讼纠纷解决机制研究》,中国人民大学出版社2000年版,第191页。

③ 参见赵旭东:《纠纷解决的观念更新与制度再造》,载赵旭东主编:《如何打破僵局?——替代性纠纷解决机制(ADR)的研习与实践》,陕西人民出版社2010年版,第55~56页。

然在调解机制中拥有更大的自主权,包括程序自主权和实体自主权。但是,这种自主权仍然不可超越法律的底线,如果调解的事项不符合法律强制性规定,调解协议无效,那么该事项采取调解的措施显然不当。"从某种意义上来说,正是由于法律的制约才使得调解具备了更有利于纠纷解决的特性。"①

总之,我们应当对调解制度保持一个理性的认识,不能盲目推崇调解,不能"期望调解无所不能"。在调解无法打破僵局的时候,需要跳出固有的思维模式,不要一味排斥诉讼或其他司法途径,而应主动地将调解与诉讼等其他司法程序相衔接,从而达到有效解决纠纷的目的。

五、结　　语

通过调解解决纠纷,其实效性和纠纷解决的彻底性都是诉讼无法比拟的。但鉴于调解仍然是由第三方主持的,所以,当纠纷产生并且当事人决定采取调解方式时,对调解中的第三者即调解人的选取十分关键。例如,案例中的投服中心,凭借当事人对其的信任和其自身高超的说服、劝导和调解技术,在纠纷解决的过程中发挥了至关重要的作用。

社会行动者在行动过程中出现问题、产生纠纷,寻求第三方解决固然明智,但加强自身建设仍是必须的。例如,本文所评案例中的投资者张女士,不宜期望过高,应适当降低预先的期望值,树立对"失望"的期望、正确的理财观,明确"市场有风险,投资需谨慎";对于某证券公司来说,在推广宣传理财产品时应树立正确的态度,不可夸大宣传,更不可虚假宣传,避免使投资者产生过剩、溢出的"错误期望";对于某财富公司来说,同样应当清楚金融投资、理财存在一定风险,关于金融市场的不可控因素应予理性对待,在商业销售、宣传活动时应严格遵守《证券法》《广告法》等相关法律规定。

从投服中心角度来看,要使调解制度在纠纷解决机制方面发挥重要作用,包括各方当事人对调解制度作为解决纠纷路径的信任和选择以及对调解方案的接受及

---

① 参见赵旭东:《纠纷解决的观念更新与制度再造》,载赵旭东主编:《如何打破僵局?——替代性纠纷解决机制(ADR)的研习与实践》,陕西人民出版社2010年版,第47页。

其结果的遵守,都对调解员的观念思路和调解方式方法等调解能力提出了非常高的要求与挑战。在本案中,调解员坚持法律思维但又不限于法律思维毫无疑问是值得称颂也是非常重要的,但要具备这样的思维并展现为相应的能力,就要具备法学、经济学、社会学、心理学等以及复合型学科知识及其思维能力。

当下,互联网时代的快速发展,现代科技以前所未有的深度、广度和速度在影响和改变着人类生活,人类社会已经迎来了新一次技术革命,大数据时代已经来临。世界日新月异,社会瞬息万变,在大数据时代背景下"ABC"技术革新①导致的ADR向ODR的机制转型,也许正在发生。

① "ABC"技术革新指的是人工智能(AI)、大数据(Big Data)和云计算(Cloud Computing)三大现代科技的革命性创新。

第二章　虚假陈述纠纷案例

虚假陈述民事赔偿中系统风险扣除问题研究

李东方*

一、问 题 提 出

虚假陈述民事责任主要是侵权责任，按照《侵权责任法》的相关规定标准：上市公司有虚假陈述行为，投资者实际上有财产损害，行为与投资者的损害之间有因果关系，满足上述条件可认定上市公司承担虚假陈述民事侵权责任。但根据最高人民法院《关于审理证券市场因虚假陈述引发的民事赔偿案件的若干规定》（以下简称《若干规定》）中第 19 条规定，上市公司享有免责事由，即证明投资者的损害是由证券市场的系统风险引起，则上市公司可因因果关系链中断而免责。在我国虚假陈述民事赔偿案件的司法实践中，不论市场是否存在整体或局部下行的情形，绝大多数被告上市公司在抗辩中都援引系统风险免责条款，这使法院应以更审慎的态度回应。同时，在现有的制度和理论研究中，又存在许多难以忽视的问题，《若干规定》中对系统风险的定义模糊，并无具体可实施评价依据和标准，如何认定案件中存在系统风险及存在系统风险后如何界定其所致损失的数额等问题均属法律空白，司法实践中法院的办案思路也是大相径庭。据此，上海许多资深律师提议废除

* 中国政法大学教授，北京大学法学院金融证券法专业博士后，西南政法大学首届经济法学博士。

《若干规定》中的系统风险条款，该提议也获得了学界的诸多学者的支持。[①] 可见，系统风险问题一直是证券虚假陈述赔偿案件中的棘手问题。

二、司法实证分析

（一）案例引入

2017 年上海市第一中级人民法院在“孙某等诉上海大智慧股份公司案”[②]中首次认定存在系统风险，并认为投资者的损失中系统风险原因占比 30%，一改以往“丰华案”中对系统风险的严格认定思路。该案是近期最新的一起涉及系统风险的案件，加之上海市第一中级人民法院在金融审判领域的重要地位，该案的判决思路对其他法院系统风险的认定具有深远的指导意义。其基本案情如下：

2014 年 2 月 28 日，大智慧公司发布《2013 年年度报告》；2015 年 11 月 7 日，公司收到证监会的《行政处罚及市场禁入事先告知书》；2016 年 7 月 20 日，证监会作出《行政处罚决定书》，认定大智慧公司在 2014 年披露的《2013 年年度报告》存在虚假陈述；股价在公司被行政处罚后大跌。

原告据此对大智慧公司提起虚假陈述民事赔偿之诉，要求赔偿因其虚假陈述造成的经济损失。

法院认为，大智慧公司 2014 年 2 月 28 日为虚假陈述实施日；公司于 2015 年 11 月 7 日收到证监会《行政处罚及市场禁入事先告知书》，为揭露日；揭露日后大智慧股票流通率于 2016 年 1 月 12 日达 100%，为基准日。

另查明，在 2016 年 1 月 4 日、1 月 7 日两日，沪深 300 指数一日两次引发熔断，于第二次熔断后上交所暂停交易至收市。

法院认为根据《若干规定》第 18 条第 2 款，[③]原告的损失与被告大智慧公司之

---

① 参见刘俊海、宋一欣主编：《中国证券民事赔偿案件司法裁判文书汇编》，北京大学出版社 2013 年版，第 32 页。

② 孙某等诉上海大智慧公司案，(2016) 沪 01 民初 634 号。

③ 《若干规定》第 18 条规定，投资人具有以下情形的，人民法院应当认定虚假陈述与损害结果之间存在因果关系：(1) 投资人所投资的是与虚假陈述直接关联的证券；(2) 投资人在虚假陈述实施日及以后，至揭露日或者更正日之前买入该证券；(3) 投资人在虚假陈述揭露日或者更正日及以后，因卖出该证券发生亏损，或者因持续持有该证券而产生亏损。

间存在因果关系。同时,在揭露日至基准日之间的1月4日和7日,由于A股市场实施熔断,上证指数和软件服务板块指数均发生异常,于同一时期其他交易日的大幅下跌,大智慧公司股票亦随之大幅下跌:1月4日,上证指数跌幅6.86%、板块指数跌幅8.35%、大智慧股票跌幅9.98%;1月7日,上证指数跌幅7.04%、板块指数跌幅8.05%、大智慧股票跌幅10.03%。故法院认定,该两日大智慧股票大幅下跌实质系因上证综指和板块指数大跌引起,这部分损失系市场风险所致,与大智慧公司虚假陈述行为无关,无须承担赔偿责任,并认定该部分损失在投资者全部损失中的比重为30%。

(二)历史案例分析

在探讨上海市第一中级人民法院分析思路前,可对我国有关虚假陈述赔偿案件中涉及系统风险的部分案件进行梳理和总结,在横向上有助于明晰我国各地法院对此问题的看法,在纵向上也能厘清法院评价标准的发展趋势。

依据中国裁判文书网、北大法宝网和《中国证券民事赔偿案件司法裁判文书汇编》[①]统计,我国共有虚假陈述民事赔偿案件11,845件,涉及系统风险案件3443件(1996年至2018年8月1日)。同时,由于证券虚假陈述赔偿案件一般涉案人数众多,各受侵害人基本基于一个法律行为起诉,所以案件内容类似,但数量较多,故在统计中将其同一被告的类似案件合并分析,本文选取其中典型的15起论述。

在部分案件中,法院未正面回应系统风险问题,如"三联商社案"[②]"圣方科技案"[③]"锦州港案"[④];在另一些案件中,法院虽回应系统风险问题,但并未提及其认定的标准和方法,通过粗略分析便给一个结论,如在"大唐电信案"[⑤]中,法院认为上证指数未发生大幅波动而不予认定系统风险;"丰华股份案"[⑥]亦然。

在有详细分析和阐述系统风险的案件中,根据被告举证系统风险的宽严程度不同可将其分为强因果关系说和弱因果关系说两类:

1.强因果关系说。被告承担证明系统风险存在的责任较重。体系性地阐述系

① 参见刘俊海、宋一欣主编:《中国证券民事赔偿案件司法裁判文书汇编》,北京大学出版社2013年版。
② (2006)豫法民二终字第159号。
③ (2002)哈经初字第557号。
④ (2003)沈中民(3)权初字第20号。
⑤ (2009)一中初字第7533号。
⑥ (2007)沪一中民三(商)初字第51号。

统风险认定严标准的是2004年“大庆联谊、申银万国虚假陈述上诉案”。[①] 大庆联谊公司提交在原告持有其股票期间的K线图，试图证明证券市场存在系统风险，投资者的损失由系统风险所致，与大庆联谊公司的虚假陈述无关。法院认为，被告提出系统风险主张，则应先举证有造成系统风险的事由存在，其次证明该事由对市场产生重大影响，引起全部股票大幅度涨跌，从而导致系统风险发生。在本案中，被告的证据无法证明第一步，即有引发系统风险的事由，更不能证明该事由与股市价格波动的逻辑关系，所以法院不予认定被告的抗辩理由。此案审理思路得到最高人民法院的认可并被发表于《大公报》上。后续的“长江水运案”“银星能源案”均沿用该认定标准。如“长江水运案”中，被告无法提供证明市场存在足以影响所有股票价格下跌的合理事由，对虚假陈述行为和所谓系统风险、长江航运业萎缩如何影响股价变动以及各自影响程度，被告也未提出具体区分标准和理由，故法院不支持系统风险抗辩；[②]“银星能源案”中被告亦同，因不能证明存在足以影响所有股票价格下跌的合理事由，法院不予认可系统风险。[③] 可见在这三个案件中，法院对系统风险的认定十分严格，被告承担了较重的证明责任，在此类强因果关系认定方法下，被告基本无法提出有效的证据证明系统风险的存在。[④]

2. 弱因果关系说。被告承担举证系统风险存在的责任较轻，被告不用充分论证系统风险与其股价波动的逻辑关系和关联度。典型的是“九州股份案”，九州公司提交ST九州及其他相关股票走势图，欲证明原告的损失是因为中国证监会于2001年12月5日发布的《亏损上市公司暂停上市和终止上市实施办法》所带来的系统风险。法院审查认定，根据ST板块和深圳成分股的跌幅来看，同一时期未受中国证监会处罚的与九州同在ST板块的其他股票价格也均出现大幅度下跌。与此同时，深圳成份股指数也呈持续下跌态势，故法院认定原告的损失至少部分由系统风险导致，[⑤]此类根据市场指数的涨跌综合分析判断是否存在系统风险的方式也为后来的众多法院学习借鉴。“浙江数源科技案”中法院采取的方法类似，仅是依

---

① 《陈某某等23名投资人诉大庆联谊公司、申银证券公司虚假陈述侵权赔偿纠纷二审案》，载《最高人民法院公报》2005年第11期（总第109期）。

② （2006）渝五中民初字第37号。

③ （2008）银民商初字第95号。

④ 参见王丹：《证券虚假陈述损害赔偿计算方法论》，载《法学》2003年第6期。

⑤ （2003）夏经初字第123号。

据的指数不同,在综合考量深证综指、深圳成指和IT指数的基础上,认定存在系统风险;[①]"德棉股份案"中,依据中小板和纺织板指数跌幅和德棉股份的跌幅基本相一致,认定存在系统风险,并据此排除上市公司的赔偿责任,[②]还有"南通科技案"[③]"佛山照明案"[④]等审理思路基本大同小异,在此不一一赘述。在上述案件中,法院均支持了被告的抗辩主张,认定系统风险的存在。与"大庆联谊、申银万国虚假陈述上诉案"体现的法院对被告证据与系统风险的强因果关系证明要求不同,在上述案件的审判思路下,一般被告有较有效明晰的证据可以提交,即在实施日至揭露日之间的公司相关指数的走势图。根据市场指数分析的认定方法,明显放宽了对被告的证明要求,法院对虚假陈述的赔偿数额中进行系统风险部分扣除的比例也比较高,在"德棉股份案"和"荣华股份案"中法院甚至认定投资者损失全部由系统风险导致,上市公司虚假陈述行为无须承担赔偿责任,为此有律师在《证券时报》上发文称"德棉股份案"的判决是以系统风险之名,二次伤害投资者。[⑤] 可见在对系统风险的认定方法上各方观点差距较大,仍有许多值得商榷之处。

在认定系统风险存在的案件中,法院对系统风险所致损失数额的计算方式大致可分为如下两种。

第一种,以大盘指数为标准。通过对比大盘指数跌幅和被告股票跌幅来认定系统风险致损的占比。例如,在"三九医药案"[⑥]中,法院认定被告股票价格跌幅超过综合指数跌幅的部分,即为被告虚假陈述造成原告的损失部分,并创设性地提出计算公式(股票跌幅 - 上证指数跌幅)/股票跌幅 = 虚假陈述责任占比;在"美雅案"[⑦]和"佛山照明案"中,法院均选择以深圳成分股指数为标准计算系统风险所致损失额,计算公式与上述无异。

第二种,综合考虑大盘指数、板块指数和相关行业的其他股票的价格波动情况。此类方法考虑的要素会比较复杂,很难如上一种方法一样有较简易可行的计

① (2010)浙杭商初字第34号。
② (2011)济民四商初字第79号。
③ 江苏省高级人民法院(2007)苏民二终字第0112号。
④ 粤高法民二终字第13-967号。
⑤ 参见许峰:《不要以系统风险名义二次伤害投资者》,载《证券时报》2012年5月19日,A04版。
⑥ (2003)深中法民二初字第489号。
⑦ (2009)穗中法民二初字第60号。

算公式,如“南通科技案”中,法院在证券市场的“上证综合指数”“沪市全部A股流通股总市值”“纵横国际所在的机械类行业板块指数”[①]和“机械类行业A股流通股总市值”四类数据变动情况的基础上综合认定系统风险所致的损失数额的大小。

回到“孙某等大智慧公司案”中,上海市第一中级人民法院显然采用的是市场指数分析方法,结合上证指数和软件服务板块指数综合考量,来论证市场存在系统风险,与“德棉股份案”审理思路一脉相承。在系统风险数额计算方面,法院未在判决书中提及计算过程,而是直接给出结论占比30%,但很明显其数值是经过法院审慎考量后得出的一个边际最优的结果:若按照“三九医药案”中的大盘指数公式计算,虚假陈述责任占比=(股票跌幅-上证指数跌幅)/股票跌幅=30%左右,系统风险免责数额占70%,保障力度更小,可见上海法院在认定系统风险数额占比时,对投资者有一定的倾斜保护。

三、关于系统风险的思考

1. 在虚假陈述民事赔偿案件中,系统风险的认定应该采用强因果关系标准还是弱因果关系标准?投资者的财产损失与虚假陈述行为之间的因果关系,是大多数案件的争议焦点。因虚假陈述侵权行为与传统侵权行为有重大区别,遭受损失的普通投资者很难就其损失与虚假陈述之间的因果关系充分论证,所以《若干规定》第18条中规定的因果关系认定标准是学习美国证券交易法的10b—5规则[②]和美国联邦最高法院在“Basic案”中肯定的“欺诈市场理论”,倾斜保护投资者而制定的。[③] 也就是说,若要求虚假陈述的被告承担虚假陈述的赔偿责任,原告需证明双层因果关系,即交易因果关系和损害因果关系。前者一般理解为对证券市场的信赖,相信股票的价格是充分受到市场上各种因素影响后的合理反馈。因此,原告无论是否是听信被告虚假陈述的内容才购买的股票,只要存在购买行为,有关的披露的虚假信息具有重大性,交易的因果关系便成立。这大大减轻了原告的举证负担。

---

① 我国上海证券交易所没有机械类行业板块,故此案中并没有参考机械行业板块指数。

② 参见汤欣:《美国证券法上针对虚假陈述的民事赔偿机制——兼论一般性反欺诈条款制度的确立》,载张育军、徐明主编:《证券法苑》(第2卷),法律出版社2010年版,第192页。

③ 参见黄振中:《美国证券法上的民事责任与民事诉讼》,法律出版社2003年版,第215页。

根据此理论分析系统风险可知,《若干规定》第19条设计的免责事由其实并没有否认交易层面的因果关系,仅是对损害因果关系的部分否定。对损害因果关系的否定需要怎样的证明标准呢?证券市场是一个联动的整体,系统风险的发生经常是多个事由在市场中相互传导、综合反应的结果。实践中,多数法院认为,在认定存在因果关系时若采用弱因果关系的信赖推定原则,而反向否定这个推定时如果需证明系统风险与原告损害之间的强因果关系存在,将这复杂的过程交由上市公司举证,无疑是有点强人所难,对被告显然有些失之公允了,事实上被告的举证也确实都是不充分不周延的。[①] 所以,在系统风险与损害结果之间因果关系认定的举证责任上也应有所简化,即不要求被告证明发生系统风险的事由存在,而是可以通过提供间接的市场相关数据来证明存在系统风险。换言之,法院认可被告提交的市场波动的K线图的证明力,并采用市场指数作为判断系统风险存在与否的标准。

2. 用哪个或哪些市场指数判断比较准确?其计算系统风险所致损失额的方法是什么?使用市场指数来认定是否存在系统风险的方法应以板块指数为主要衡量标准。如上文所述,现较通行的两种认定方式分别是以大盘指数为标准以及综合考虑大盘指数、板块指数和相关行业的其他股票的价格波动情况两种。大盘指数虽然在可操作性上更强,在计算具体损失数额时较方便,但其背后的逻辑却是经不起推敲的:该公式建立在股票的跌幅和整体大盘的跌幅保持一致的基础上。但很明显这个基础是荒谬的,大盘指数的基本面大,参与计算的股票众多,市场整体下行并不能必然推导出涉案股票下行,更何况跌幅保持一致了。例如,2018年6月,因为中美贸易战导致股市大盘整体下行,但房地产板块却一枝独秀、一路飘红。可见在一定范围内,股票是可以“逆潮流”存在的,法院为了计算方便而降低逻辑缜密性的行为并不可取。所以在选择市场指数时,我们应重点考虑与该股票关联度最高的板块指数,辅助参考证券市场的综合指数、证券市场流通股总市值和板块流通股总市值等数据,并根据其他相关因素修正判断。[②] 因为没有明确的比例计算公式,法院自由裁量权更大,法官可根据个案事实的需要酌情分配损失,有助于司法

---

① 从“大庆联谊案”“长江水运案”“银星能源案”等案中法院对被告举证的分析可知。

② 此种方法应最接近立法者“选择与虚假陈述影响的证券最具关联性的指数”的本意。参见李国光主编:《最高人民法院关于审理证券市场虚假陈述案件司法解释的理解与适用》,人民法院出版社2003年版,第248~260页。

公正。在具体比例考量时,《人民司法》上提出的一种方法较可行:如果综合指数的下降幅度与板块指数的下降幅度不一致,那么最终确定的幅度应该介于两者之间,但更靠近板块指数的下降幅度。例如,大盘数据跌幅为30%,板块数据跌幅为20%,则应选择20%以上25 %以下的区间。[①] 在没有相关的板块指数时,再根据其他相关数据的跌幅综合分析,可参照"南通科技案"相关方法施行。另外,关于此问题,有些学者提倡基于资本资产定价模型(Capital Asset Priling Model,CAPM),运用数学运算的方式精确算出一个金融产品对市场的波动率,从而量化计算系统风险。[②] 笔者并不是很赞同将系统风险问题僵化地理解为数学问题,"计算损失大小,归根究底是法律问题,虽然计算损失大小需尽量与数学原则相符合,但是因为法律作为社会科学的特殊性,应有其特殊的考量"。[③] 运用CAPM此类经济学分析工具可以作为证据之一,但不能作为唯一证据,证券市场问题错综复杂且十分敏感,法院综合各方利益后的考量更能体现实质公正。

3.是否引入专家证人制度?系统风险是客观事实认定问题,涉及许多金融学相关专业知识,单靠法官综合分析判断其是否存在,难度实在过大。在现有的虚假陈述相关案件中,当事人也鲜有提交专家学者意见来佐证自己的观点。专家证人的缺失使法院的判决分析力度略显单薄,得出的结论也失之公信。被告方在举证证明存在系统风险时,可提交专家证人意见以及专业机构的鉴定结论,由法院认定材料的有效性,从而避免法院审判的难度,同时也增加了裁判的论理性和可信度。

4.虚假陈述案件中投资者是否应倾斜保护?虽然应减轻被告举证存在系统风险的因果关系证明责任,但并不代表法院应宽标准地认定系统风险的存在。相反,法官根据市场指数等数据波动的幅度认定达到系统风险时,需持审慎态度,且扣除比例不宜过高。例如,上述板块指数、综合指数、证券市场流通股总市值和板块流通股总市值在涉案期间均出现了较大幅度的下跌,同时,综合国际、国内政治经济形势分析,确有一定的外部动荡因素,则市场可能存在一定的系统风险。法的实施是为规范行为保护法益,证券违法责任的追究除了保障投资者个人利益外,还有维护宏观经

---

① 参见刘振:《关于证券市场系统风险所致损失数额的认定》,载《人民司法》2008年第11期。

② 参见杜莹芬、张文珂:《虚假陈述赔偿中系统性风险损失的确认与度量——基于廊坊发展股份有限公司的案例研究》,载《中国工业经济》2013年第9期。

③ 参见曾世雄:《损害赔偿法原理》,中国政法大学出版社2001年版,第169页。转引自甘培忠、彭运朋:《论证券虚假陈述民事赔偿中系统风险所致损失数额的认定》,载《甘肃社会科学》2014年第1期。

济秩序之义。在考虑系统风险问题的同时,应考虑其对整体制度的影响。我国虚假陈述责任规定较轻,上市公司违法成本低,若过多地认定系统风险而将本就不多的赔偿再加以扣除,将造成受害者索赔动力更为不足的负面效果,这无疑是雪上加霜。

从经济学"成本—收益"角度思考衡量,在我国现行司法审判体系下,上市公司实施虚假陈述行为的成本包括行政执法机构可能的行政处罚和受侵害人的损失索赔(司法赔偿)。

我国证券违法行为处理案件数量明显偏少。根据中国证监会《2017年证监会行政处罚情况综述》可知,2017年受理并作出处罚案件为224件,与我国庞大的市场基数相比不值一提,我国证券市场处罚力度虽在加大,但还是不够。证监会的执法具有滞后性。2003年,仅有22%的执法行为导致了对市场参与者的处罚。一些报道的案例也显示证监会的很多处罚决定是仅存于纸面的,没有得到很好的执行。例如,"亿安科技案",证监会对广东欣盛、中百、百源、金易四家公司处以4.49亿元罚款,但四家公司一家注销、三家"跑路",均已人去楼空,行政处罚流于表面。[①]根据深交所的研究,从2001年到2002年,证监会收到了近25,000份关于市场违规操作的举报。证监会仅调查了其中的285件案件,对其中162件进行了行政处罚。[②]

因为我国上市公司虚假陈述侵权的受害者多为散户,个体损失金额小,维权成本高,导致大多数受害者选择放弃自身的权益保护以及时止损。另外,虚假陈述民事责任根据民法填平规则,并无惩罚性赔偿等规定,导致上市公司的违法成本偏低。根据杨城学者的研究,证券违法行为被处罚的主体也多为上市公司,而政策的实际操作者董、监、高虽然根据法律规定承担连带责任,但受到牵连的比例却很小,

① 参见廖红漫:《亿安科技处罚能否落到实处?〈经济半小时〉揭内幕》,载新浪财经网:http://finance.sina.com.cn/s/20010827/100421.html,最后访问日期:2018年6月28日。

② 参见徐成钢:《金融体制,司法制度和经济发展》系列讲座;Katharina Pistor、徐成钢:"Law Enforcement under Incomplete Law: Theory and Evidence from Financial Market Regulation", Econometric Society Far Eastern Meetings,2004。

这无疑减轻了董、监、高的违法成本。[①] 虽然《证券法》第 69 条、第 173 条规定上市公司董、监、高承担过错推定的连带责任，但在实际司法实践中，他们鲜有被列为共同被告，即便开始时被列入但后来基本都撤销了，因此，他们承担个人赔偿责任的情形很少。[②]

综上所述，我国现行的监管体系对上市公司虚假陈述行为过于宽容，这将很大概率产生市场逆向选择和道德风险，带来经济学上劣币驱逐良币的现象，证券市场上遵纪守法的公司因此逐渐被劣质企业驱逐，从而破坏整体市场秩序。[③] 上市公司虚假陈述行为的违法成本远低于其未被揭露所获得的违法收益（即使揭露也是收益大于成本），这使公司更倾向于实施违法行为。在此社会形势下，司法虽无法突破立法的局限创设针对公司虚假陈述行为的惩罚性赔偿，但可以在现有的框架下从严认定系统风险，以达到法边际最佳均衡。

---

① 参见杨城：《论我国虚假陈述民事责任主体的困境与创新》中关于 2013 ~ 2015 年处理证券违法行为司法判例的数据分析："共有 16 家上市公司因虚假陈述被 1193 名投资者诉至法院，法院最终判决 6 家上市公司对 1057 名投资者作出民事赔偿。其中，仅有 14 名投资者获得的赔偿有上市公司董事、监事、高级管理人员的连带责任，其余均是上市公司单独承担责任。之所以出现上述结果，原因是多数投资者起诉时仅以上市公司为被告。在 1193 名投资者中，只有 54 名投资者将上市公司以外的主体列为共同被告，未出现将上市公司以外的主体作为单独被告的情形。法院作出判决时自然不会主动追加其他责任主体。"载《证券市场导报》2017 年第 7 期。

② 参见黄辉：《中国证券虚假陈述民事赔偿制度：实证分析与政策建议》，载黄红元、徐明主编：《证券法苑》（第 9 卷），法律出版社 2013 年版，第 985 页。

③ 参见[美]乔治·阿克尔罗夫：《柠檬市场：质量的不确定性和市场机制》，载《经济导刊》2001 年 11 月 29 日。

重大遗漏型虚假陈述民事责任因果关系的认定

——关于Z公司虚假陈述调解案例分析

吉林证监局课题组*

2012年,Z公司因披露的公司年报隐瞒重大关联关系和关联交易,构成虚假陈述,被证监会行政处罚。根据最高人民法院《关于审理证券市场因虚假陈述引发的民事赔偿案件的若干规定》(以下简称《若干规定》),投资者在Z公司虚假陈述行为实施日至揭露日之间购买Z公司证券,在虚假陈述揭露日或者更正日及以后,因卖出该证券发生亏损,或者因持续持有该证券而产生亏损的可以向Z公司索赔。在诉讼时效内,该公司有160名投资者以证券虚假陈述侵权责任纠纷为由向法院起诉,要求Z公司赔偿投资者股价下跌损失1500万元。法院立案后,将案件委托给中证中小投资者服务中心(以下简称投服中心)进行调解,经投服中心调解,160名投资者与Z公司达成和解协议,Z公司向投资者赔付850万元,双方当事人均对调解结果表示满意。在调解过程中,双方关注的焦点为损失计算和系统风险扣除比例问题,该两项关注问题均与虚假陈述民事责任因果关系认定相关,虚假陈述民事责任因果关系的认定直接决定了损害赔偿责任的承担和赔偿金额的确定。本文结合Z公司虚假陈述调解案,在阐述重大遗漏型虚假陈述民事责任因果关系认定重要性的基础上,重点分析了虚假陈述民事责任因果关系认定难点和问题,并提出认定规则及通过调解解决虚假陈述民事纠纷的启示。

一、重大遗漏型虚假陈述民事责任因果关系认定的重要性分析

(一)从侵权民事责任因果关系角度考量

虚假陈述行为本质上属于民事侵权行为,在民商法领域,因果关系是连接侵权

---

* 吉林证监局课题组成员:赫荣祥、宿晓、刘美芳、魏鹏、朱正汉。

行为与损害结果的逻辑纽带，是民事责任构成的核心要素和内容，也是确定侵权责任归属的客观基础。简言之，“损害赔偿之债，以有损害之发生及有责原因之事实，并二者之间有相当因果关系为其成立要件”，在实务中对被害人的权利是否受侵害，及被害人因权益被侵害所受损害得否请求赔偿，均以“侵害行为”与“损害”之间是否具有相当因果关系作为判断基准。侵权行为与损害结果之间存在因果关系，则行为人需承担与损害结果相当的民事赔偿责任。① 王泽鉴先生将侵权行为法上的因果关系分为“责任成立的因果关系” 和“责任范围的因果关系”。其中，“责任成立的因果关系”属构成要件侵权行为是否成立，需受违法性及有责性要件的规范；“责任范围的因果关系”则属损害赔偿责任范围问题，正因为民事责任因果关系的复杂性，因果关系“在某种程度测度着抽象思考方法”，“考验着法律人的抽象思考能力及具体案例上符合事理的判断”。

（二）从证券民事责任因果关系的特殊性分析

虚假陈述民事责任属于证券民事责任的一种类型，证券民事责任因果关系是一类特殊的民法责任因果关系，是因证券侵害行为与损害后果之间引起和被引起的关系。证券民事责任因果关系的认定具有复杂性。首先，证券市场和证券交易兼具专业性和复杂性特征。证券市场参与主体人数众多、交易迅速、成交量大。同时，证券市场以计算机网络技术为基础，这与传统面对面交易模式有很大差别。而且，证券交易的标的不像是普通商品那样看得见、摸得着，交易方式不同于普通商品买卖的面对面协商、“一对一”谈判，而是“多对多”撮合、“背靠背”下单。加之市场是全国统一的，投资者遍布全国各地，随着证券的流转，投资和风险也相应地转移，虚假陈述行为人并非投资者的直接交易对手方，投资者是否看到了虚假陈述、是否对其产生信赖，以及在多大程度上据此作出了投资判断，都增加了因果关系链条的复杂性和多元性。其次，证券侵权行为与投资者损害之间的因果关系通常表现为“多因一果”的复合关系。因为在证券市场中，投资者的损害主要表现为证券价格的下降或上升，而影响证券价格下降或上升的因素非常多，包括经济周期、货币政策、财政政策、股利政策、市场技术因素、社会心理因素及市场系统性风险等多方面。再次，针对证券侵权行为的取证难。证券侵权行为往往比较隐蔽，证券侵权

① 参见王泽鉴：《侵权行为法》（第 1 册），中国政法大学出版社 2001 年版，第 188 页。

行为被查处或被揭露往往与侵权行为发生存在时间差,确定因果关系一般需要倒推向前寻找发生损害的原因,因此很难找到充分证据。最后,证券民事责任因果关系的认定需体现社会公平正义的理念。证券市场涉及公众利益,特别是中小投资者在专业知识、信息获取等方面存在天然劣势,追究违法违规主体的证券民事责任是保护中小投资者利益的重要方面,证券民事责任因果关系认定不能仅拘泥于逻辑上或理论上的完美,在制度设计中要体现保护中小投资者合法权益的理念。因此,很多国家的证券法律直接规定在一定情况下,推定行为的损害之间有因果关系,正式体现了社会公平正义理念。

(三)重大遗漏型虚假陈述的消极侵权行为属性增加了因果关系认定难度

我国《证券法》第 69 条规定,信息披露主体的虚假陈述行为导致投资者遭受损失时,虚假陈述行为人才应当承担民事赔偿责任。承担虚假陈述民事责任的违规表现形式包括发行人及上市公司公告的信息有"虚假记载""误导性陈述"或者"重大遗漏"。重大遗漏是指在信息披露文件中,对应当记载的事项没有记载,重大遗漏是一种消极的、不作为的虚假陈述行为。由于遗漏或隐瞒没有公开某种真实情况,它同样会给投资公众造成某种虚假的印象,因而属于虚假陈述。遗漏或隐瞒的重要信息类型包括与财务报表数据相关信息和其他非财务信息。遗漏或隐瞒与财务报表相关信息通常表现为:(1)少报负债额度,隐藏财务风险;(2)少报支付承诺,隐瞒企业风险;(3)隐瞒财产损失,制造虚假印象;(4)少列折旧,掩盖固定资产磨损程度等。遗漏或隐瞒非财务信息主要表现为:(1)未披露关联方和关联交易;(2)未披露对外担保信息;(3)未披露影响公司生产经营相关的信息等。

重大遗漏型虚假陈述侵权与一般人身、财产等民事侵权行为有所不同。较之普通侵权行为,虚假陈述行为主体各异,因果关系链条众多;较之虚假记载和重大遗漏等积极型虚假陈述行为,虚假陈述行为人所披露的存在重大遗漏的、不完整的信息的消极后果与投资者损害结果的关联更难认定。只有重大遗漏型虚假陈述隐瞒了影响股票价格的负面信息,投资者基于对其未披露重大信息的信息披露文件的信赖从事了相关交易行为,而当重大遗漏虚假陈述被揭露而引起股价下跌、投资者受损,则重大遗漏虚假陈述民事责任因果关系成立,投资者可以要求违法主体承担民事赔偿责任。但重大遗漏的信息是否会必然影响股票价格,以及能多大程度影响股票在实践中也较难判断,特别是重大遗漏或隐瞒非财务信息的情形。认定重大遗漏虚假陈述与投资者投资损失之间存在因果关系,需要确认隐瞒重大事实对投资者形成了误导,导致投资者仍与之为证券交易行为,且该项重大遗漏事项被揭露后影响了公司股票价格,导致投资者利益受损。但投资者自身很难完整证明该因果关系逻辑链条的成立。而且,在实践中往往受损害投资者难以特定、受损数额难以特定、因果关系不完全周延、侵权行为与损害范围不成比例,使认定虚假陈述因果关系的难度较大,需要以事实和逻辑为基础,综合考量社会政策、法治理念、人文精神等诸多因素加以判断。

在"Z 公司虚假陈述案"中,认定事实为 Z 公司未在年报中披露与 Y 公司等数家公司的关联关系和关联交易,构成了我国《证券法》第 139 条规定的上市公司报送的报告有虚假称述的违法行为,且该行为属于《若干规定》第 17 条第 5 款规定的"重大遗漏"的违法行为,即"信息披露义务人在信息披露文件中,未将应当记载的事项完全或者部分予以记载"。质言之,Z 公司的违法行为是遗漏、隐瞒重大事实的虚假陈述行为。如何认定 Z 公司虚假陈述违法案的因果关系,我们应当追根溯源,寻找准确、合理的因果关系认定方式。

二、重大遗漏型虚假陈述因果关系认定的实际问题

(一)美国司法实践中交易因果关系和损失因果关系的认定

在虚假陈述案例中因果关系认定问题上,美国的司法实践要求,在证券虚假陈述民事赔偿诉讼中,原告必须证明交易因果关系和损失因果关系。著名的 Affiliated Ute Citizens v. United States(1972)案中,美国最高法院判定原告无须就"信赖"进行证明,只要证明被告没有披露信息,且该信息对理性投资者作出决策是重大的便足够了,[①]即当原告因被告隐瞒或遗漏重大信息而受欺诈时,原告无须证明其对被隐瞒的信息的实际信赖关系,举证责任从原告转向了被告,被告须证明原告并未产生信赖,当被告无法证明时则承担败诉后果。然而,此种在隐瞒型案件中的信赖推定并非决定性的。如果被告可以证明原告并未信赖,即纵使被告已披露

① 参见李明辉:《美国虚假陈述民事诉讼因果关系的认定及启示》,载《西南政法大学学报》2004 年第 4 期。

了该项被隐瞒的事实,原告的决定仍不受影响,那么原告不能获得赔偿。[①] 美国最高法院还认为"证明因果关系的方法不止一种","信赖"只是一种手段,其他的手段也可以取而代之。"贝斯克公司诉利文森案"(Basic Inc. v. Levinson)(1988 年)中,法官采用了推定"信赖"的方法,因原告股票交易行为是因"信赖"证券市场真实、证券价格公正才交易的,在市场价格因遗漏、隐瞒重大事实受影响时,"原告只需要证明自己买卖股票的价格受到虚假陈述的影响即可,不用证明自己对虚假陈述的信赖"。[②] 该方法使原告无须对交易上的因果关系承担举证责任,但他仍然必须证明损失上的因果关系的存在。参考美国的司法实践,在证券(虚假陈述)侵权责任中,因果关系包含两层含义:一是交易因果关系,即指上市公司的虚假陈述行为是否足以对原告交易产生错误引导,其判断的关键点在于虚假陈述行为所涉及的消息性质;二是损失因果关系,即上市公司行为是导致股民损失的直接原因。[③]

(二)关于我国虚假陈述因果关系的规定分析

我国《证券法》对虚假陈述因果关系认定较为原则,没有规定具体判定标准。最高人民法院于 2003 年发布《若干规定》,借鉴了英美法关于证券侵权责任因果关系的推定信赖、市场欺诈理论等裁判理论,在对因果关系的认定中引入了推定规则,也即投资者只要能够证明虚假陈述和投资者受损害结果的存在,在事实清楚的基础上,法院即可认定虚假陈述同损害结果之间存在因果关系。但《若干规定》似乎省略了交易因果关系和损失因果关系的区分,在第 18 条、第 19 条从正反两方面对因果关系进行综合判定。第 18 条从正向规定虚假陈述与损害结果之间存在因果关系的三种情形:(1)投资人所投资的是与虚假陈述直接关联的证券;(2)投资人在虚假陈述实施日及以后,至揭露日或者更正日之前买入该证券;(3)投资人在虚假陈述揭露日或者更正日及以后,因卖出该证券发生亏损,或者因持续持有该证券而产生亏损。而第 19 条反向列举了被告能够推翻第 18 条推定因果关系成立的 5 种事由,区分了其他因素造成的损害和虚假陈述引起的损害,给予被告抗辩权利,抗辩事由分别为:(1)在虚假陈述揭露日或者更正日之前已经卖出证券;(2)在虚假陈

① Rifkin v. Crow, 547 F. 2d. 256, 262 (5th Cir., 1978). See James D. Cox, Rober W. Hillman & Donald C. Langevoort, Securities Regulation, Cases and Materials(证券法:案例与材料), at 744.

② 陈洁:《证券欺诈侵权损害赔偿研究》,北京大学出版社 2002 年版,第 110 ~ 111 页。

③ 参见谢欣欣、谢春晖:《上市公司虚假陈述之民事责任》,载《人民司法(案例)》2016 年第 2 期。

述揭露日或者更正日及以后进行的投资;(3)明知虚假陈述存在而进行的投资;(4)损失或者部分损失是由证券市场系统风险等其他因素所导致;(5)属于恶意投资、操纵证券价格的。

《若干规定》将虚假陈述因果关系予以法定化,因果关系的举证责任从原告转移到被告身上,在相当程度上减轻了受害投资者的举证责任,有利于维护其合法权益,同时也有利于简化诉讼程序、降低诉讼成本、提高司法效率,值得肯定。但虚假陈述侵权行为中因果关系的认定仍是一个较为复杂的系统问题,很难依靠某一种抽象规则处理所有侵权案件。我们查阅了近年来上市公司虚假陈述案件的判决,部分法院采用"对号入座"的简单方法。首先,从正面论证:原告投资了上市公司股票,且购买时间在实施日及以后至揭露日之前,在基准日期间卖出或继续持有该股票而受损,则虚假陈述与原告所受损失之间存在因果关系。其次,考虑是否存在认定因果关系的否定情形,如本案中考虑的是是否存在系统风险和投资者是否存在明知虚假陈述存在而进行投资的过错行为等因素。若不存在否定情形或者部分否定情形对因果关系成立的原因力较小,则可认定投资者损失与上市公司虚假陈述之间存在因果关系。此种裁判逻辑简单实用,避免陷入分别判定交易因果关系和损失因果关系的复杂法律逻辑关系,被诸多法院采纳。但也有部分法院从交易因果关系和损失因果关系角度裁判,认定逻辑值得借鉴,其认为"虚假陈述侵权赔偿的构成要件为:存在虚假陈述行为、虚假陈述行为具有重大性、虚假陈述行为与证券交易及损失之间存在因果关系。上述因果关系包括虚假陈述与交易决定之间的交易因果关系和虚假陈述与投资者损失之间的损失因果关系,两者缺一不可"。[①]我们认为,基于个案的差异性,我们还需要按照《若干规定》的法意精神、证券市场的法理逻辑以及案争事实具体问题具体分析,不断总结实践经验,探索理论创新,继续构建适合中国资本市场实际的证券虚假陈述民事责任因果关系认定规则,从而更好地维护中小投资者合法权益。

(三)重大遗漏型虚假陈述案因果关系的认定

证券市场虚假陈述侵权行为及其认定,本质上仍然属于民事责任范畴。损害因果关系要求投资者证明如果没有侵权人的虚假陈述行为,其不会遭受损害。在

① 贵州省高级人民法院(2012)黔高民商终字第3号。

“一因一果”案件中,认定因果关系较为简单。但在证券市场实践中,更多存在投资者受损害“多因一果”、原因竞合的现象。在此情况下,投资者需要证明作为原因之一的侵权行为可能导致损害结果的发生。法院需要根据原因力的大小,确定相应的责任承担份额。如果虚假陈述行为人提出“多因一果”、虚假陈述原因力小等的抗辩,法院应予支持。

前文所述,因投资者“信赖”上市公司,购入并持有其股票后,上市公司故意遗漏或隐瞒的重大信息被揭露,特别是在出现重大遗漏或隐瞒非财务信息情形下,其是否会必然影响股票价格以及能多大程度影响股票在实践中较难判断。本案件争议焦点之一就是原告的损害结果与被告Z公司虚假陈述是否存在因果关系。此处的因果关系指投资者对被告因信赖以确立交易因果关系,被告实施了遗漏、隐瞒重大事实等不作为或消极作为,如何判定被告上市公司构成法律规定的虚假陈述而造成了投资者的损失,且损失非其他因素导致。

因此,在推定因信赖产生股票交易的基础上,判定Z公司隐瞒“关联关系和关联交易”的行为是否是引起股价下跌的主要因素就成为认定虚假陈述与投资者损失之间的损失因果关系的关键一环。众所周知,关联关系和关联交易对企业财务和经营决策影响甚大,全面规范关联方及关联交易的信息披露非常有必要,故证券法、交易所股票上市规则、企业会计准则等对关联关系和关联交易的认定和披露等均有明确、详细的规定,可见其对投资者、上市公司以及市场整体的重要性。本案中Z上市公司与关联公司交易的营业收入在公司总营业收入中占比数额巨大,是公司营业收入爆发式增长的重要原因,但Z公司未在年报中对如此重要的信息予以披露。该信息重要性足以成为投资者“信赖”上市公司,购入并持有系争股票的诱因,该信息被揭露足以成为公司股价下跌而导致投资者受损的最重要因素。质言之,股票价格与被告Z公司隐瞒或遗漏的重大信息存在密切关系,被告的虚假陈述行为在原告买入股票时就已经影响了该股票的价格,并导致股票价格处于不公正、不稳定、不透明的状态,原告在被误导下买入系争股票,隐瞒或遗漏的重大信息被揭露成为证券价值损失的根本原因,故认定原告的损害结果与被告Z上市公司虚假陈述存在损失因果关系。

三、Z公司虚假陈述调解过程及启示

借鉴美国市场经验,《若干规定》第4条规定,法院在审理证券市场虚假陈述民事赔偿案件中,应当着重调解,鼓励当事人和解。调解包括诉前调解和诉中调解。截至目前,国内已有多起证券虚假陈述民事赔偿案件通过调解结案。民事法律关系主体意思自治的基本原则,决定了证券市场民事赔偿案件均可通过调解结案。通过专业、高效、便捷的调解方式结案,一方面,当事人及时获得了救济和赔偿;另一方面,消除了案件的潜在风险和影响,减轻了当事双方的诉讼成本和压力,达到了法律效果和社会效果的最佳统一。在本案中,在遵从虚假陈述民事责任因果关系推定理论逻辑下,调解组织及时介入参与调解,经与当事双方耐心沟通,双方最终均接受调解方案,原告在获得赔偿后撤回了起诉。

(一)源于虚假陈述民事责任因果关系认定的调解争议

该案调解受理后,由调解组织指派经验丰富调解员负责,其中焦点有二。一是损失计算。其属于虚假陈述民事责任因果关系的损失因果关系认定范畴,在调解中通过搜集整理相关司法判例与实务资料,梳理归纳了各种买入均价的计算方法,并比较各方法优劣,将双方当事人各自坚持采用的方法进行一一核算。二是系统风险扣除比例。其属于虚假陈述民事责任因果关系的抗辩事由,《若干规定》对"证券市场系统风险等其他因素"规定得较复杂,在调解过程中整理归纳了司法判例中关于系统风险的认定及扣除比例计算方法,着重参考了司法实践中"佛山照明案""万福生科案"的系统风险比例计算方法,对本案系统性风险进行了测算。

(二)应用因果关系推定理论开展虚假陈述民事纠纷调解工作

经过前期的测算,调解员围绕损失计算方法统一、系统性风险扣除比例、和解款项支付期限等问题,先后多次做双方当事人的调解工作,特别是以有代表性的司法判例为依据,释法明理。一方面,推动Z公司正确认识其行为的法律后果及法律责任,转变理念和认识,明确只有诚恳调解、积极赔偿才能修复上市公司信誉。另一方面,让投资者充分认识股市投资行为本身存在的风险以及股票市场的系统风险,逐步引导投资者调整过高的赔偿期望值,在法律规定范围内理性参与调解。通过耐心的沟通、交流,当事双方重新树立了对调解解决纠纷的信心,不断化解抵触情绪,加强信任、增强共识,最终双方就损失数额、扣除比例、付款期限等问题达成了和解方案、和解协议,Z公司当场赔偿160名投资者850万元,双方对调解结果均表示满意。

(三)相关启示

遵循虚假陈述民事责任因果关系推定理论,开展虚假陈述民事纠纷调解工作,有利于投资者便利维权,切实保护投资者合法权益。一方面,上市公司虚假陈述侵害的投资者人数众多,但具体到个案,真正起诉的股民比例仍很少,不排除一些股民不知晓可以索赔或者认为金额较小索赔意义不大,但确有很多股民在权益受到损害时无动于衷并非不知道可以索赔,而是仍旧抱着固有的观念,出于对国内诉讼或非诉解决环境的不信任、不了解而放弃索赔,待到前期索赔股民拿到赔偿时又已过了诉讼时效。建议广大投资者特别是中小投资者在受证券虚假陈述侵害时,可以自身或者委托代理人积极通过诉讼、调解等方式维护自身合法权益。另一方面,通过调解解决纠纷具有成本低廉、程序便捷、意思自治、促进和谐以及不公开等突出优势。在本案中,通过调解,投资者在较短时间内拿到了合理的赔偿,及时、充分地保护了合法权益;Z公司也减轻了诉讼对其造成的负面影响,并通过积极赔付,维护了企业形象。特别值得指出的是,本案涉及投资者众多,成功调解纠纷,也有力地维护了证券市场和社会的和谐稳定。

第三章 私募基金纠纷案例

规则变更造成的损失如何承担

——王某与××证券公司资管计划纠纷评析

曲冬梅*

一、案情简介

2014年3月20日,投资者王某了解到××证券公司在销售“某集合资产管理计划”(以下简称资管计划),当时宣传明确表示“不直接投资二级市场,利用机构优势申购新股,进出费用全免”。王某于是购买了120万元该产品,截至2015年8月,该产品累积发放红利82万元。于是,王某又陆续追加了310万元。

2014年5月9日,沪深交易所分别出台《上海市场首次公开发行股票网上按市值申购实施办法》和《深圳市场首次公开发行股票网上按市值申购实施办法》,规定采用网上按市值申购方式首次公开发行股票,投资者需持有一定市值的二级市场股票,才可以根据其持有市值对应的额度网上申购新股。由于新股认购规定变更及二级市场行情波动,2015年11月,王某购买的产品净值跌至约0.5元。王某在产品管理报告中发现2015年一季度通过二级市场配置的股票资产占比高达63%。王某认为管理人××证券公司在持有人不知情的情况下自行决定增大二级市场投资,严重违背营销宣传时“不直接投资二级市场”的承诺。证券公司存在误导性宣

---

* 山东师范大学法学院教授。

本文系山东省社科规划项目“股权众筹的法律风险与防范”的成果。

传,导致其购买的430万元该资产管理计划产品遭受损失,并主张造成246万元损失的赔偿。

二、争议焦点与调解结果

双方争议焦点主要在于,赔偿数额82万元的投资收益的归属权以及损失是否应当合并计算问题。王某认为,82万元红利是自己应得的投资收益,在计算证券公司给自己造成的损失数额时应予以剔除。但××证券公司坚持,在计算损失时应当将82万元红利合并计算,即就投资者主张的246万元剔除82万元后由××证券公司承担约70%的过错责任,由此得出赔偿数额约114万元。

调解员在对纠纷双方开展调解工作之前,对双方争议点进行了系统的法律分析,在具体损失数额的计算方法上借鉴了最高人民法院发布的审判指导意见,引用了损益相抵原则。调解员通过引用类似法院司法判例为王某提供了专业的咨询讲解,王某在听完调解员的讲解后,表示同意扣除82万元,最终双方在中心达成调解协议,王某接受了114万元的赔偿,证券公司并赔礼道歉。仅仅历时一周多的时间,双方纠纷得到有效化解。

三、案 例 评 析

本案是一起因规则变更引发的集合资产管理资管计划合同纠纷案。集合资产管理计划,简称资管计划,并没有严格的法律界定。实践中,资管计划通常表现为银行、信托、证券、基金、期货、保险资管机构、金融资产投资公司等金融机构接受投资者委托,对投资者交付的财产进行投资和管理的金融服务。金融机构依靠专业化服务,收取一定的酬金,投资者获得收益。

近年来,随着我国国民财富的增长和投资需求的旺盛,金融机构资管业务发展迅速。截至2017年年末,资管业务总规模已达百万亿元。其中,银行表外理财产品资金余额为22.2万亿元,信托公司受托管理的资金信托余额为21.9万亿元,公募基金、私募基金、证券公司资管计划、基金及其子公司资管计划、保险资管计划余额分别为11.6万亿元、11.1万亿元、16.8万亿元、13.9万亿元、2.5万亿元。同时,互联网企业、各类投资顾问公司等非金融机构开展资管业务也十分活跃。①

本案中王某购买的产品是××证券公司的资管产品。该产品通过集中投资者资金,利用资金优势申购新股。长期以来,我国新股申购呈现出“打新必赚”的赚钱效应。投资者王某恰恰是看到这类业务的低风险和可观的收益,购买了××证券公司的资管产品。然而,沪深交易所新股申购规则的变更使××证券公司的资管计划不得不作出改变和调整。由此造成的损失责任承担问题是本案争议的焦点。首先,证券公司是否有权改变投资计划？如何看待投资者和证券公司之间的法律关系？其次,在规则变更时,证券公司变更投资范围是否有通知和说明的义务？违反相应的义务是否需要承担责任？再次,规则变更是“不可抗力”还是“情势变更”？因规则变更产生的损失,应当如何承担？最后,王某的两次投资和证券公司之间是两个独立的合同还是一个？对于早期的收益和后期的亏损应当合并计算还是分别计算？

(一)资管计划中投资者与资产管理人之间的法律关系

1. 主要争议与背景

王某与××证券公司之间法律关系的认定是解决纠纷的前提和基础。长期以来,我国对资管计划的法律属性存在较大争议,主要有“信托说”与“委托说”两大代表性观点。如果将本案的资管计划认定为信托,则××证券公司对资金的使用有较大的权限;如果王某与××证券公司之间的法律关系为委托,则××证券公司改变投资的行为应当取得委托人王某的同意。

资管计划的法律属性之所以存在分歧,与我国金融业的分业监管有密切关系。先是证监会于2012年9月、11月和2013年6月出台《期货公司资产管理业务试点办法》《基金管理公司特定客户资产管理业务试点办法(2012年修订)》《证券公司客户资产管理业务管理办法》及其实施细则,开启了期货公司、基金管理公司和证券公司资管产品的大门。保监会(现为银保监会)紧跟其后,于2013年2月和2014年5月发布《关于保险资产管理公司开展资产管理产品业务试点有关问题的通知》《关于保险资金投资集合资金信托计划有关事项的通知》,确定了保险领域资管计

① 参见《官方解读:央行就资管新规16个问题的解答》,载搜狐网:https://www.sohu.com/a/229778076_115173,最后访问日期:2018年6月20日。

划的法律地位。与保监会几乎同时,2013 年 3 月,银监会发文《关于规范商业银行理财业务投资运作有关问题的通知》,作为“理财直接融资工具”的银行资产管理计划试点启动。自此,各金融机构的资管计划全线放开,银信、银证、银保、证保等交叉性金融产品不断涌现。法律的定性和政府的监管面临挑战。

2. “委托说”vs“信托说”vs“功能说”

无论资管计划如何花样翻新,表面特征主要表现为“受人之托、代人理财”。“委托说”的法律依据是《商业银行个人理财业务管理暂行办法》第 9 条的规定,“综合理财服务,是指商业银行在向客户提供理财顾问服务的基础上,接受客户的委托和授权,按照与客户事先约定的投资计划和方式进行投资和资产管理的业务活动”。该规定说明银行类的资管计划,主要基于客户的委托和授权。《商业银行个人理财业务风险管理指引》第 8 条也明确提到“商业银行接受客户委托进行投资操作和资产管理等业务活动,应与客户签订合同,确保获得客户的充分授权”。银监会有关负责人就发布《商业银行个人理财业务管理暂行办法》和《商业银行个人理财业务风险管理指引》答记者问时,作出了如下说明,“我国《商业银行法》明确规定商业银行不得从事证券和信托业务,同时利率尚未完全市场化,银行开发销售个人理财产品面临的约束较多,潜在的法律风险较大。为厘清相关业务的法律性质,降低相关法律风险,该办法和指引明确界定了个人理财业务是建立在委托代理关系基础之上的银行服务,是商业银行向客户提供的一种个性化、综合化服务”。[①] 从法理依据上,《合同法》第 402 条、第 403 条规定中关于间接代理和隐性代理的规定,也可以将资管计划中投资者和证券公司之间的法律关系确定为委托代理关系。

有学者提出,就普通资管计划而言,各投资人与资产管理人之间系一种信托关系。[②] 信托是指委托人基于对受托人的信任,将其财产权委托给受托人,由受托人按委托人的意愿以自己的名义,为受益人的利益或者特定目的,进行管理或处分的行为。与委托比较,信托更贴切地体现了资管产品的特征。第一,信托实质强调的是财产的独立性。信托事务仅限于对财产的管理。第二,在信托关系中,委托人

---

① 《银监会有关负责人就发布〈商业银行个人理财业务管理暂行办法〉和〈商业银行个人理财业务风险管理指引〉答记者问》,载银行监督管理委员会官网:http://www.cbrc.gov.cn/chinese/home/docView/1617.html,最后访问日期:2018 年 6 月 10 日。

② 叶名怡:《结构化资管计划的私法规制》,载《法学》2018 年第 3 期。

(投资者)不再享有投资资产的所有权,也不以自己的名义对外投资或对资产进行管理。根据《全国中小企业股份转让系统机构业务问答(一)——关于资产管理计划、契约型私募基金投资拟挂牌公司股权有关问题》,资管计划本身可以作为名义的股东。第三,委托人(投资者)并不直接与第三人发生法律上的权利义务关系。委托人交付投资后,该笔资金的具体操作完全交付给受托人,由受托人选择投资领域或与第三人进行合作。

也有学者认为,将资管计划类比为银行理财或信托计划的思路并无助于确定资管计划的法律属性。而且,我国《信托法》下信托经典要素的消解与《合同法》下委托合同之灵活性两方面结合,导致"信托"与"委托"之间的边界并非像人们想象的那样泾渭分明。由此提出,应当摆脱"信托"与"委托"的争议,而从功能主义的立场分析和监管资管计划。①

3. 本案王某与××证券公司之间为信托关系

本案王某购买的资管产品如果用一个模型表示,表现为图1-2:

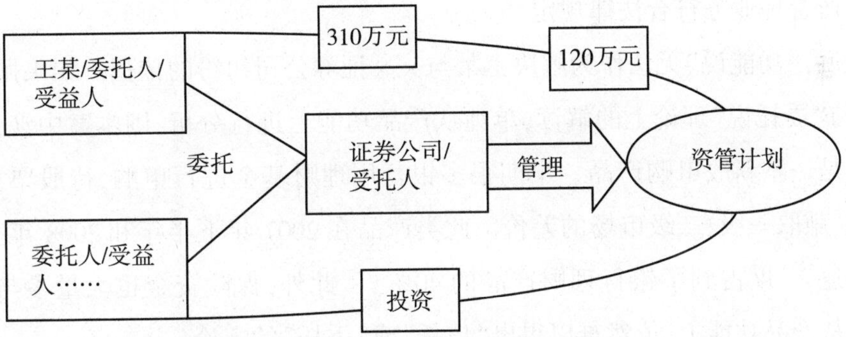

图1-2　王某购买资管产品过程模型

该模型显示了王某和××证券公司形成信托关系。王某作为委托人,将资金交付给××证券公司后,由××证券公司作为受托人,根据双方签署的协议运作资金。王某同时作为受益人,享有资金产生的收益,承担投资风险。信托与委托的区别之一是委托人的权限。委托人如果对财产依然享有所有权,受托人需要在委托人的授权范围内从事代理活动,则双方构成委托关系。如果委托人交付财产后,对

① 参见刘燕、楼建波:《企业并购中的资管计划——以SPV为中心的法律分析框架》,载《清华法学》2016年第6期。

财产不再享有占有、使用和处分的权利,受托人具有较大的财产管理权,则双方构成信托关系。本案中,王某提出“××证券公司自行决定增大二级市场投资”表明,王某等投资者交付的资金管理和处分的权利由受托人××证券公司享有,无须经过王某等委托人和受益人的同意,双方应为信托关系。

本案的受托人为××证券公司,将王某的资金无论是用于申购新股,还是投资二级市场,并不违反法律的规定。无论是《商业银行个人理财业务管理暂行办法》《商业银行个人理财业务风险管理指引》的规定,还是银监会负责人的答复,之所以将投资者与银行作为受托人的法律关系界定为委托关系,主要为了遵守我国金融业分业经营、分业监管的要求。《商业银行法》也明确规定,“商业银行在中华人民共和国境内不得从事信托投资和证券经营业务……”换言之,商业银行并没有从事信托业务的资格,也不得将资金投向证券市场。与商业银行作为受托人不同的是,《证券公司客户资产管理业务管理办法》第 11 条,明确规定:“证券公司可以依法从事下列客户资产管理业务……(二)为多个客户办理集合资产管理业务;”本案中的集合资产管理业务符合法律规定。

最后,“功能说”无法作为解决王某与××证券公司纠纷的依据。如果抛开“信托说”与“委托说”理论上的解读,单纯从产品功能上进行分析,则本案中涉及的资管计划是一款新股申购产品。早期很多银行用理财基金进行申购,待股票上市后即抛售,赚取一级、二级市场的差价。此类产品在 2007 年下半年和 2008 年上半年发展迅速,一度占到了银行理财产品的 40%。[①] 此外,保险资金也大量参与打新。因此仅从产品功能上,依然难以得出“信托”或“委托”的定论。

综上所述,王某与××证券公司的法律关系为信托关系,则意味着××证券公司可以不经过王某的授权改变投资计划。××证券公司的做法并不违反法律规定。那么,证券公司改变投资计划,是否构成违约呢?

(二)资产管理人的受托义务

本案还涉及投资范围的变更。证券公司最初承诺“不直接投资二级市场”,后又通过二级市场配置了大量股票。如果在集合资产管理合同中,王某和××证券公司在投资范围一栏作了明确约定,则××证券公司违反了《证券公司集合资产管

---

① 参见潘修平、王卫国:《商业银行理财产品若干法律问题探讨》,载《现代法学》2009 年第 4 期。

理业务实施细则》第44条规定,对集合资产管理合同进行变更的,应当取得客户和资产托管机构的同意,客户可以选择退出集合计划,并且报中国证券业协会备案。笔者并未看到王某和××证券公司签订的集合资产管理合同原文,只是从中国证券业协会的《集合资产管理合同范本》[①]来看,投资范围包括非限定性计划资产管理计划、限定性集合资产管理计划和限额特定资产管理计划三大类。本案作为非限定性计划资产管理计划,投资于国内依法发行的股票、债券、证券投资基金……都属于法定的投资范围。通常证券公司不会列出非常具体明确的投资范围,以防作茧自缚。本案中双方确认是在产品宣传中提及"不直接投资二级市场",在资管合同中未明确约定。因此,本案中××证券公司在道义上违背了最初的宣传和承诺,但不违反合同的约定。

××证券公司是否违反了法律规定的作为受托人的义务呢?作为信托关系的受托人,首先应当遵守《信托法》的规定,同时作为受托人的证券公司,还应当遵守《证券法》《证券公司监督管理条例》《证券公司客户资产管理业务管理办法》《证券公司集合资产管理业务实施细则》的规定。

遗憾的是,《信托法》仅原则性地规定了受托人管理信托财产,必须恪尽职守,履行诚实、信用、谨慎、有效管理的义务。其没有规定受托人义务的具体内容和违反义务时的相关责任。《证券法》并不涉及证券公司在销售集合资产时的义务。

《证券公司集合资产管理业务实施细则》的规定较详细,要求证券公司应当与客户签订集合资产管理合同,在合同中应当包含风险揭示条款,并制作风险揭示书;应当向客户全面、准确地介绍集合计划的产品特点、投资方向、风险收益特征,讲解有关业务规则、计划说明书和集合资产管理合同内容以及客户投资集合计划的操作方法,并充分揭示投资风险。该实施细则第40条、第41条明确规定证券公司应当按照集合资产管理合同约定的时间和方式,至少每周披露一次集合计划份额净值。向客户寄送对账单,说明客户持有计划份额的数量及净值,参与、退出明细以及收益分配等情况。

综观证券公司作为受托人义务的规定,法律层面的只是一般性的规定。规章

---

① 参见《证券公司客户资产管理业务规范》,载中国证券业协会官网:http://www.sac.net.cn/flgz/zlgz/201210/t20121022_60159.html,最后访问日期:2018年6月10日。

等实施细则规定的虽然较为具体,但主要侧重于市场行政监管的需要,要求证券公司履行信息披露义务。

本案不确定××证券公司是否履行了每周披露一次集合计划份额净值和向客户寄送对账单的义务。从王某在产品管理报告中发现2015年一季度通过二级市场配置的股票资产占比高达63%的介绍看,证券公司已经履行了披露义务。退一步讲,即使××证券公司没有严格按照要求每周披露或者寄送对账单给投资者,已有的规定在对王某进行民事救济和赔偿方面还是空白。

在资管计划中,投资者和资产管理人相比处于信息不对称、权利义务不对等的弱势地位。投资者将投资资金及作为原所有者的权利让渡给了资产管理人,资产管理人聚集投资者的资金进行使用,投资者承担投资的损失,而且无论盈亏,投资者都要向资产管理者支付一笔服务费用。金融机构只是为了监管的需要,履行相应的备案和信息披露的义务,并没有从与投资者和委托人权利义务对等的角度,履行对投资者应有的义务。

有学者认为,造成投资者权益得不到保障的根本原因,与我国的金融体制改革的政府主导型特色有关。[①] 一行两会的部门规章具有明显的公法属性,作为行政监管规则的强制性信息披露义务,与最为民事规范的金融机构的说明义务是两回事。为此,只有从立法上将我国的投资者认定为"金融消费者",要求金融机构履行对消费者的详细的说明义务,承担无过错责任,才能给予投资者应有的保护。

(三)沪深交易所规则的法律定性

在本案中,证券公司认为投资二级市场股票是沪深交易新规的要求。证券公司是否可以以交易所规则的变更作为抗辩呢?对此,需要明确沪深交易所的规则的法律性质。

通常认为,证券交易所作为自律性组织,虽然并非《立法法》所确立的法律制定者,但不能由此否定其制定的业务规则在证券市场法律制度中的地位。同时,证券交易所的业务规则在证券法律制度中具有独特的功能和不可替代的优势。[②] 沪深交易所的规则在本案中一方面适用于证券公司,法理依据在于证券公司作为交易

① 参见何颖:《构建面向消费者的金融机构说明义务规则》,载《法学》2011年第7期。

② 参见徐明、卢文道:《证券交易所业务规则法律效力与司法审查》,载张育军、徐明主编:《证券法苑》(第2卷),法律出版社2010年版,第266页。

所的会员,应当遵守交易所的规则。而对于投资者王某的适用,则基于王某和证券公司之间的集合资产管理合同。

与交易所规则变更类似的是我国房地产领域经常出现的调控政策。近几年,因房地产政策变化导致的诉讼日益增多。因目前我国法律并没有关于政策调整的法律适用,因此各地法院的判决并不一致,主要将其认定为不可抗力和情势变更。所谓不可抗力,按照《民法总则》第180条的规定,是指不能预见、不能避免且不能克服的客观情况。本案中,交易所新规的出台不构成不可抗力。首先,交易所新规是否出台,何时出台,出台内容会对当事人协议有何影响,确实属于王某和××证券公司不能预见也不能避免和左右的。但是,交易所新规出台后,王某和××证券公司均可以采取一定的措施应对新规,如可以变更或终止双方的协议,因此,这并不是不能克服的。

新规的出台是否构成情势变更呢?根据最高人民法院《关于适用〈中华人民共和国合同法〉若干问题的解释(二)》第26条,情势变更是指合同成立后客观情况发生了当事人在订立合同时无法预见的、非不可抗力造成的不属于商业风险的重大变化,继续履行合同对一方当事人明显不公平或者不能实现合同目的,当事人请求人民法院变更或者解除合同的,人民法院应当根据公平原则,并结合案件的实际情况确定是否变更或者解除。本案中,交易所新规出台在资管合同成立之后,新规则的出台是当事人无法预见的非商业风险的重大变化,符合情势变更中的"情势"。在该种情形下,当事人如王某或××证券公司应当请求法院对合同进行变更或者解除。但在本案中,因资管合同并没有明确投资范围,因此,王某和××证券公司并没有作出变更的请求。但可以借鉴情势变更的基本原则,本着公平的原则,对王某的损失进行分担,实现双方的利益平衡。

(四)损益相抵规则的适用

本案双方争议的焦点在于246万元的损失如何承担以及是否应当扣除82万元的投资收益。王某认为自己的损失是246万元,而证券公司则认为王某的损失应当扣除已经获得的82万元的投资收益。关于双方的这一争议,首先需要清楚82万元的收益和246万元的损失是形成于两个不同的资管协议还是一个?在此基础上,需要进一步明确82万元收益和246万元的损失是否基于证券公司的同一违约行为。

要厘清损失的赔偿,需要先行梳理一下投资过程(见图1-3)。

图 1 – 3　投资时间及过程

从王某投资的整个时间段看,王某和 × × 证券公司之间仅签署了一个协议,而非 120 万元和 310 万元两个不同的协议。310 万元只是在原有协议基础上,王某又追加的投资,而且王某在追加投资时,交易所新规已经发布 1 年多,王某也在不断地收取收益。因此,王某和 × × 证券公司之间应当认定为一个合同,即王某的投资总额为 430 万元。而在整个投资过程中,王某的收益和亏损分别为 82 万元和 246 万元。王某的收益和亏损能否适用损益相抵规则,取决于是否构成损益相抵的要件。

损益相抵是指当赔偿请求权人因同一赔偿原因事实而受有利益时,赔偿义务人有权要求将该利益加以扣除,从而确定损害赔偿范围的制度。[1] 损益相抵规则虽然并没有明确的法律规定,但在司法实践中被法院广泛适用。最高人民法院《关于当前形势下审理民商事合同纠纷案件若干问题的指导意见》第 10 条,提出人民法院在计算和认定可得利益损失时,应当综合运用损益相抵规则等,从非违约方主张的可得利益赔偿总额中扣除非违约方因违约获得的利益。损益相抵的含义和最高人民法院的意见表明,损益相抵主要在损害赔偿案件中,因同一赔偿原因,非违约方有收益有损失,在计算违约方的赔偿数额时,可以扣除非违约方的收益。首先,如果本案适用损益相抵规则,则需要具备以下要件:第一, × × 证券公司为违约方;第二,王某有损失,也有收益;第三, × × 证券公司的违约行为与王某的收益和损失具有因果关系。在本案中,如果将 × × 证券公司未经王某同意,擅自改变投资范围认定为违约的话,则本案具备适用损益相抵的第一个要件。其次,从王某整个投资过程看,有损失有收益。最后,王某的损失和收益与证券公司改变投资范围表面看是具有因果关系的,因为证券公司在 2014 年 5 月 9 日交易所新规实施后,就改变了投资范围。王某的损失发生在证券公司改变投资范围后,则收益既有一部分发生

① 参见郑玉波:《过失相抵与损益相抵之法理》,载黄立主编:《民法债编总论》(修订第 2 版),中国政法大学出版社 2004 年版,第 242 页。

在证券公司改变投资范围前,也有一部分发生在之后。从严格意义上来讲,在认定因果关系时,本案存在一定的障碍。一方面,王某的损失和收益是因为××证券公司改变投资范围的违约行为还是因为证券市场股票价格的波动?应该更多的是客观因素,即投资股票的价格波动导致的损失和收益,而非由××证券公司的行为造成。另一方面,即使假设是由××证券公司违约行为导致,则王某发生在改变投资范围之前的收益,不应该适用损益相抵规则,因为该部分收益和证券公司的违约行为没有因果关系。从我国司法实践看,对于非因权利人自身行为、第三人行为之外的客观因素获得的利益,不适用损益相抵。有学者在对损益相抵适用进行类型化研究时,也指出如果权利人因客观原因,如市场价格的波动,而获得利益,则不应适用损益相抵原则。①

本案适用损益相抵,则王某的损失为246万元减去82万元,即164万元。而在本案中,××证券公司只承担了约70%的责任,最终的赔偿数额约114万元。这一事实表明,本案不仅适用了损益相抵规则,同时适用了过失相抵规则。

根据最高人民法院《关于审理买卖合同纠纷案件适用法律问题的解释》第30条,买卖合同当事人一方违约造成对方损失,对方对损失的发生也有过错,违约方主张扣减相应的损失赔偿额的,人民法院应予支持。与损益相抵规则相类似,过失相抵也是法院在确定损害赔偿范围时的一个重要考虑因素,只是损益相抵侧重于损失和收益的确定以及因果关系,而过失相抵则着眼于当事人的过失。虽然对于过失相抵能否适用于合同法领域存在较大争议,②但这一规则在司法实践中被经常使用。③ 在本案中,××证券公司认为,对于王某的损失,××证券公司未履行承诺固然有过错,但王某也是知情的,也应当对产生的损失承担一部分责任。正是基于对双方过错的考量,证券公司承担了约70%,114万元的赔偿数额,体现了一定的公平性。

---

① 参见程啸:《损益相抵适用的类型化研究》,载《环球法律评论》2017年第5期。

② 参见梁慧星:《中国合同法不承认过失相抵规则》,载《中国社会科学报》2013年1月9日,A07版。

③ 《东成国际贸易有限公司与湖北广济药业股份有限公司国际货物买卖合同纠纷案——江苏省高级人民法院民事判决书》,载北大法宝网:http://www.pkulaw.cn/case/pfhl119655780.html? match = Exact,最后访问日期:2018年6月10日。

四、投服中心调解亮点与优势

中证中小投资者服务中心有限责任公司(以下简称投服中心)是于 2014 年 12 月注册成立的证券金融类机构。其主要职责是为中小投资者自主维权提供教育、法律、信息、技术等服务。其中,受中小投资者委托,提供调解服务是投服中心重要职能之一。

为充分发挥职能部门的作用,引导社会力量运用法治思维和法治方式化解各类社会矛盾,中共中央办公厅、国务院办公厅颁布了《关于完善矛盾纠纷多元化解机制的意见》,最高人民法院、中国证券监督管理委员会联合制定了《关于在全国部分地区开展证券期货纠纷多元化解机制试点工作的通知》法〔2016〕149 号,为投服中心解决证券类纠纷提供了法律依据。

在本案中,王某向投服中心提出调解申请,投服中心选择了具有丰富司法实践经验和扎实理论功底的调解员开展调解工作。调解员通过对双方争议焦点进行系统的法律分析,借鉴司法审判案例,晓之以理,动之以情,积极促成双方当事人沟通和交流,有效化解了当事人之间的矛盾,成功解决了这起资管纠纷。

如果本案采取法院诉讼的方式,则会面临以下难点。一是证券公司在产品宣传时声称投资范围为申购新股,但在资管合同并没有明确约定,对于证券公司的违约行为如何认定?二是在交易所出台交易新规后,证券公司不得不改变投资标的,而且证券公司已公告,能否依然认定证券公司违约?三是即使认定证券公司违约,证券公司应当承担什么责任?是否可以依据情势变更免责?四是证券公司如果没有违约和过错,能否适用损益相抵和过失相抵规则?如果法院严格执行法律的规定,王某可能自己承担投资损失。或者,法院基于公平原则,要求证券公司承担部分损失,最终达到和本案类似的效果,但将经历漫长的诉讼进程。

与法院等传统纠纷解决方式比,借助于投服中心解决证券类纠纷,具有很多特色。一方面,在投服中心主持下达成的调解协议,具有民事合同的性质,当事人可以申请有管辖权的法院确认其效力。经人民法院确认有效的具有明确给付主体和给付内容的调解协议,当事人可以申请人民法院强制执行。因此,该调解协议与司法判决和裁定具有同样的执行力。另一方面,投服中心解决纠纷,具有一些法院诉讼所不具备的优势。例如,解决方式更加方便快捷。在本案中,2016年3月1日投资者提出调解申请,投服中心受理后,分别在3月4日、3月7日组织调解,并于3月7日双方达成调解协议,历时仅一周。而且,目前投服中心受理中小投资者的纠纷调解申请,不收取任何费用。此外,投服中心在全国各地建立了高水平调解员名册,并定期对调解员进行培训。调解员的选取要求具有丰富的证券实务经验和一定的理论知识,以保证调解员的专业性。当事人可以根据调解员信息,自愿选择调解员。

证券类纠纷因具有专业性强、矛盾交错、程序复杂的特点,解决证券纠纷通常需要消耗大量社会资源。投服中心作为中国证监会直接管理的证券公益机构,为投资者提供了程序便捷、意思自治、和谐专业的纠纷解决机制。同时,在纠纷化解过程中,也渗透了对投资者的教育,引导中小投资者转变观念、理性维权。目前,越来越多的投资者走进投服中心,通过便捷、专业、高效的调解方式,化解了证券类纠纷与矛盾,促进了证券市场的稳定发展。

第四章　融资融券纠纷案例

诉调对接处理融资融券纠纷的有效性分析

马　鸣*

一、引　言

融资融券业务是证券公司面向客户开展的一种资金或证券的借贷业务。具体而言,是指在客户提供担保金或担保物并承诺在一定期限内支付相应利息的前提下,证券公司向客户出借资金用于买入标的证券或者出借证券用于卖出的一种经营活动。

融资融券业务自19世纪开始在美国出现并迅速发展,至今已经有上百年的历史。2010年3月31日我国首笔融资融券交易成功,开启了我国国内股票市场双边交易的新纪元。融资融券业务自2013年全面开展以来,融资余额持续扩大,在我国资本市场占据了重要地位。

投资者和证券公司在融资融券业务中具有两层法律关系,第一层是委托代理关系,第二层是借贷关系。在第一层关系中,证券公司必须将预期风险告知投资者,并要求其签署《风险揭示说明书》,证券买卖所产生的风险由投资者自己承担,证券公司无须对投资者买卖交易的行为负责。在第二层关系中,证券公司不仅要借给投资者资金或证券,还要对投资者的资金规模和风险承担能力进行审核和评

* 中国证监会安徽监管局投资者保护工作处。

估。而投资者在进行交易之前,必须提供符合条件的担保金。

由于存在多重的法律关系和复杂的交易制度以及各种市场风险,从我国开展融资融券业务以来,出现了不少纠纷案件。为有效解决融资融券纠纷,国家和行业管理部门相继出台有关规定。2013年,国务院办公厅发布了《关于进一步加强资本市场中小投资者合法权益保护工作的意见》,逐步构建了法律保护、监管保护、自律保护、市场保护和自我保护"五位一体"的投资者保护体系。2015年12月,中央办公厅、国务院办公厅印发了《关于完善矛盾纠纷多元化解机制的意见》,从制度层面对多元化纠纷解决机制作出顶层设计。证监会积极落实中央精神,与最高人民法院联合下发了《关于在全国部分地区开展证券期货纠纷多元化解机制试点工作的通知》。该通知是在总结实践经验基础上形成的证券期货纠纷解决机制的重要制度成果,包含了一系列重要的制度和机制创新,主要包括五个方面:一是建立了法院认可证券期货试点调解组织制度,增强了证券期货试点调解组织的权威性;二是规定了调解协议的司法确认制度,符合条件的调解协议可以申请人民法院强制执行;三是明确了保障落实调解协议的督促程序功能,对符合法定条件的调解协议,当事人可以向人民法院申请支付令;四是建立了专门的示范判决机制,符合条件的纠纷可进行集中调解,人民法院将通过司法判决宣示法律规则、统一法律适用,为调解同类纠纷提供参考;五是明确了在线调解等多种灵活便民调解方式的有效性等。①

二、融资融券纠纷产生的原因及处理原则

(一)融资融券纠纷产生的原因

1. 融资融券交易存在特有风险

融资融券交易特有风险是导致其纠纷产生的主要原因。与普通证券交易相比,融资融券交易不仅具有普通证券交易所具有的政策风险、市场风险、系统风险等,还具有其特有的风险。

一是证券投资亏损放大风险。融资融券交易利用财务杠杆放大了证券投资的

① 参见朱宝琛、姜洋:《多措并举增强证券纠纷调解工作实力》,载《证券日报》2016年7月1日,A01版。

盈亏比例,放大的比例与保证金比例和折算率有关系,即保证金比例越低,折算率越高,融资融券交易的财务杠杆越高,客户在可能获得高收益的同时,其可能的损失也越大。

二是强制平仓风险。按照相关规定,证券公司将实时计算客户提交担保物价值与其所欠债务的比例(维持担保比例);如果客户信用账户该比例低于 130%,证券公司将通知客户补足差额;如果此时客户未按要求补足,证券公司将立即按照合同约定处分其担保物,即强制平仓。在实际业务发生过程中,证券公司往往比较关注自身的资金和交易安全,对投资者的信用账户进行实时监控,对投资者的风险教育以及强制平仓的具体操作解释不到位,在强制平仓的过程中也无法判断投资者账户中股票的潜在收益,怎么平、平什么,缺乏统一标准。因而导致市场上此类纠纷普遍存在,尤其是 2015 年股市异常波动期间,大批投资者因融资融券业务损失惨重。①

2. 证券公司在合同执行过程中存在瑕疵

融资融券业务发生大量纠纷的另一原因在于,该业务双方的很多权利义务都是通过合同约定的。在具体业务开展过程中,证券公司基本能够严格执行证监会关于融资融券业务的各项规定,因而投资者通过投诉举报维权的方式无法得到经济利益补偿。然而,对具体合同条款的执行情况,证券公司的执行可能存在瑕疵,这就导致在融资融券领域的纠纷证券公司虽然未违反行政规定,但在民事领域确实存在过错。对于此类过错的大小和程度,不同的法院、仲裁机构均有不同的看法,这就导致投资者通过投诉举报、申请仲裁、司法诉讼的方式维权均存在困难之处。与投诉举报、仲裁和诉讼的方式不同,调解可以最大限度地还原事件的本原,体现双方的真实意图。因而,通过诉调结合方式解决此类纠纷可以更好地维护投资者的合法权益。

(二)诉调对接处理融资融券纠纷的原则

诉调对接处理融资融券纠纷须遵循公平原则、效率原则、保密原则和公益性原则。

① 参见徐倩雯:《论融资融券业务中投资者的风险防范与控制》,载《现代营销》(学苑版)2012 年第 12 期。

1. 公平原则

公平原则,从当事人角度看,是指在诉调对接处理过程中应以社会正义、公平的观念指导自己的行为;从调解机构角度看,是指调解员要以中立的身份和正义、公平的观念来处理当事人之间的纠纷,平衡各方的利益。

2. 效率原则

效率原则要求迅速、便捷、及时、高效地解决纠纷矛盾,避免矛盾解决的旷日持久所导致的利益损失,从而保证对合法利益的救济。

3. 保密原则

保密原则是指调解程序在形式上保持封闭状态,即不公开进行,其实质是指因调解所产生的信息将被禁止随意披露。考虑到调解程序的稳定性,一般调解的事实信息可以在程序中披露,但人们基于对调解的信任而主动追求某种法律效果的行为信息则属于保密事项。

4. 公益性原则

资本市场的正常运作建立在众多投资者或者消费者的交易之上,证券期货专业调解制度势必涉及人数众多的投资者的利益维护,从设置本源上就必须考虑其公益属性。

三、诉调对接处理融资融券纠纷的安徽实践

(一)建立地区证券期货领域矛盾纠纷多元化解机制

安徽地区证券期货领域的矛盾纠纷多元化解机制由地方证监局牵头建立。2016 年,安徽证监局联合安徽省高级人民法院,根据最高人民法院、中国证券监督管理委员会《关于在全国部分地区开展建立证券期货纠纷多元化解机制试点工作的通知》精神,经充分沟通协商,结合地区实际,发布了《关于进一步推进证券期货纠纷诉调对接工作的意见》,就进一步加强地区证券期货纠纷诉调对接机制建设作出制度安排。该意见明确规定:安徽省证券期货纠纷调解中心作为法院的特邀调解组织可以接受投资者的调解申请,安徽各级人民法院在其诉调对接中心设立"证券期货纠纷调解工作室"。在具体操作层面,由安徽省高级人民法院、安徽证监局、中证中小投资者服务中心三方共同签署《证券期货纠纷诉调对接工作合作备忘

录》,确立对接工作的具体流程和协作机制,形成以安徽省证券期货纠纷调解中心为平台、中证中小投资者服务中心专业调解为支持,与全省人民法院广泛对接协作的证券期货矛盾纠纷多元化解体系。该体系充分利用各方优势,立足安徽实际,尽可能有效化解矛盾纠纷。

在此背景下,安徽地区各证券期货经营机构纷纷建立健全内部机制,对接多元化解,加强对投资者的事后救济,多渠道化解矛盾纠纷。通过经营机构投资者教育园地、现场横幅、跑马屏、公司网站等途径对多元化解渠道进行广泛宣传。对于因自身工作不到位造成的投资者利益损失,积极主动与投资者协商解决;遇到较为复杂的投资者投诉,积极寻求专业支持,引导投资者通过第三方调解、仲裁、诉讼等法律途径解决争议。

(二)安徽辖区首例诉调对接处理融资融券纠纷案例

A证券公司营业部开展融资业务,与客户聂某约定的信用账户维保比例不得低于140%。2015年7月3日(周五)该证券营业部收市后发现该客户信用账户维保比例低于140%,证券营业部于7月6日(周一)12时向客户发出短信通知,提示其应在7月7日收市前提高维保比例至160%。7月8日至9日,因该客户未能按要求提高维保比例,A证券公司对该客户账户所持有的股票进行了强制平仓操作。客户对该公司平仓行为有异议,经与该证券公司营业部多次交涉未果后,遂通过信访投诉渠道向当地监管部门投诉该证券公司及营业部。经当地监管部门核查,未发现A证券公司融资融券业务存在违规行为,建议聂某与A证券公司的融资融券民事纠纷通过调解渠道解决,聂某同意。

安徽省证券期货纠纷调解中心在接到当事双方调解申请后,先后抽调业内经验丰富的调解员组成调解专家组,对该纠纷的来龙去脉进行了深入研究,对当事双方争议的焦点进行了详细梳理。调解专家组对引起此次纠纷的细节进行了认真核实。按照当事双方事先签订的《融资融券业务合同》约定,当客户账户维保比例不足时,公司应在第一时间T日向其发出书面的《追缴保证金通知》,要求其在两个交易日提高信用账户的维保比例,使之不低于140%的维保线,否则公司有权从T+3日起开始对客户的账户进行强制平仓。事实是,A证券公司在7月3日收市后发现该客户信用账户维保比例不达标,于7月6日12时通过电子邮件和微信等方式告知客户应在7月7日收市前按要求提高信用账户的维保比例,否则将会被强制平仓。客户知悉后并未按要求及时提高自己信用账户的维保比例。7月8日、9日，公司对客户账户所持有的股票进行了强制平仓操作。该纠纷的焦点在于该证券营业部是否严格执行了合同的约定。客户认为，该证券公司营业部没有执行合同约定，侵害了他的正当权益。理由一是公司发出的《追加保证金通知书》不是第一时间，应该是7月3日为T日，而不是6日中午。理由二是公司应以书面的《追加保证金通知书》送达，但却是以微信和短信形式。A证券公司认为，因股市异常波动，7月3日(周五)营业部清算数据接收较晚，7月6日(周一)《追加保证金通知书》送达属于在规定时间内，至于《追加保证金通知书》由书面形式改为短信形式在此前公司官网上已经发布，无违规侵权之处。虽然双方当事人对于案件事实有巨大分歧，调解工作曾多次被搁置，但A证券公司表示愿意为自身工作存在的瑕疵给予投资者部分金额补偿。投资者聂某抓住公司这种心态，不断加大对公司索偿额度，争议事实从强制平仓扩大到融资融券开户合同未送达、融资利率未明确约定、追缴保证金时间不足等方面，要求的赔偿期望值已远远超出合理诉求范围。

面对此种情况，调解专家组及各调解员迎难而上，不厌其烦地向双方当事人宣传和气修睦、宽容谦让的和谐思想，解释纠纷所涉及的业务知识、法律法规，消除当事人的认识误区，说明纠纷产生的原因及各自在此纠纷中所应合理承担的责任，引导当事人理性客观表达诉求。经过一年多耐心细致的劝导，调解时限一再被展期，双方当事人为调解员不辞辛劳的调解工作所打动，不断激化的矛盾关系逐渐缓和。2017年9月，调解专家组结合双方当事人的自身诉求及相关法律法规的要求，拟定了通俗易懂、权责清晰、切实可行的文本内容，双方当事人在调解专家组的见证下签署了调解协议。根据安徽省证券期货矛盾纠纷多元化解机制，该调解协议司法确认的法院为合肥市庐阳区人民法院。

此后，在庐阳区人民法院的建议下，调解中心对调解协议的内容进行了适当调整。协议约定双方对调解协议的具体内容保密，A证券公司一次性向聂某支付一定金额，聂某在纠纷了结后注销在A证券公司的证券账户。2017年12月21日，在当地证券监管部门和法院的指导帮助下，完成了安徽辖区首次调解协议的司法确认，该协议经庐阳区人民法院根据《民事诉讼法》第195条裁定调解协议有效(皖0103民特358号)。2017年12月29日，调解协议约定的所有义务事项被双方当事人全部履行完毕。至此，双方当事人间长达2年半的纠纷矛盾，最终得到了妥善化解。

四、分析与思考

(一)诉调对接方式处理融资融券纠纷的有效性分析

1. 调解方式本身具有优越性

首先,通过调解方式解决证券期货纠纷不收取任何费用,可以说是真正的惠民政策。其次,调解方式受理范围广泛,只要是自然人、法人和其他组织之间因证券、期货、基金等资本市场风险投资业务产生的合同和侵权责任纠纷,均属于受理范围。这几乎包含了全部证券期货领域的矛盾纠纷,对有效保护中小投资者的利益有重要的意义。最后,可以采用多种灵活方式进行调解,包括采用面对面与网络对话、即时化解等方式有机结合。调解场地不限于调解中心所在地,也可以电话或者调解员的办公场所,通过灵活的调解方式,不仅使纠纷的解决更为方便,而且也减少了解决纠纷的成本。为了保证调解优越性的有效发挥,安徽省证券期货纠纷调解中心的作用体现在三个方面。一是根据安徽省高级人民法院《关于进一步推进证券期货纠纷诉调对接工作的意见》和《证券期货纠纷诉调对接工作合作备忘录》建立了专职及专家调解员制度,从证券期货领域有多年工作的专家和专业律师中聘请了14名专家调解员。证券、期货、基金等纠纷具有极强的专业性,通过建立专家调解员队伍,可以在纠纷调解事件中有效解决投资者与经营机构在专业能力上普遍悬殊的问题。二是通过速调对接和司法确认机制保障了调解协议的法律效力;通过诉调对接机制,既为投资者和相关证券市场主体提供一条便捷、迅速处理纠纷的渠道,也不影响现有相关司法机关、监管机构和自律组织的职责履行,有利于证券调解工作能够顺利快速高效地开展。三是在相关协议中明确如果证券期货纠纷调解不成,调解双方提供的材料还可以作为重要的参考资料提交给有关法院。

2. 调解是解决资本市场民事纠纷行政化的科学方法

目前,在证券期货市场,某种程度上出现了民事纠纷行政化的趋势,部分投资者在与市场主体尤其是上市公司、证券期货经营机构发生民事纠纷时,往往挂以信息披露、业务违规、非法侵害投资者权益等旗号,将很多本不属于证券监管部门职责的事项(如工商登记内容变更、合同事项)通过向证监会或各地证监局不断投诉举报的方式向市场主体施压,以求得到额外的经济利益补偿。在处理此类事项时,证券监管部门需要有效区分投资者的真实诉求,明确履职边界:对属于监管职责的事项,应当依法依规办理;对属于民事纠纷的事项,应当明确告知投资者通过其他合法途径维权。当前,各地证监部门与当地纠纷调解部门通力合作,处理了大量此类纠纷,证明了通过调解方式处理民事纠纷是处理此类事项的科学方法。

3. 调解结果具有可强制执行性

通过证券调解中心调解和人民法院司法确认的对接机制,当事人经调解达成和解协议的,可申请人民法院进行仲裁,按照和解协议的内容依法快速作出司法确认,使和解协议的内容具有可强制执行的法律效力。从实践看,司法确认一方面能赋予调解协议法律强制效力,确保其执行;另一方面能有效防范纠纷的反复,对增强调解的权威性公信力吸引力,充分发挥调解在市场纠纷化解中的作用具有十分重要的意义。

(二)对有效利用调解方式解决矛盾纠纷的几点思考

1. 进一步加强证券期货纠纷调解机制的宣传

党的十九大报告明确指出:要提高保障和改善民生水平,加强社会治理;加强预防和化解社会矛盾机制建设,正确处理人民内部矛盾;发挥社会组织作用,实现政府治理和社会调解、居民自治良性互动;打造共建共治共享的社会治理新格局。目前,纠纷调解,尤其是证券期货领域纠纷调解的理念还不够深入人心,证券监管部门、各行业协会、投资者保护组织、各调解组织应当合力督促各市场经营主体从加强资本市场投资者保护长效机制的高度推动多元化纠纷解决机制跨越式发展,积极主动参与到证券期货纠纷调解机制的建设中来。

2. 进一步增强纠纷调解工作实力

调解工作水平关系到投资者的满意度,也关系到对法院系统的信任及与司法衔接的效果。各调解组织应进一步加强考核管理,提高工作效率。各调解组织还应充分调动各方积极性,通过直接调解、诉调对接、司法确认等途径,让更多证券期货领域的矛盾纠纷解决在调解范围和非诉解纷渠道。同时,不断加强自身建设。一是根据化解矛盾纠纷需要,进一步建立健全调解员专家库,选聘调解技巧高、调解经验丰富、了解证券行业,具有专业知识以及法学、心理学等知识的专家学者组建调解专家库,为调解组织化解矛盾纠纷提供专业咨询指导和培训。二是加强调解员培训和激励机制。进一步规范调解员的初任培训、年度培训制度,建立完善调解员业务等级评定、管理及绩效考核制度,健全专兼职调解员激励机制。对有突出贡献的调解组织和调解员,按规定给予一定的表彰奖励。不断提升调解员的调解技能、专业化、职业化水平。三是加强对调解员的考核管理。及时了解掌握调解员的工作情况,对不胜任、不称职的调解员应及时调整或解聘。

3. 进一步对行业共性问题进行研究

证券期货领域的纠纷涉及面广,纠纷类型多样化且专业性强,如经纪业务纠纷、融资融券纠纷、期货期权纠纷、资产转让纠纷、权证交易纠纷等,在纠纷解决过程中需要运用财会、证券、期货、法律等多方面的专业知识。各调解组织在不断提高调解工作效率、增强自身建设的同时,还应进一步加强对行业共性问题的研究,对同一类业务的调解案例进行对比研究,探索建立证券期货行业分业务纠纷调解指引。通过加强对行业主要业务、共性问题的研究,深入了解投资者诉求,不断完善调解方式方法,必将进一步推动证券矛盾纠纷多元化解机制建设。

4. 进一步加强投资者教育工作

投资者教育有助于提高投资者专业知识水平,帮助投资者客观、理性地参与资本市场。中国长期以来对资本市场的认识存在两种误区:一种是认为资本市场是致富捷径,盲目进入资本市场进行投资交易;另一种则是认为资本市场是一个高风险的市场,不敢参与市场投资交易。这两种认识都不利于资本市场的健康稳定发展。加强投资者教育,加深投资者对市场法律规则、发展规律的正确理解,这对于减少投资者盲目性、防范和化解市场风险具有重要现实意义。根据《深交所2016年个人证券投资者状况调查报告》显示,受访的个人投资者认为导致其亏损的主要原因是“自己的投资经验不足”的占51.1%,“自己的投资知识不足”的占45.9%,认为投资经验不足是其亏损的首要原因。而盈利的个人投资者中有91.5%的受访者认为参加投资者教育活动有助于投资者盈利,亏损的个人投资者中有81.2%的受访者没有参加过或不积极参加投资者教育活动。

对投资者来说,投资者教育也是投资者保护工作的起点,有助于健全投资者权益保护长效机制,使投资者真正做到知权和依法行权、维权,增强投资者的自我保护能力。

一是投资者教育可以提高投资者参与市场的能力与效率,增强投资者信心。证券期货投资者不同于普通商品或服务的消费者,他们面临的是无形的、复杂的投资产品和服务,会遇到信息与技能上的困难。投资者教育能够帮助投资者了解投资产品和服务、自身权益、基本的证券期货知识、消费者权益等内容,提高分析和解决问题的能力,充分了解自身的权利内容和维权途径,进而提高他们参与资本市场投资的能力和效率。

二是投资者教育有助于增强投资者的风险防范意识,培养理性健康的投资理念。向投资者及时说明和提示风险是投资者教育的一项重要内容。据《深交所2016个人投资者状况调查报告》显示,61.6%的受访者希望获得的投资者教育首要内容为“揭示投资风险”,其次是“普及证券基础知识”(57.3%)和“介绍投资产品与投资策略”(56%)。这和投资者教育的目的是一致的,希望通过普及教育帮助投资者树立风险防范意识和理性投资意识,逐步成为成熟理性的投资者,并促进资本市场健康发展。

三是投资者教育有助于投资者树立权利意识,有效维护自身合法权益。知权才能行权和维权。投资者教育不仅能够提高投资者对资本市场交易机制、法规制度的认识,还能够了解、掌握自己拥有哪些权利,怎样或通过什么样的渠道依法行使这些权利和维护这些权利。多年实践证明,投资者教育活动可以有效帮助投资者提高其权利意识和自我保护意识,充分了解自身的知情权、回报权、参与权、监督权、求偿权等基本权利以及行权、维权的基本途径和方法,从而健全完善投资者权益保护的长效机制,避免纠纷的产生。①

五、结　　语

融资融券是完善我国证券市场的重要交易方式,能够提高市场的价格发现效率和交易活跃度,并完善市场质量。但是,融资融券是把“双刃剑”,在推动市场发展的同时也带来了很多风险,产生了很多纠纷。因此,证券市场的各方参与者要认真学习国家、行业及地方有关证券期货矛盾纠纷调解文件精神和相关制度,减少甚至避免出现融资融券交易纠纷,使其能够真正推动我国证券市场健康发展。

---

① 参见赵敏:《加强投资者教育　夯实资本市场投资者保护基础》,载《清华金融评论》2017年第6期。

强制平仓谁之过？

——首例运用“专业调解+司法确认”模式处理的融资融券合同纠纷成功完结

佟　宇*　陈　辉**

一、案情介绍

（一）案件起始

2013年5月8日，投资者杨女士与其丈夫黄先生在某证券公司以杨女士名义开立融资融券账户并签订了《融资融券业务合同》，该账户系由黄先生实际管理。2015年8月27日及2016年1月29日，因杨女士账户的维持担保比例低于140%，某证券公司在通知杨女士提高账户维持担保比例未果后，对其账户资产进行了强制平仓。针对某证券公司的强制平仓行为，杨女士认为其违反了上海证券交易所关于维持担保比例不得低于130%的规定，因而要求某证券公司赔偿其50万元以上100万元以内的经济损失。纠纷发生后，杨女士授权黄先生处理相关索赔事项，权限为特别授权。黄先生多次与某证券公司协商赔偿事宜，均未达成一致意见，后该纠纷提交中证中小投资者服务中心有限责任公司（以下简称投服中心）申请调解处理。

（二）事发经过

1. 强制平仓，引发纠纷

2015年8月27日，因杨女士账户的维持担保比例降到137%，已低于某证券公司要求的140%，某证券公司要求账户持有人杨女士提高账户维持担保比例，但杨女士和黄先生没有按照要求处理，并提出了异议，最终账户资产被进行了强制平

* 北京大成（合肥）律师事务所高级合伙人、安徽省律师协会金融保险专委会副主任、安徽省人民政府法制办法律顾问、投服中心兼职调解员。

** 北京大成（合肥）律师事务所专职律师。

仓,涉及90多万元股票;2016年1月29日,因同样原因,某证券公司再次对杨女士账户资产进行了强制平仓,涉及30多万元股票。

2. 争议过大,双方协商解决未果

强制平仓后,黄先生主动与某证券公司联系,就其做法提出异议,要求给予一定的赔偿。但某证券公司认为其做法合法合规,强制平仓带来的后果应当由账户持有人杨女士自行承担。双方的主要观点如下。

针对某证券公司的强制平仓行为,黄先生认为,上海证券交易所规定的维持担保比例为130%,但是某证券公司却将维持担保比例定为140%,明显过高,不符合相关规定。此外,某证券公司未将维持比例为140%这一情况及时告知账户持有人。且某证券公司提供的合同条款为格式条款,不符合《合同法》关于格式条款适用的规定。因此,黄先生认为某证券公司的做法不符合相关规定,相关条款对其不产生法律效力。

某证券公司则认为,根据《上海证券交易所融资融券交易实施细则》中关于"客户维持担保比例不得低于130%"的规定,以及《融资融券业务合同》第六章第6.7条第2款中关于在合同有效期内,该维持担保比例可能根据证券交易所和乙方的有关规定进行调整,以证券交易所和乙方公告为准,乙方无须就此另行通知甲方的约定,维持担保的比例应以其官网上公布的融资融券业务维持担保的比例(140%)为准,该比例不违反上海证券交易所的下限规定,相关条款是合法合规的,杨女士应当遵守执行。此外,某证券公司在杨女士的资产账户维持担保比例低于140%时,及时向杨女士发送了追缴保证金通知,但杨女士及黄先生以各种理由拒绝执行,某证券公司对杨女士账户资产进行强制平仓是符合合同约定的,不违反相关规定,不应当承担赔偿责任。

由于双方在关键问题上分歧太大,暂时无法达成一致意见,最终未能通过协商一致途径解决。

3. 前期解决

协商未果后,黄先生多次到某证监局和某证券业协会投诉某证券公司违规强平行为。后来,某证监局针对该案中某证券公司案涉营业部为黄先生开立证券代持账户的问题对某证券公司采取了责令改正的监管措施。但经调查后,某证监局认定,未发现某证券公司在与杨女士账户的融资融券业务和强制平仓行为中存在违法违规行为,对黄先生提出的赔偿问题,建议其通过法律途径寻求解决。

在投诉的协商过程中,基于人道主义考虑,某证券公司表示愿意补偿30万元以了结此事。但由于双方诉求相差悬殊,黄先生仍坚持较高额的赔偿标准,双方未能达成和解意见。此后,黄先生仍然在向有关部门持续不断投诉该起纠纷,寻求有关部门的介入处理。

二、调处过程

1. 受理纠纷,初步调解

2016年7月,黄先生正式向投服中心申请调解其与某证券公司案涉营业部融资融券合同纠纷,某证券公司也同意由投服中心调解该纠纷。投服中心受理该纠纷后,按照调解规则从兼职调解员专家库中选择了由律师和高校专家等组成的三人调解员团队。2016年8月,投服中心工作人员和调解员专门前往案涉地对该纠纷进行了初次调解,由于双方的诉求仍有很大差距,当天的调解双方未达成一致处理意见。

2. 有针对性地制定调解措施,提升调解效果

为高效调解该起纠纷,投服中心和调解员采取了以下调解措施。

第一,在完整分析案情的基础上正确区分双方过错。调解员分析后认为,从本案看,争议条款为某证券公司提供的,作为投资者的杨女士和黄先生没有多少话语权,且作为一般人对条款的理解存在一定困难,某证券公司未充分尽到对该条款的提示、说明义务,在合同签订中存在一定的瑕疵。基于此,调解员提示某证券公司应当认识到其存在一定的过错,并承担相应的责任。而作为投资者的杨女士和黄先生,明知股票市场风险较大,而未高度重视合同条款内容,也应当承担一定的责任。

第二,在参考类似案例的基础上合理划分双方责任。调解员注意到,前期协商之所以未成功,一个关键点是双方在和解赔偿金额上的明显差距。为解决这一争议点,调解员收集了包括最高人民法院发布的公报案例在内的相关司法判例,并提供了3种可能的损失计算方式,分别计算后提供给双方参考。虽然我国不是判例法国家,但是类似案例中的处理方法对当事人有一定的引导作用。基于此,由于搜集

到的类似司法判例支持的计算结果明显低于本案投资者的诉求金额，从而大大降低了黄先生的期望值，也提高了某证券公司的调解意愿，为成功调解本案奠定了基础。

第三，在利用司法确认的基础上增强调解双方意愿。针对某证券公司担心投资者获赔后仍反复投诉的风险，调解员表示可以提供对调解协议进行司法确认的协调服务，为调解结果提供法律效力保障。经过充分沟通，某证券公司给予积极回应，表示愿意全力配合调解，并提出向黄先生道歉，主动修复与投资者之间的破裂关系。调解员同时也向黄先生说明了司法确认的作用，黄先生对此表示理解和支持。

3. 多番努力，最终达成一致调解意见

在之前调解工作的基础上，2016 年 12 月底，调解员再次组织纠纷双方进行了现场调解，经过耐心细致的协调和沟通工作，纠纷双方正式达成调解协议，由证券公司案涉营业部补偿杨女士 34 万元，一次性了结本纠纷。

4. 司法确认，完结纠纷

调解协议达成以后，按照之前的纠纷处理安排，为给调解协议提供法律效力保障，防范纠纷反复，投服中心争取由上海某区法院为该案调解协议进行司法确认。虽然该种处理上在当时面临很多障碍，但投服中心和调解员通过创新工作方式及细化对接流程，已成功获得上海某区人民法院对调解协议效力进行司法确认的民事裁定书，这也是首单获得人民法院司法确认的证券期货纠纷调解案例，标志着证券期货纠纷调解司法确认机制的实际开启。截至目前，杨女士和黄先生已经在调解协议约定的期限内收到了某证券公司全额补偿款，该起纠纷得到了妥善彻底解决。通过采用“专业调解 + 司法确认”的模式，不仅高效调处了纠纷，也得到纠纷双方的高度认可。

三、案件分析

本案的关键点是某证券公司提供的合同条款是否适用格式条款规则，是否具有法律效力，双方责任如何区分。

1.某证券公司将维持担保比例定为140%是否违反相关规定

根据《融资融券业务合同》第六章第6.7条第2款规定,在合同有效期内,维持担保比例可能根据证券交易所和某证券公司有关规定进行调整,具体以公告为准,某证券公司无须就此另行通知杨女士和黄先生。《融资融券业务合同》没有直接规定维持担保比例。案发时,某证券公司官网上公布的融资融券业务维持担保的比例为140%,而《上海证券交易所融资融券交易实施细则》规定,客户维持担保比例不得低于130%。

我们认为,一方面,《上海证券交易所融资融券交易实施细则》属于行业规定,不是法律法规规章,不具有黄先生主张的法律效果;另一方面,《上海证券交易所融资融券交易实施细则》的规定具有指引作用,但某证券公司根据其与投资者的约定,自主约定高于上海证券交易所关于维持担保最低比例的标准,属于其经营过程中自主采取的业务风险防控措施,并未违背法律法规的强制性规定。

此外,《合同法》第52条规定:"有下列情形之一的,合同无效:(1)一方以欺诈、胁迫的手段订立合同,损害国家利益;(2)恶意串通,损害国家、集体或者第三人利益;(3)以合法形式掩盖非法目的;(4)损害社会公共利益;(5)违反法律、行政法规的强制性规定。"需要强调的是,根据最高人民法院《关于适用〈中华人民共和国合同法〉若干问题的解释(二)》第14条规定,"《合同法》第五十二条第(五)项规定的'强制性规定'是指效力性强制性规定",即法律及行政法规明确规定,违反了这些禁止性规定将导致合同无效或者合同不成立,或者虽然没有明确规定违反这些禁止性规范后将导致合同无效或者不成立,但是违反了这些禁止性规范后如果使合同继续有效将损害国家利益和社会公共利益的规范。因此,只要某证券公司与杨女士合同约定的内容不属于上述规定情形,特别是不违反法律、行政法规的强制性规定,就应当是有效的。

综上所述,经审查并结合案件情况,我们认为,某证券公司与杨女士在《融资融券业务合同》中关于维持担保比例的约定不属于上述情形,是合法有效的。

2.《融资融券业务合同》第六章第6.7条第2款是否属于格式条款,是否具有法律效力,是否存在程序瑕疵

《融资融券业务合同》第六章第6.7条第2款规定,在合同有效期内,该维持担保比例可能根据证券交易所和乙方的有关规定进行调整,以证券交易所和乙方公

告为准,乙方无须就此另行通知甲方。

在调解过程中,某证券公司和黄先生就此条款的性质与效力发生争议。黄先生认为,某证券公司订立的合同是格式条款,提供格式条款的一方应当遵循公平原则,确定当事人之间的权利和义务,提供格式条款一方免除其责任,加重对方责任、排除对方主要权利的,该条款无效。而某证券公司则认为,该条款属于双方自愿达成,不违反法律行政法规的强制性规定,应当合法有效。

根据规定,格式条款是当事人为了重复使用而预先拟定,并在订立合同时未与对方协商的条款。根据《融资融券业务合同》的内容,结合双方签署合同情况,我们认为,该条款应当属于格式条款。

根据相关实务判例,如在顾某某与南京某运输有限公司公路货物运输合同纠纷[(2016)苏民申2274号]案件中,法院认为,根据《最高人民法院关于适用〈中华人民共和国合同法〉若干问题的解释(二)》第6条的规定,"采取合理的方式"是指提供格式条款的一方对格式条款中免除或者限制其责任的内容,在合同订立时采用足以引起对方注意的文字、符号、字体等特殊标识,并按照对方的要求对该条款予以说明。同时,该司法解释第9条规定,提供格式条款的一方当事人违反提示和说明义务,导致对方没有注意免除或限制其责任的条款,对方当事人申请撤销该格式条款的,人民法院应予支持。《合同法》第39条规定,采用格式条款订立合同的,提供格式条款的一方应当遵循公平原则确定当事人之间的权利和义务,并采取合理的方式提请对方注意免除或者限制其责任的条款,按照对方的要求,对该条款予以说明。我们认为,由于格式条款是由一方当事人单方面事先拟定的,未与对方当事人协商,且对方当事人也不能与条款提供方进行协商。从本案来说,某证券公司在拟定《融资融券业务合同》条款时也应遵行公平原则,公平合理地确定当事人之间的权利义务。而根据相关证据,某证券公司工作人员在引导杨女士签署合同时,存在"走程序"的问题,没有尽到上述义务。

再如,在吴某某与某证券股份有限公司融资融券交易纠纷[(2016)沪0101民初19591号]案件中,本院认为,系争条款虽系被告制作的格式条款,但其行文并不存在《合同法》第40条中"免除责任、加重对方责任、排除对方主要权利"的情形,故对原告该项主张亦不予支持;系争条款亦不存在文义歧义,没有适用"作对原告有利的解释"之前提。据此,可知格式条款适用无效规则的前提是存在提供格式条款一方免除其责任、加重对方责任、排除对方主要权利等情形。《合同法》第 40 条规定,格式条款具有本法第 52 条和第 53 条规定情形的,或者提供格式条款一方免除其责任、加重对方责任、排除对方主要权利的,该条款无效。我们认为,在本案中,由于作为投资者的杨女士很难就《融资融券业务合同》条款提出修改的要求,而只能完全同意或者拒绝,杨女士往往对格式条款的内容注意不够或者不理解条款的内容,因此,某证券公司应当采取合理的方式提请杨女士注意免除或者限制其责任的条款。就本案而言,争议条款实际上存在免除某证券公司责任的情形,即免除了某证券公司向杨女士告知维持担保比例以及变动情况的责任。由于股票市场风险较大,该告知事项尤其重要,某证券公司免除该责任,对投资者影响巨大。

综上所述,我们认为,某证券公司与投资者开立的《融资融券业务合同》第六章第 6.7 条第 2 款中关于维持担保比例以某证券公司公告为准的条款应属于格式条款,依据合同法关于格式条款的相关规定,某证券公司作为提供格式条款的一方有提示、说明的义务,应当提请投资者注意免除或限制其责任的条款。

3. 在本案中,某证券公司是否应当承担责任以及如何承担责任

针对双方签订的《融资融券业务合同》,黄先生认为,某证券公司没有按照法律规定的正常流程去执行,对融资融券的交易规则以及相关风险没有向投资者告知清楚,合同对维持担保比例的具体内容约定也不明确,且没有及时告知投资者。作为格式条款提供一方的某证券公司没有履行法定职责,存在失职问题,应当承担相关责任。

同时,黄先生认为,在签订合同后,某证券公司随意平仓其股票是霸道无理的行为,是对其财产权利的侵权。某证券公司的两次强制平仓行为,给杨女士造成不应该、不必要损失 100 多万元,应当予以赔偿。

而某证券公司认为其已经履行了法定职责,在进行强制平仓前也已通知杨女士,导致损失的过错责任在于杨女士。但经过调解员的耐心讲解,并在参考相关判例的基础上,某证券公司也认识到其对于格式条款没有充分尽到提示与说明的义务;同时,杨女士与黄先生也认识到其作为投资者应当具有风险意识,应当更加关注合同内容的约定,并应当承担由此带来的亏损与收益。

根据《证券公司融资融券业务管理办法》第 13 条规定,"证券公司在向客户融资、融券前,应当与其签订载有中国证券业协会规定的必备条款的融资融券合同,

明确约定下列事项……(二)保证金比例、维持担保比例、可充抵保证金的证券的种类及折算率、担保债权范围……”因此,在《融资融券业务合同》中明确约定维持担保比例是某证券公司的责任和义务。且当该比例发生变化时,某证券公司应当及时以约定方式通知到杨女士。

根据《证券公司融资融券业务管理办法》第15条的规定,证券公司与客户签订融资融券合同前,应当采用适当的方式向客户讲解业务规则和合同内容,明确告知客户权利、义务及风险,特别是关于违约处置的风险控制安排,并将融资融券交易风险揭示书交由客户书面确认。从本案事实来看,某证券公司的工作人员未严格履行上述规定程序,没有尽到提示与说明义务,导致杨女士和黄先生未能充分理解合同条款和投资风险。

因此,根据《合同法》中关于适用格式条款的规则以及公平原则,我们认为,某证券公司应当对杨女士的损失承担部分责任。在调解时,双方对此均无异议,并就具体金额达成一致意见。

4. 调解协议及司法确认的效力如何认定

根据《人民调解法》和最高人民法院《关于审理涉及人民调解协议的民事案件的若干规定》的规定,经人民调解委员会调解达成的、有民事权利义务内容,并由双方当事人签字或者盖章的调解协议,具有民事合同性质。当事人应当按照约定履行自己的义务,不得擅自变更或者解除调解协议。投服中心的调解活动主要基于当事人的共同选定和委托,其出具的调解协议具有民事合同的性质,对双方当事人依法具有约束力。但是,调解协议没有强制执行力,也就是说一方当事人违反协议内容,另一方当事人还需要通过诉讼途径去解决。因此,调解协议的达成不意味着纠纷的彻底完结。

根据《人民调解法》和最高人民法院《关于人民调解协议司法确认程序的若干规定》的规定,经人民调解委员会调解达成调解协议后,双方当事人认为有必要的,可以自调解协议生效之日起30日内共同向人民法院申请司法确认,人民法院应当及时对调解协议进行审查,依法确认调解协议的效力。人民法院依法确认调解协议有效,一方当事人拒绝履行或者未全部履行的,对方当事人可以向人民法院申请强制执行。据此,当事人有权请求法院对调解协议进行司法确认,法院审查以后出具民事裁定书,赋予调解协议强制执行的效力。

四、案例点评

1. 证券经营机构应当坚持做好格式条款的提示与说明工作

显然,本案争议的起因正是某证券公司与杨女士、黄先生关于《融资融券业务合同》中关于维持担保比例条款的理解。某证券公司根据《证券公司融资融券业务管理办法》等规定制作并使用《融资融券业务合同》。合同条款具有格式化、便捷化的特点,作为一般的投资者不易完全理解,因此,需要某证券公司的工作人员进行专业解释和说明,包括对条款的说明和投资风险的提示。在本案中,为了工作的快捷,上述程序没有被严格履行。当某证券公司援引合同约定内容进行强制平仓时,杨女士和黄先生认为不可接受也无法理解。其中,黄先生提出的主要异议就是某证券公司规定的维持担保比例与上海证券交易所规定的比例不同,杨女士在签署合同时及其后并不了解该比例情况。因强制平仓产生损失后,双方开始就合同条款发生争论。若某证券公司严格履行规定的合同条款的提示与说明义务,则杨女士和黄先生就应当自行承担所有投资风险。由此可见,做好格式条款的提示与说明工作,是某证券公司应当注意和改进的方面。

2. 投资者应有风险意识,主动掌握合同约定的内容,维护合法权益

虽然根据《证券公司融资融券业务管理办法》等相关规定,某证券公司应当履行投资者适当性管理职责,但投资风险的最终承担主体还是投资者。投资者在决定签署《融资融券业务合同》、参与股票投资时,就应当意识到风险自担。投资者在签署《融资融券业务合同》时,应当具有一定的主动性,认真阅读合同内容,了解合同条款,有任何疑问都应当及时提出。在实务中,很多法院并没有支持投资者的诉求,正是基于风险自担的原则。因此,在决定投资股票时,投资者应当高度重视风险,在发生争议时,以正当手段维护合法权益。

3. 专业机构以调止诉,主动借助法院司法确认途径

通过调解方式解决证券期货纠纷,具有申请便捷、程序简便、方式灵活以及成本低廉等优势,但调解协议本身不具有强制执行力。调解协议达成以后的执行和法律约束力问题,是调解双方共同关注的主要问题,即当一方不履行调解协议或者在履行后又提出新的权利主张时,调解协议未能真正完结纠纷。投服中心作为专

业的证券期货纠纷调解机构,其出具的调解协议对当事人的约束力,也需要借助法院以司法确认的形式加以保障。

在前述案例中,双方当事人所在地的广西壮族自治区某市某区法院以作为调解组织的投服中心所在地为上海市某区为由,表示不具有司法确认管辖权,上海市某区法院则考虑到对该异地纠纷本身无诉讼管辖权,由其进行司法确认可能会面临执行难问题,也表示难以受理。为此,投服中心充分论证,积极做好与各方的沟通协调工作,最终成功获得上海市某区法院出具的对调解协议进行司法确认的民事裁定书,便利高效地完成了异地司法确认。

4. 案件的引申意义

在本案解决以后,针对上述案例反映出来的具有普遍意义的问题,投服中心专门向中国证券业协会发出《合规建议函》,有针对性地提出以下建议:第一,建议在《融资融券业务合同》中明确初始约定的平仓线维持担保比例,让投资者充分知晓平仓线,进行必要的资金管理和账户操作,对可能发生的强制平仓有必要的心理预期。第二,建议以发放《客户须知》等方式,提醒投资者注意阅读理解《融资融券业务合同》中的重要条款,如关于平仓线维持担保比例的约定。尤其是对合同中单方免除或者限制证券公司责任的条款,如以公告方式通知调整维持担保比例的约定,提请投资者注意并应对方要求予以说明。建议要求投资者在阅读《客户须知》后亲笔签字。第三,倡导通过技术手段优化服务。证券公司客户人数众多,通过一对一手段进行通知,目前可能受制于人工成本等因素。然而,应倡导证券公司对客户尽可能提供优质服务,建议其积极探索通过技术手段,实现维持担保比例调整时对客户的逐一通知。该函的发出对维护投资者权益具有积极意义,得到了中国证券业协会的认可。

金融纠纷调解机制实证研究

——以融资融券合同纠纷调解为例

武长海* 王娜仁高娃**

随着金融市场的发展、不断推出的金融产品吸引更多的投资者尤其是中小投资者(包括自然人)进入金融市场,为金融市场注入了更大的活力。但是,有些主体缺少金融和经济等领域的专业知识,风险防范能力较弱,盲目追求高额投资回报,增加了投资风险,也增加了金融纠纷的发生率,加大了审判的压力。加之金融纠纷案件多为复杂、专业性强、没有明确的审判依据,更进一步加大了审判的难度,降低了审判的效率。调解作为一种金融纠纷解决机制,更加注重当事人之间的意思自治,适用裁判标准更加灵活,争议解决效率更高,更能够节约社会成本。① 因此,调解在金融纠纷解决中发挥着非常重要的作用,在实践中也有不少纠纷通过调解方式达到双方纠纷解决之目的。其中,融资融券合同纠纷是案发率较高的金融纠纷案件。在实践中,融资融券投资者在低投资成本和高投资回报率的驱动下产生投机心理,与不具有融资融券资格的机构以各种合同名义签订具有融资融券特征的合同。投资一旦亏损,双方即产生纠纷,对该合同是不是融资融券合同、是否有效等问题争论不休。在司法实践中,不同法院因不同的审判思维的应用而产生不同的审判结果。这就给争议双方带来了很大的不确定性。在调解中,争议双方当事人通过协商可以达到更加公平的结果,双方利益诉求更容易实现。另外,在调解中调解人员自由裁量权更大,从而能更好地平衡各方利益,维护社会公共利益,维护金融市场健康有序地发展。

---

* 中国政法大学教授。

** 中国政法大学经济法学硕士研究生。

① 参见史际春:《金融调解价值》,载《经济法学评论》第15卷第1期。

一、调解案例介绍

（一）基本案情

文某是一个自然人投资者，甲公司为一家投资咨询公司，经营范围为投资咨询（金融、证券除外）。文某拥有多年证券投资经验，而甲公司资金实力较雄厚，双方决定利用各自优势进行证券投资合作。2016 年 7 月 8 日，双方签订《委托协议书》，约定甲公司与文某各出资 50,000 元，双方共同实盘交易，由甲公司提供证券专用账户，文某将资金转入甲公司指定账户，并向甲公司支付管理费 2000 元。此后，文某利用甲公司提供的证券营业部开立的证券专用账户，使用双方共同出资的资金进行了 A 股股票交易。至合作期限届满，账户亏损共计人民币 40,000 元。甲公司认为，账户一直是由文某操作，因其操作不当导致亏损，亏损应由文某独自承担，只愿意返还文某剩余的 10,000 元投资款。但是，文某认为，甲公司作为投资咨询公司，其经营范围不包括从事金融、证券业务，双方签订的《委托协议书》违反法律规定而无效，要求甲公司返还已支付的管理费 2000 元，赔偿投资产生的经济损失 40,000 元，共计 42,000 元。双方闹得不可开交，于是向中证中小投资者服务中心有限公司（以下简称投服中心）递交了调解申请。

（二）合同主要争议

文某认为，甲公司作为投资咨询公司，其经营范围不包括从事金融、证券业务，双方签订的《委托协议书》违反法律规定而无效。而甲公司认为，自己同文某签订的《委托协议书》是双方真实意思表示，也没有违反国家法律、行政法规的强制性规定，文某的亏损都是由其自身的交易行为导致，因此拒绝了文某的诉求。显然，该案的争议焦点是双方签署的《委托协议书》是否成立，法律效力如何。

（三）调解过程

投服中心调解员介入案件后，通过查阅类似纠纷的法院判例，认定文某与甲公司的行为在法律上属于借共同投资股票之名行变相融资融券之实。对甲公司来说，首先，甲公司借钱给文某进行证券投资本质上违反了我国法律法规的强制性规定，双方签署的《委托协议书》无效。根据我国《证券法》以及《证券公司融资融券业务试点管理办法》等规定，除证监会批准从事融资融券业务的证券公司可以向投资者出借资金用于证券投资外,其他任何企业均无资格向投资者出借资金用于证券投资。作为一家投资咨询机构,甲公司既没有证券业务资质,更没有证监会对经营融资融券的审查批准,不具备从事融资融券业务的资格。其次,甲公司将公司管理人员的证券专用账户提供给文某使用的行为也有不妥,如证监会制定的《证券登记结算管理办法》第22条明确指出"投资者不得将本人的证券账户提供给他人使用"。对文某来说,作为具有投资经验的投资者,文某理应知道甲公司无权从事融资融券业务,但仍与甲公司签订合同,并单独操作了账户内资金,其对损失也存在过错,不能主张由甲公司承担所有损失的赔偿责任。

调解员通过双方当事人面对面的交流对案件始末有了清晰的了解,通过背靠背交谈使双方当事人对各自的责任有了更深入的认识。几番磨合,最终双方都对诉求做了让步,甲公司答应退还文某全部管理费2000元,并负担一半的损失20,000元以及返还文某剩余投资款30,000元。

二、调解案例评析

(一)调解在金融纠纷解决中的价值

1. 金融纠纷加大了司法审判的难度

第一,金融纠纷案情复杂、专业性强。金融纠纷案件往往涉及的主体较多,交易结构和法律关系复杂。在很多纠纷中,合同双方为了逃避监管,签订的合同名称和从事的业务实质不一致。而有些金融创新类产品也很难用归类到现有的法律关系中。第二,金融业务存在较大风险,可能损害公共利益。金融产品都具有风险性,尤其期货、融资融券、金融委托理财等都会加好几倍的杠杆,进一步加大了风险。第三,缺少相关明确的法律法规。我国金融业务的监管主要通过办法、指引、通知等部门规章,窗口指导方式体现,没有上升到法律或者行政法规。

金融纠纷的特征体现在司法审判中,不仅要求法官掌握较多的专业知识、更高的案件处理能力,还应当赋予法官更多的自由裁量权。在实践中,因受经济发展水平以及教育程度的影响,各地法官案件处理能力参差不齐。同时,受到传统民法思维的影响,法官严格遵循法律规定审判,而这种思维模式很难适应缺少明确法律法规的金融纠纷,反而会助长具有高风险的金融违规行为之危险。[①] 在本调解案例中,双方经调节人员调解以及当事人相互协商,使复杂的案件简单化;同时,因调解人员具有更多的自由裁量权,调解无须严格按照现有法律法规审判,而依据部门规章《证券公司融资融券业务试点管理办法》的规定,调解该合同无效无可厚非,无须争辩部门规章是否能作为强制性规范范围等问题,从而提高案件处理效率,节约社会成本,同时实现了该部门规章之维护社会公共利益和金融市场健康秩序发展目的。

2. 司法判决在金融纠纷案件中存在冲突

正因为金融纠纷案件的复杂性、风险性以及缺少法律依据等特征,加之审判人员的不同的审判思维,导致在司法实践中相同的案件在不同法院有不同的审判结果。例如,在有关融资融券纠纷案件中:在侯某某与福建某家公司、许某某合同纠纷案件中,[②]法院认定双方签订的合同实质上为委托理财合同;在韩某某诉上海某家投资管理公司合同纠纷,[③]法院认定双方签订的合同实质上为民间借贷合同;在邱某与郑某、海南某资产管理公司、刘某合同纠纷中,[④]法院认定双方签订的合同实质上为融资融券合同关系。这就给该类案件带来了很大的不确定性。通过调解,经双方当事人协商可以避免这种不确定性,更加公平公正地解决纠纷。

3. 调解相对于司法审判更具有效率

目前,我国金融纠纷解决机制包括诉讼、仲裁和调解三种模式。[⑤] 相对于诉讼,调解有自身的优势。首先,调解可以节约成本。调解无须经过烦琐的诉讼程序,节约了争议双方的时间成本。同时,纠纷当事人自愿解决纠纷可以减轻法院处理案件负担,节约社会资源。其次,调解更加注重意思自治。调解相对于诉讼具有灵活的裁判标准,结合实际情况进行裁判,甚至有些事项经由争议双方协商确定,从而使争议解决更加高效。最后,金融产品设计以及合同条款的拟定都以金融机构为

① 因为金融业务一般都通过部门规章等方式规制,而若是按照《合同法》第 2 条规定,只有法律和行政法规才是合同无效的法律依据,从而导致合同有效的审判结果。这就助长更多不具有融资融券资格的主体从事融资融券业务的可能性。

② 参见(2014)闽民终字第 1041 号。

③ 参见(2017)沪 01 民终 3458 号。

④ 参见(2016)琼 02 民终 358 号。

⑤ 参见肖芳、李杰:《中国金融正义解决年度观察》,载《北京仲裁》2013 年第 1 期。

主,有些金融产品设计被指出对投资者有失公平。[①] 若是完全按照合同内容判决反而对投资者不公平,通过调解可以使双方利益趋于平衡,更能实现实质正义。

(二)融资融券合同纠纷调解中的考量因素

1. 融资融券合同主体的特殊性

融资融券合同中的主体主要有融资融券业务委托方(投资者)以及从事融资融券业务的金融机构。《证券公司融资融券业务管理办法》第 3 条规定:"证券公司开展融资融券业务,必须经中国证券监督管理委员会(以下简称证监会)批准。未经证监会批准,任何证券公司不得向客户融资、融券,也不得为客户与客户、客户与他人之间的融资融券活动提供任何便利和服务。"从该规定可知,从事融资融券业务的只能是经证监会批准可以从事融资融券业务的证券公司。

2. 融资融券合同标的物及其归属

根据 2015 年《证券公司融资融券业务管理办法》规定,融资融券业务是指向客户出借资金供其买入证券或者出借证券供其卖出,并收取担保物的经营活动。从该规定可知,融资融券合同标的为资金或者证券。但是,在实践中,并不是所有的证券都可以作为融资融券合同的标的。《上海证券交易所融资融券交易实施细则》规定,标的证券必须符合交易时长、流通股本值和股东人数等相关规定。融资融券合同为诺成、继续性合同(一般为 6 个月)。合同经双方意思表示一致即可成立。合同标的物所有权在合同成立之初并不转移给投资者,投资者通过向证券公司发出指令,借入证券公司资金或者证券,实现资金或者证券所有权转移。资金和证券转移之前应当属于证券公司,转移后才属于投资者。[②] 但是,也有观点认为在融资融券业务中,资金或者证券所有权并未转移给投资者,因为登记在登记结算机构和商业银行下的担保账户都是以证券公司的名义开立的,投资者只有使用权。[③]本文认为,虽然担保账户登记在证券公司的名下,但是证券公司为投资者以投资者名义开立信用账户,且提供密码,通过发出指令的方式对该账户内的资金或证券行使了某种支配权,只要保证金警戒线范围内,就可以发出指令进行融券申报。若申报成

---

① 参见史际春:《金融调解价值》,载《经济法学评论》第 15 卷第 1 期。

② 张悦在《融资融券交易法律关系分析》一文中指出有关签订融资融券合同与发出融资融券交易指令之间关系的不同观点:一种观点认为签订合同时合同成立,而发出指令是合同的履行行为;另一种观点认为每发出又发出一个新的指令;而张悦在文中认为是一种预约和本约合同关系。

③ 参见贾纬、苑多然:《融资融券交易中的法律关系》,载《人民司法》2007 年第 11 期。

功,一旦资金或者证券成交,资金和证券所有权应当转移给投资者。物权行为是由物权的意思表示与外部的变动象征(交付或登记)相互结合而成的法律行为。[①] 首先,证券公司和投资者有借贷资金和证券的意思表示。其次,根据投资者的指令将资金和证券买卖证券并存入账户可被视为一种交付。虽然未登记在投资者名下,但是不影响物权已经发生变动,只是不能对抗其他善意第三人。另外,在《证券公司融资融券业务管理办法》中,将担保账户内的资金和证券定性为信托财产,从而达到财产独立性的效果,不受投资者和证券公司的债权债务关系以及破产的影响。

3. 融资融券合同法律关系的复杂性

融资融券合同涉及较复杂的法律关系,包括委托关系、借贷关系、担保关系以及信托关系等。

首先,融资融券业务中的委托关系是最基本的法律关系。金融机构在登记结算机构开立的融券专用证券账户、客户信用交易担保证券账户、信用交易证券交收账户和信用交易资金交收账户以及在商业银行分别开立的融资专用资金账户和客户信用交易担保资金账户都是以该机构名义开立的。[②] 投资者买入或者卖出证券须向该机构发出指令才能进行证券交易。除委托交易外,融资融券金融机构还承担资金、证券的清算及交付,保管证券、收取股息、红利以及其他收益的义务。[③]

其次,融资融券合同中的借贷关系。在融资融券业务中,投资者通过担保方式使用证券公司资金购买证券或者卖出证券公司的证券赚取利差。与传统的证券投资不同的是,投资者在融资融券业务中实际上是借用证券公司的证券或者资金进行证券投资,而不是依靠自有资金。同时,融资融券中的借贷关系与民间借贷以及银行借贷关系不同的是,投资者不会直接获得证券或者资金而是将其存放在专用账户中。

最后,融资融券合同中的担保关系。《证券公司融资融券业务管理办法》(2015年)中规定,投资者应当向证券公司交付一定比例的保证金,可以以证券冲抵。而且,融资买入的所有证券以及融券卖出的所有价款也应当作为保证金存入担保账

① 参见王泽鉴:《民法物权》,北京大学出版社 2009 年版,第 59 页。

② 参见《证券公司融资融券业务管理办法》第 10 条、第 11 条。

③ 参见黄江东:《融资融券法律制度研究——以金融安全与效率之平衡为视角》,华东政法大学经济法学系 2012 博士学位论文,第 47 页。

户中。[①] 从该规定可知,融资融券业务中的担保只涉及投资者和证券公司,而不涉及第三方担保。担保账户中的保证金须保持在一定比例,超过警戒线时证券公司可获得强制平仓的权利,委托关系和担保关系等都将被解除。对于担保关系的性质,学界有争论,一般有以下几种观点:质押关系、让与担保关系、信托关系。[②] 根据《证券公司融资融券业务管理办法》第 14 条规定可知,我国采用了信托关系。

4. 融资融券业务的风险性

金融风险,是指金融市场参与主体在从事金融活动中,因市场要素变化或者决策错误而导致其收益的不确定。[③] 金融风险按照风险来源可以分为:信用风险、市场风险、操作风险、流动性风险等。[④]

在融资融券业务中风险主要体现在市场风险上。主要风险原因包括利率波动、证券价格波动、金融机构经营管理不善、证券支付清算等,且市场风险主要针对投资者而言。首先,与证券公司不同,投资者面临的风险都是不可控的。在融资融券业务中有保证金制度,若金融机构发现投资者已经触碰保证金金额的警戒线,可以通过强制平仓,避免投资者盲目投机,将证券公司损失限制在一定范围内。而投资者风险来源于市场,利率、价格都是市场要素,是通过市场规律运行的。而且,在融资融券业务中,投资者通过杠杆方式投资,只需缴纳一定比例的保证金即可进行大数额的投资交易,这将会使利率、价格波动带来的损失放大好几倍。与传统的证券投资相比,通过融资融券进行投资,投资者面临的风险更大。这就需要投资者资质进行评估。其次,在融资融券业务中,融资融券金融机构为投资者进行资金、证券的清算及交付,保管证券、收取股息、红利以及其他收益的义务。这就意味着,投资者要面临来自金融机构的经营管理不善以及证券支付清算等风险。若金融机构经营不善而破产或者清算系统不完善,投资者也会面临较大风险。这就要求法律对经营融资融券的机构进行特殊规制。

投资者也可能面临操作风险。根据巴塞尔银行监管委员会的定义,操作风险是指因不完善或者有问题的内部操作、人员、系统或者外部事件而导致的直接或者

① 参见《证券公司融资融券管理办法》第 14 条、第 15 条。

② 参见张悦、陈小宝:《融资融券交易法律关系分析》,载《金融与经济》2012 年第 7 期。

③ 参见史建平:《金融市场学》,清华大学出版社 2012 年版,第 281 页。

④ 参见王守龙:《现代金融学基础》,清华大学出版社 2012 年版,第 265 ~ 266 页。

间接损失的风险，包括内部欺诈、外部欺诈、系统差错等。① 在融资融券业务中，在登记机构和商业银行开立的担保账户都是以证券公司名义，只有证券公司为投资者开立的信用资金和证券账户才是以投资者的名义。投资者进行投资需向证券公司发出指令。若金融机构以欺诈为目的，不按照投资者指令买进卖出，将会给投资者带来巨大的损失。在邱某与郑某某、海南某资产管理有限公司、刘某某融资融券交易纠纷案件中，②某资产管理公司在刘某某完全符合保证金规则和合同其他规则情况下，故意使其无法操作，让投资者财产遭受了巨大损失。

在本调解案例中，合同一方的投资咨询公司并无证券业从业资格，更不可能有融资融券资格，从而不具备融资融券业务的特殊主体要件。但从其合同的内容以及业务操作过程看，该合同体现了融资融券业务其他特征，合同虽然以其他名义签订，但实质上是融资融券合同，必然给投资者以及金融市场带来融资融券业务特有的风险。

（三）金融纠纷中调解应遵循的原则

1. 自愿原则

自愿原则是调解的核心原则，也是与诉讼最大的区别所在。在调解中双方自愿原则体现在双方当事人是否调解的自由，在哪所机构调解的自由，调解员选择的自由调解中止、调解退出选择自由、调解实体内容的决定的自由等，即从争议双方从调解程序的启动到中止到退出全过程的程序性以及实体性内容都应当体现意思自治的原则。

但这种全过程体现的意思自治不能理解为纠纷解决的所有事项都可以自愿。即使是非常注重当事人意愿的西方国家也会将有些程序性问题交由调解机构决定。我国文化与法律环境等都与西方国家有很大的不同。西方国家更加强调个人利益为中心，而我国不仅保护个人利益，也会平衡社会公共利益。尤其金融纠纷类案件不仅关乎私主体之间的权利义务关系，甚至会关系整个金融市场稳定、系统性风险等问题。所以，在调解中还应当考虑各方利益平衡问题，自愿原则强调争议双方当事人主要权利方面的意思自治，同时也需要调解人员对当事人施加一定的影

① 参见王守龙：《现代金融学基础》，清华大学出版社2012年版，第265～266页。

② 参见（2016）琼02民终358号。

响以平衡各方利益。

在本调解案例中,调解机构从调解案件的启动到调解的过程以及在最终作出调解协议,通过让双方协商确定是否调解,调解是否继续以及双方对投资损失责任承担等重要内容,充分体现了意思自治原则。但是在调解过程中,调解人员对双方签订的合同的认定以及合同效力方面施加了非常重要的影响。

2. 合法原则

合法原则中的“法”在不同国家因其调解理念的不同而有所不同。而在我国,不同学者对其也有不同的理解。在美国,调解强调当事人之间要实现的利益,而不管这种利益是否合法、合理,不去追问是非对错。[①] 在我国,有些学者认为调解应该在法律、政策范围内,不得违法也不得损害公共利益、他人利益。[②] 而有些学者更加强调调解不得违反强制性规范和禁止性规范,不得违反公序良俗等。[③] 在调节中,各国对强制性规范都不得违反,但其他法律(广义)并不是必须严格按照其规定裁判。在金融纠纷案件中调解应当遵循的法律包括以下几种。第一,相关法律、行政法规中的强制性规范。值得强调的是,强制性规范分为管理性强制性规范和效力性强制性规范。效力性强制性规范是指在法律、行政法规中明确规定违反该规定的行为或者合同无效。而管理性强制性规范虽然禁止某一行为或者合同,但是并不会直接导致无效的后果。调解作为灵活的纠纷解决机制,应当更加区别对待。第二,部门规章以及其他规范性文件中的强制性规范。法院一般不会将部门规章视为合同无效的根据。近年来,随着金融纠纷的增多,最高人民法院开始承认部门规章的效力。调解裁判依据更加灵活广泛,可以将部门规章等规范性文件作为调解的依据,甚至可以依据公序良俗等,只要在不侵害公共利益的前提下双方利益达到平衡的裁判依据都可以援引。尤其是金融业务主要由部门规章规范,因而在调节中也相应地重视部门规章的作用。第三,应当遵循的善良风俗、道德规范、商业惯例等。第四,应当遵循调解机构的调解规则中的相关规定。

在本调解案例中,某投资咨询公司没有融资融券资格却以其他合同名义签订实质具有融资融券合同性质的合同。若调解机构裁定该合同为有效合同,则违反

---

① 参见廖永安主编:《中国调解学教程》,湘潭大学出版社 2016 年版,第 41 页。

② 参见张学森:《新编经济法》,清华大学出版社 2014 年版,第 432 页。

③ 参见王建国编著:《司法制度原理》,郑州大学出版社 2014 年版,第 338 页。

部门规章《证券公司从事融资融券业务管理办法》相关规定并且因为助长游离于监管之外的行为而有损害公共利益之嫌。本案例裁定合同无效既实现了立法目的也达到了社会效果。

3. 利益衡量原则

双方当事人之所以出现纠纷正是因为一方或者双方的利益受到损失。而这种利益无法通过双方协商的方式得到解决,从而双方求助于第三方纠纷解决机制。相对于诉讼,在调节中双方当事人利益能够更大程度地实现,因为在调解中双方当事人有协商的机会并且更多的体现双方当事人的意思自治。这里的利益不局限于经济利益还可能涉及名誉、信任以及商业机会等。甚至美国的调解实践表明,通过调解可以使利益增量,关键是在调解中怎么挖掘利益以及引导双方。[①] 另外,在调解中,不仅要平衡纠纷双方的利益(当然这是核心),也要关注国家利益、社会公共利益,从而调解能够达到法律效果、社会效果,并且在合法、合理的前提下能使争议双方当事人利益达到最大化。

在本调解案件中,通过调解使双方协商平分投资损失,返还管理费以及投资款,使双方经济损失最小化。同时,通过裁定签订的合同无效,实现了立法目的,达到社会公共利益的平衡。

① 参见廖永安:《中国调解学教程》,湘潭大学出版社2016年版,第41页。

第五章 新三板纠纷案例

证券公司违反投资者适当性义务的民事责任案例分析

范圣兵* 朱高英**

案情介绍

李某是某证券公司A营业部的客户，经李某介绍，2009年4月方某(女)也在A营业部开立了证券和资金账户，并于2009年11月开通了创业板交易权限。之后，方某将自己的账户交给李某操作，并约定收益分成、亏损共担。2014年年初，方某发现自己账户亏损近1500万元，遂到A营业部申请修改账户密码；2014年7月，方某以A营业部委托无资质人员(李某)为开发代理引诱其开户、非现场开立证券和资金账户、未经本人同意擅自为其开通创业板权限、未尽风险教育等为由投诉A营业部至当地证监局和证券业协会。

自2014年8月至2016年7月的近两年时间内，当地证券业协会证券期货纠纷调解中心先后多次组织调解员对方某和A营业部开展调解，因当事人申请回避、态度不配合等原因，调解工作多次延期、中止、再重启，调解一度陷入僵局。2016年9月，当地证监局、证券业协会、上市公司协会与中证中小投资者服务中心(以下简称投服中心)共同签署了合作备忘录，明确由投服中心接受辖区委托的纠纷调解工

* 国元证券股份有限公司合规总监。

** 国元证券股份有限公司合规管理部员工。

作,促进辖区证券期货纠纷得到专业、高效的调解解决。在当地证券业协会的引荐下,A营业部和方某向投服中心申请调解本案,投服中心正式启动调解程序。经过投服中心调解员一年的耐心沟通和交流,方某和A营业部不断化解了抵触情绪,逐步增强共识,双方最终达成了和解:A营业部补充方某交易损失的10%即150万元,方某撤回对A营业部的投诉;方某剩余损失由其自担或向李某主张。2017年10月,当地人民法院为纠纷调解协议作出民事裁定,确认双方达成的调解协议有效,明确当事人应当按照调解协议的约定自觉履行义务,一方当事人拒绝履行或者未全部履行的,对方当事人可以向人民法院申请执行。2017年12月,A营业部向方某支付了150万元,双方均对调解结果表示满意。

案例分析

一、营业部客户服务过程是否有不合规行为

在接到方某投诉后,当地证监局即对A营业部进行了现场检查,同时,该证券公司总部也现场对方某和李某的账户信息、档案资料及客户服务记录等进行了检查,发现该营业部在客户服务过程中履行适当性义务存在以下事实。

1. 方某档案资料中没有留存开户影像,确系非现场开户。2013年3月15日,中国证券业协会发布《证券公司开立客户账户规范》才放开了非现场开户限制,规定证券公司可以通过见证、网上及证监会认可的其他方式为客户开立证券账户。方某于2009年4月非现场开户,不符合当时的监管要求。

2. 方某开通创业板时股票交易,未满两年,且未见《创业板市场投资风险揭示书》。根据《深圳证券交易所创业板市场投资者适当性管理实施办法》规定,尚未具备两年交易经验的自然人投资者如要求开通创业板市场交易,在签署《创业板市场投资风险揭示书》时应当就自愿承担市场风险抄录"特别声明",风险揭示书必须由营业部负责人签字确认。在本案中,方某开通创业板时股票交易经验未满两年,且未见方某签署的《创业板市场投资风险揭示书》,也就无法证明方某有签署该风险揭示书并抄录"特别声明"。

3. 2009年方某申请开通创业板交易权限时已65岁,且风险测评为保守型客户;在开通权限时,方某未到A营业部现场,而是由A营业部将相关协议再邮寄至

该营业部;相关回执由方某在空白纸上预签后再邮寄至 A 营业部,A 营业部在方某已签字的回执上补打印回执单。根据《创业板市场投资者适当性管理业务操作指南》规定,证券公司在对客户进行风险测评后,认为其不适合参与创业板市场交易的,应当加强市场风险提示,劝导其审慎考虑是否申请开通创业板市场交易;证券公司应当要求申请人到营业部现场签署风险揭示书及特别声明,营业部应当安排工作人员、客户经理等作为经办人见证客户签署过程并对客户抄录声明内容进行必要的核对。在本案中,营业部未劝导方某审慎考虑开通创业板交易、营业部非现场开通创业板交易不符合监管规定。

4. 方某自开户后未再做持续风险测评。根据《加强证券经纪业务管理的规定》,证券公司在与客户签订证券交易委托代理协议时,应当对客户进行初次风险承受能力评估,以后至少每两年根据客户证券投资情况等进行一次后续评估,并对客户进行分类管理分类结果应当以书面或者电子方式记载、留存。在本案中,方某开户后没有每两年进行持续评估,营业部也未提示其进行评估。

5. 开户时,方某留取的手机号码是李某的,营业部工作人员在对方某进行电话回访时,对方某(女性)和李某(男性)声音未分辨。《加强证券经纪业务管理的规定》规定证券公司对新开户客户应当在 1 个月内完成回访,回访内容应当包括但不限于客户身份核实、客户账户变动确认等情况。在本案中,方某预留的手机号码是李某的,但 A 营业部工作人员在客户回访时未对男女声音分辨,对客户身份没有予以核实。

二、营业部是否承担民事责任

由上述事实基本可以认定,A 营业部在为方某开立账户和开通创业板交易时履行适当性义务存在瑕疵。但是,关于 A 营业部是否应当对方某的交易损失承担赔偿责任,双方争议很大,这也是在调解过程中双方最主要的争议焦点。究其原因,最主要是因为我国证券监管规则体系虽然存在大量要求证券经营机构履行投资者适当性义务的规定,若证券机构违反监管要求没有履行适当性义务势必会受到证券监管部门的处罚。但是,除受到证券监管机关的惩罚外,对证券机构是否需要对投资者损失承担民事责任及承担何种民事责任的问题却没有明确的规定,特别是在《证券期货投资者适当性管理办法》出台之前,对这个问题一直争议很大。

(一)办法出台之前

在民事责任体系内,对约定义务的违反产生违约责任,对法定义务的违反产生侵权责任或缔约过失责任。

1. 违约责任。如果双方签订的合同中明确约定了证券公司的适当性义务,当证券公司违反时,投资者可以根据合同约定要求其承担违约责任。但是,证券公司与投资者之间签订的合同通常是证券公司提供的格式合同文本,监管机关没有明确要求证券公司在格式合同中增加适当性义务的必备条款,因此,各家机构的格式合同并没有为自己增加适当性义务。

2. 缔约过失责任。在缔约之际,一方违反基于诚信原则产生的先合同义务而导致交易相对方信赖利益受损的,应承担缔约过失责任。先合同义务是当事人为缔约而相互磋商之时,基于诚实信用原则而产生的协助、告知、通知、保密等义务,适当性义务作为合同订立时的入口义务,其发生时点与先合同义务一致,而且二者又都是诚信原则的具体延伸。在双方缔结合同的过程中,如果出现由于证券公司未履行缔约之际,根据诚实信用原则和投资者适当性原则应尽的告知、说明等义务致使投资者遭受损失的,可以要求证券机构承担缔约过失责任。但是,缔约过失责任是基于合同不成立、无效或被撤销的情形而产生的责任,在合同成立并生效情况下则应适用违约责任解决纠纷。那么,如果投资者和证券公司之间的合同成立、生效并履行完毕,投资者要求证券公司承担亏损的损失就难以得到支持。

3. 侵权责任。是否承担侵权责任的主要争论点在于侵权行为这一要件,一种观点认为,侵权责任必须建立在对法定义务的违反之上。而当时适当性规则体系多属于行政管理需要的监管规定,其法律后果仅规定了行政处罚、监管措施等公法责任,并未确定适当性规则在民法上的义务,也就无法要求承担私法上的民事责任。所以,因违反公法义务而要求承担民法上的侵权责任是没有法律依据的。另一种观点认为,依据《侵权责任法》第6条"行为人因过错侵害他人民事权益应当承担侵权责任"之规定,《侵权责任法》并未规定侵权行为必须具备违法性要件。

2015年12月,时任最高人民法院民二庭庭长杨临萍在最高人民法院《关于当前商事审判工作中的若干具体问题》中不但指出金融机构要承担责任,而且直接指出了责任的类型是侵权责任,且明确法律适用规则"相关监管部门规范性文件中对……高风险金融产品的销售作出的规定,与法律、行政法规等法律规范不相抵触的,如果部门规范性文件是限制卖方机构权利或增加卖方机构义务,可以适用部门规范性文件”。

(二)办法出台之后

2017 年 7 月 1 日,《证券期货投资者适当性管理办法》(以下简称《办法》)正式实施,关于证券经营机构违反适当性义务是否对投资者损失程度责任及责任类型终于有了明确规定。因为《办法》第 34 条第 1 款规定“经营机构履行适当性义务存在过错并造成投资者损失的,应当依法承担相应法律责任”,即证券经营机构应当承担侵权责任。但是,在具体运用中却出现了新问题而引发争议。最突出的一个问题就是,从效力位阶上来说,《办法》由证监会发布,属于部门规章,那么司法机关能否直接引用第 34 条规定判定证券机构承担侵权责任的问题。

1. 部门规章在民事审判中的应用。依据最高人民法院《关于裁判文书引用法律、法规等规范性法律文件的规定》第 4 条、第 6 条[①]规定,在民事审判中对部门规章的适用模式仅限于说理依据,不得直接根据部门规章作出判决。同时,结合《行政诉讼法》[②]于行政诉讼中对部门规章的态度,部门规章属于审理过程中的参照对象,而非直接审判的依据。投资者根据《办法》第 34 条要求证券公司承担民事责任的,人民法院不能直接根据《办法》判令证券公司承担民事责任。

2. 司法机关可以引用《办法》作为认定证券公司是否存在过错的依据。根据最高人民法院《关于裁判文书引用法律、法规等规范性法律文件的规定》第 6 条,司法实践中部门规则与上位法不相抵触的,裁判机关可能引用作为裁判理由,如南京市中级人民法院在林某与中国工商银行股份有限公司某支行财产损害排除纠纷[(2016)苏 01 民终 1563 号]终审判决理由认为:鉴于工行下关支行与林某之间未订立书面合同,金融监管部门的规范性文件中有关限制金融机构权利或增加其义务的规定,与法律、行政法规不相抵触的,可以据此作为确定工行下关支行在本案

---

① 最高人民法院《关于裁判文书引用法律、法规等规范性法律文件的规定》第 4 条:民事裁判文书应当引用法律、法律解释或者司法解释。对于应当适用的行政法规、地方性法规或者自治条例和单行条例,可以直接引用。第 6 条:对于本规定第 3 条、第 5 条、第 6 条规定之外的规范性文件,根据审理案件的需要,经审查认定为合法有效的,可以作为裁判说理的依据。

② 《行政诉讼法》第 63 条:人民法院审理行政案件,以法律和行政法规、地方性法规为依据。地方性法规适用于本行政区域内发生的行政案件。人民法院审理民族自治地方的行政案件,并以该民族自治地方的自治条例和单行条例为依据。人民法院审理行政案件,参照规章。

个人理财服务中权利义务的依据。因此,《办法》虽无法直接作为侵权责任认定的依据,但却可能被裁判者作为认定证券公司是否存在过错的依据,即人民法院可能以经营机构未按《办法》的要求履行适当性义务为由认定经营机构存在过错,进而在满足其他侵权责任构成要件的前提下,根据过错责任原则认定证券公司承担侵权损害赔偿责任。

三、责任比例的分配

证券公司因违反适当性义务对投资者损失的责任比例如何认定,特别是在除证券公司外还存在其他侵权主体的,责任如何分配。如本案中除方某与A营业部成立证券交易委托代理关系外,方某和李某还存在委托炒股关系,方某的损失如何分配,也是本案的争议焦点问题。我们认为,在认定证券公司承担损失时应当考虑以下几点。

首先,应注意区分证券公司为投资者提供产品和服务的类型,可以分为两种:主动型和被动型。主动型指证券公司主动为投资者提供产品和服务,如推荐金融产品、资产管理业务等;被动型也可称为通道服务,是指证券公司仅仅为客户提供和证券交易所对接的服务通道,如证券经纪业务。在主动型业务中,证券公司的专业能力和推荐对投资者决策有较大影响力,也对损失的发生有直接决定作用,如证券公司向风险承受能力低的客户推荐风险系数高的产品或服务,客户基于相信金融机构的专业能力而决定购买,若该产品或服务导致了客户的损失,证券公司应承担主要责任;而在被动型业务中,证券公司仅收取一定的手续费,对客户的投资选择起不到决定或影响的作用,投资指令完全由客户自己自主操作和选择,那么证券公司责任较小。

其次,应注意区分投资者的损失是一次决策行为导致还是多次决策行为导致。一次决策行为导致的损失,如投资者听取证券公司推荐购买了理财产品,投资者购买之后该理财产品盈亏不在其掌握之中;多次决策行为导致的损失,如投资者在开立证券账户、开通创业板和融资融券交易权限,虽在开通过程中证券公司有过错,但证券公司开通证券账户和开通创业板交易行为本身不必然导致损失,真正导致损失发生的是投资者后面的投资交易决策。

最后,还需对适当性义务的具体内容进行区别对待,如证券公司为客户非现场开户(非现场开户放开之前)、未做风险测评等,这些义务的违反并不实质影响到客户是否能成功开立证券账户进行证券交易;而若证券公司未进行资格审查而为不符合创业板交易资格的客户开通创业板交易权限的,该义务的违反直接影响到客户能否开通创业板,对客户创业板交易损失的影响更直接,因此,承担的责任也较其他适当性义务违反的责任更大。

在本案中,A营业部坚持认为,其与方某之间是证券交易委托代理关系,属被动型证券经纪业务,方某使用A营业部所属公司证券交易系统下达股票买卖委托指令,营业部不掌握方某的账户密码,也不能决定或影响方某的投资选择,买何种股票完全由方某自主操作,营业部仅根据方某委托指令执行;即使在非现场开户、开通创业板交易权限过程中营业部履行适当性义务存在瑕疵,但是,开户、开权限行为本身不会发生损失,只有交易才会,方某的损失是因为其买股卖股的股票交易行为,而非开户、开权限行为;方某委托李某代为操作账户,双方之间关于交易损失有约定。最终A营业部向方某补偿150万元,其他损失方某自担或向李某主张。

案例启示

2017年7月1日,《办法》正式实施,对证券公司的投资者适当性管理提出更多、更高要求。在《办法》实施后,目前已有光大证券、国海证券、中信银行、国都证券、中信建投等多家机构被证券监管部门予以行政监管措施。“无救济则无保护”,当行政监管层面的监管规则无法满足保护投资者利益的价值目标时,民事上的救济成为对投资者最好的保障。2018年2月,江苏省南京市中级人民法院以被告工商银行某支行在原告李某购买基金过程中未尽适当性义务以致原告购买了与其风险等级不匹配的产品,判决被告工商银行某支行赔偿原告购买基金的实际所有损失并支付相应利息损失。因此,对证券公司来说,应当认识到其违反适当性义务除了要面临监管处罚外,还可能承担民事赔偿责任。为落实监管工作要求,减少和防范法律和合规风险,避免承担民事赔偿责任,证券公司应当切实加强适当性管理。

1.关于了解投资者信息。在《办法》出台前,证券公司存在了解客户必备信息不全、开户资料填写不规范等问题,如未对客户身份、财产和收入状况、金融知识和投资经营、投资目标、风险偏好等信息进行存档留痕;客户未填写风险测评问卷,证券公司未对客户进行风险承受能力测评；将投资者资产状况作为风险测评主要依据，未全面考虑客户投资经验及风险偏好因素等。《办法》实施后，形成了依据多维度指标对投资者进行了解并且分类的体系。对于新客户，在开户时证券公司应通过资金开户申请表和风险测评问卷来了解客户信息；对于老客户，在办理新业务时证券公司除要求填写新版测评问卷外，还要补充了解诚信记录、实际受益人和实际控制投资者的自然人等信息。

2. 关于产品或服务分级。在划分产品或服务风险等级时，首先，不能仅按照产品的类型或者性质简单进行风险等级划分，如产品存在担保或抵押即认定为低风险，而是要了解产品的投资范围、性质与架构、融资方信用水平、收益与风险分析、投资安排等产品风险信息；其次，对代销的金融产品、复杂和高风险产品或服务应当进行充分调查和风险评估，且尽职调查不能仅依托于发行人提供的材料和公开可查询的材料，应当对其真实性进行充分延伸调查；最后，对产品或服务的风险等级命名不能误导投资者，如产品的名称为保本保收益及保本浮动收益类。

3. 关于适当性匹配。首先，在销售产品或提高服务前要求客户必须进行风险测评；其次，对于客户风险承受能力与产品或服务风险等级不匹配的，应当书面告知其不匹配结果并签署确认书；最后，适当性匹配告知应当录音录像或通过电子方式确认。

4. 关于产品或服务的推广行为。一是对产品或服务的介绍不能仅仅依赖于委托人提供的产品合同书和说明书，而是应进行审查核实；二是代销产品的推广材料应充分披露委托人的基本情况及风险；三是不能向客户群发或在微信等平台推广R2（中低风险）以上的产品或服务；四是推广材料应注明属于推广性质，并明确使用对象，且不能存在误导性宣传用语。

5. 关于风险揭示工作。首先，风险揭示不能只使用统一的格式文本，对复杂或高风险产品或服务及具体金融产品缺少针对性的风险揭示，而应以简明易懂的文字作出有针对性的书面说明；其次，风险揭示不能只应付监管、流于形式，应向客户就风险揭示书讲解，充分揭示风险，确保客户知晓业务规则及面临的风险；再次，风险揭示书应明确告知客户，履行适当性职责不构成对客户投资收益的担保、不取代客户本人的投资判断、不降低产品或服务的固有风险，也不影响客户依法承担相应的投资风险、履约责任及费用；最后，要求风险揭示的人员岗位与营业部其他岗位进行分离,对有条件的营业部则要求由专员专职风险揭示工作,防止与业务、业绩挂钩。

6. 关于留痕管理。留痕既是证券公司履行监管要求的有效证明,更可以作为法庭上保护自身的证据,而且《办法》第 34 条第 2 款明确了证券经营机构有举证义务。加强留痕管理最重要的就是积极推行“双录”和加强互联网配套留痕,这也是《办法》第 25 条明确规定要求。第一,在积极推行双录方面,目前多数券商均要求各营业网点在临柜向普通投资者进行《办法》第 12 条、第 20 条、第 21 条、第 23 条的告知、警示,应当全过程录音或录像。同时,考虑第 23 条中“可能直接导致本金亏损的事项”基本涉及证券公司所有业务,建议进一步扩大需双录办理的业务范围,包括新开户、创业板权限开通、分级基金、挂牌公司股票、两网及退市股票、风险警示板股票、退市整理期股票、港股通、债券合格投资者、普转专、股票期权、融资融券等业务类型。第二,在互联网电子方式确认上,目前多数券商通过数字证书形式完善互联网配套留痕,少数证券公司网上业务采取弹框告知投资者,但这种方式是否符合监管要求有待商榷。鉴于《办法》第 24 条规定告知、警示应当采用书面形式送达投资者,并由其确认已充分理解和接受,建议采取数字证书方式留痕。另外,要注重客户回访留痕,通过回访客户进一步履行客户身份确认、风险提示、重要事项提醒等义务。为保障回访及时性、规范性、有效性和独立性,建议监管和适当性管理要求的相关回访由证券公司总部或分公司集中完成,其他服务性回访可由营业部完成。

7. 关于持续适当性管理。一方面,《证券期货投资者适当性管理办法》中关于客户持续性适当性管理的要求更加明确且严格:要求证券机构建立投资者评估数据库并及时更新,根据投资者和产品或者服务信息变情况,及时调整投资者分类、产品或者服务分级以及适当性匹配意见,并主动告知投资者。现各家券商都在积极完成投资者评估数据库建设工作。另一方面,对于客户在业务办理时符合适当性匹配要求的,但客户在重新风险测评后不再符合匹配要求的,或者对于创业板、双融等有开通门槛规定的业务,权限开通后,营业部发现其资产量不再满足开通时门槛条件的,或者客户没有每两年进行重新风险测评的,营业部应首先提示客户进行持续风险测评并留痕。其次,做好风险揭示甚至业务限制,如对于融资融券客户,一旦持续风险测评后不符合条件则在合约到期后不为其办理展期,风险测评后不符合创业板条件的则提醒其不符合创业板交易条件,注意创业板投资风险等。

违规开户后，炒股损失谁来担?

——新三板股票投资典型案例解剖

袁立志*

新三板不对普通投资者开放,只有高净值投资者才有资格进场。在新三板投资火热的2014年、2015年,很多普通投资者想方设法地规避准入限制,进入新三板市场。然而,随着新三板市场的迅速冷却,这些期望获得高收益的投资者损失惨重,于是回过头来以开户把关不严为由向证券公司索赔。问题是,这些投资者的损失到底是投资者咎由自取,还是证券公司难辞其咎?或者两者兼而有之?先看一则案例:

2015年年底的新三板市场如火如荼。某A投资者在B券商开立A股普通证券账户。数日后,某A转存500万元至其在B券商开立的资金账户。次日,某A与B券商订立《买卖挂牌公司股票委托代理协议》(以下简称《委托代理协议》),委托B券商代理新三板股票转让业务,B券商按照约定为其开通新三板股票交易权限。当日,用于开户的500万元资金被全部转出。数日后,某A再次转入若干资金,买入某新三板股票若干。2016年年初,B券商对某A进行电话回访,要求其补充投资经验的资料,以证明其开户资格,对此,某A未能提供。随后,B券商对某A的证券账户作出禁止买入限制。某A持有上述股票期间,新三板市场降温,股价大幅下跌,于是某A向B券商索赔。

这是一个很典型的新三板投资纠纷。

一、本案的基本法律关系如何

在本案中,某A与B券商签订了《委托代理协议》,某A委托B券商代理新三

* 竞天公诚律师事务所合伙人。

板股票转让及相关业务。根据《证券登记结算管理办法》第20条、第21条以及《中国证券登记结算有限责任公司证券账户管理规则》,双方之间构成委托代理合同关系,即某A是委托人,B券商是代理人,前者委托后者开通新三板股票交易账户,并通过该账户进行新三板股票买卖;后者向前者支付佣金和服务费。本案的基本法律关系就是委托合同关系。

二、某A索赔是否有法律依据

某A向B券商索赔的事实基础是,其不符合新三板开户条件,而B券商对此把关不严,即B券商违反了投资者适当性义务。

现行法律对违反投资者适当性义务的行政责任着墨较多,而对民事责任的规定比较简略,主要为《证券法》第79条、[①]《证券投资基金法》第145条。[②] 最高人民法院《关于审理期货纠纷案件若干问题的规定》(以下简称《期货司法解释》)第16条提到了期货市场违反投资者适当性义务的一种特殊情形下的缔约过失责任。部门规章《证券期货投资者适当性管理办法》在重点规定行政责任的同时,以比较间接的方式,简略提及经营机构的民事赔偿责任(第34条第1款)。[③]

除《期货司法解释》第16条外,上述规定均未明确民事责任的具体类型。结合相关理论研究,违反投资者适当性义务涉及三种民事责任:违约责任、缔约过失责任、侵权责任。[④]

1.关于违约责任。为进行证券期货等投资,投资者需要与经营机构签订合同。但投资者适当性义务是由法律创设的,而不是来源于合同双方的约定。经营机构

---

① 《证券法》第79条:"禁止证券公司及其从业人员从事下列损害客户利益的欺诈行为……(五)为牟取佣金收入,诱使客户进行不必要的证券买卖;(六)利用传播媒介或者通过其他方式提供、传播虚假或者误导投资者的信息;(七)其他违背客户真实意思表示,损害客户利益的行为。欺诈客户行为给客户造成损失的,行为人应当依法承担赔偿责任。"

② 《证券投资基金法》第146条:违反本法规定,给基金财产、基金份额持有人或者投资人造成损害的,依法承担赔偿责任。基金管理人、基金托管人在履行各自职责的过程中,违反本法规定或者基金合同约定,给基金财产或者基金份额持有人造成损害的,应当分别对各自的行为依法承担赔偿责任;因共同行为给基金财产或者基金份额持有人造成损害的,应当承担连带赔偿责任。

③ 《证券期货投资者适当性管理办法》第34条第1款规定……经营机构履行适当性义务存在过错并造成投资者损失的,应当依法承担相应法律责任。

④ 参见姚蔚薇:《金融机构违反投资者适当性义务的民事责任》,载《君合法评》2016年12月26日。

承担的投资者适当性义务,主要体现在行政监管规则和经营机构的内部规章制度中,而不是与投资者的合同中。在此种情况下,投资者主张违约责任缺乏依据。不过,如果通过适当的合同条款,将法定义务转化为合同义务,则可以适用违约责任。这种转化,可以通过行政监管部门的强制要求或示范合同文本来实现,也可以通过经营机构自行设计合同条款来实现。

2. 关于缔约过失责任。经营机构违反投资者适当性义务,可能触发缔约过失责任,《期货司法解释》第 16 条就是典型的例子。该条规定,期货公司在与客户订立期货经纪合同时,未提示客户注意《期货交易风险说明书》内容,并由客户签字或者盖章,对于客户在交易中的损失,期货公司应当承担缔约过失责任。从投资者适当性制度设计来看,经营机构的义务主要发生在其与投资者签订合同前的缔约环节,与缔约过失制度有着天然的契合。经营机构在此阶段的审核义务或匹配义务,正是合同法理论上典型的先合同义务。违反该等义务,则落入《合同法》第 42 条第 3 项规定的缔约过失责任范围。由此可见,投资者适当性制度与缔约过失制度存在一定程度的重合,即使没有投资者适当性制度,投资者也可以依据缔约过失制度向经营机构索赔。

但是,投资者适当性制度仍然有其独特作用。缔约过失责任的基础是先合同义务,而先合同义务的依据是交易习惯和诚实信用原则等。这些都是不成文的,缺乏明确的界定,有很大的不确定性,而且每个案件的具体情况不同,这就给投资者维权造成了实际困难。换句话说,缔约过失责任是在无合同约定也无法律明确规定的前提下,合同法为了保护当事人而给提供的"低保"。而投资者适当性制度则把金融交易中的先合同义务明确化、体系化、成文化,使经营机构的义务一目了然,大大减轻了投资者维权的难度。一旦经营机构的义务从模糊的、一般性的、不成文的先合同义务转化为清晰的、专门的、成文的法定义务,投资者就可以直接依据法律规定主张侵权责任,也就不必再诉诸缔约过失责任。这正是投资者适当性制度的独特意义。

3. 关于侵权责任。侵权责任的逻辑在于,投资者适当性制度是法律对投资者的特殊保护制度,经营机构的各项义务属于法定义务,违反该义务即侵害了投资者的权利,应当承担侵权责任。

与违约责任相比,侵权责任不以合同约定为前提;侵权责任也比缔约过失责任更有利于对投资者的保护。因此,侵权责任是违反投资者适当性义务的民事责任的主要形式。在司法实践中,对于违反投资者适当性义务的纠纷,法院一般都适用侵权责任进行处理。例如,在戴某与某银行某支行委托理财纠纷中,法院认为,虽然投资者与金融机构之间构成合同关系,但投资者可以提起侵权之诉,要求金融机构承担损害赔偿责任。

本案的基本法律关系是委托合同关系。根据《合同法》第122条,因当事人一方的违约行为,侵害对方人身、财产权益的,受损害方有权选择依照本法要求其承担违约责任或者依照其他法律要求其承担侵权责任。因此,某A的索赔主张于法有据。

三、如何认定B券商的侵权责任

依侵权法原理,一般侵权责任的构成要件包括行为、损害结果、过错及因果关系,其关键是过错和因果关系。有学者主张,比照证券市场虚假陈述民事赔偿制度,违反投资者适当性义务的侵权责任属于特殊侵权责任,应当适用过错推定和因果关系推定。[①] 所谓过错推定和因果关系推定,是指一旦投资者证明经营机构的行为和损害结果,就推定经营机构存在过错,且推定经营机构的行为与损害结果之间存在因果关系,除非经营机构能够证明不存在过错或因果关系。对此,需从应然和实然两个层面进行分析。

从应然层面来看,投资者适当性制度的基本假设就是投资者与经营机构之间存在严重的信息不对称。经营机构掌握金融产品和金融服务的信息而投资者不掌握或不完全掌握,要求投资者举证证明经营机构的过错和因果关系是强人所难,不利于实现制度设计的目的。此外,根据监管规则的要求,经营机构应当对履行投资者适当性义务的过程留痕,妥善保存相关信息资料,这也是确保经营机构有能力承担举证责任。因此,适用过错推定和因果关系推定,有理论和现实的合理性。

但是,从实然层面来看,过错推定和因果关系推定均缺乏依据。根据《侵权责任法》第6条的规定,"根据法律规定推定行为人有过错,行为人不能证明自己没有

---

① 参见陈洁:《证券公司违反"投资者适当性原则"的民事责任》,载《证券市场导报》2012年第2期。

过错的，应当承担侵权责任”。由此可见，适用过错推定需要以法律规定为前提。《证券期货投资者适当性管理办法》第 34 条第 2 款提到经营机构对其履行投资者适当性义务负有举证责任，但根据法院的法律适用原则，部门规章只能作为参考，不能作为审理案件的依据。因此，适用过错推定缺乏依据。

至于因果关系推定，《侵权责任法》未作一般性规定，只在第 66 条提到“因污染环境发生纠纷，污染者应当就法律规定的不承担责任或者减轻责任的情形及其行为与损害之间不存在因果关系承担举证责任”。全国人大常委会法制工作委员会副主任王胜明主编的《中华人民共和国侵权责任法释义》认为，推定因果关系属于特例，只有在法律明确规定的情况下才能适用。[①] 在目前没有法律明确规定的情况下，对经营机构的侵权责任适用因果关系推定同样缺乏依据。

综上所述，在目前的法律下，要认定 B 券商的侵权责任，需对 B 券商的行为、投资者的损失、经营机构的过错及因果关系承担举证责任。行为和损失都比较容易认定，关键问题是过错和因果关系的认定。

四、B 券商是否存在过错

根据侵权责任法，行为人是否存在过错，判断标准有两种：一是行为人是否违反法律规定的义务；二是行为人是否违反了合理注意义务。[②] 投资者适当性义务属于法定义务。

《证券期货投资者适当性管理办法》规定了经营机构的一系列义务。从投资者适当性的角度观察，投资者与经营机构之间的关系分为两种情形，从而产生两种类型的投资者适当性义务。

第一种情形是，经营机构只提供金融服务（代理开户与交易），不向投资者销售金融产品，如 A 股股票、债券、新三板股票、期货。经营机构不是这些金融产品的发行人，也不负责这些金融产品的管理或销售，经营机构的金融服务只是使投资者有机会购买这些金融产品，其义务主要在于确保投资者符合统一的“投资门槛”。这

① 参见王胜明主编：《中华人民共和国侵权责任法释义》，法律出版社 2010 年版，第 44 页。

② 同上书，第 41 页。

种类型的投资者适当性义务可称为“审核义务”。

第二种情形是,经营机构既提供金融服务也销售金融产品,而且重点是销售金融产品,如资管计划、私募基金、信托计划、理财产品等。这类金融产品的定制化程度较高,投资者需依赖经营机构的推介、说明和提示,才能顺利完成投资购买。经营机构是这些金融产品的发行人、管理人或销售人,故其义务不仅在于确保投资者符合统一的“投资门槛”,更在于确保情况各异的投资者与风险各异的金融产品“门当户对”。这种类型的投资者适当性义务可称为“匹配义务”。匹配义务包含审核义务,但比审核义务的范围更宽泛,因而经营机构的负担更重。

在本案中,根据《委托代理协议》,B券商的服务主要包括两部分:一是业务开通,即根据《证券账户管理规则》第三章,代理某A在中国证券登记结算有限责任公司开立“全国中小企业股份转让系统账户”;二是受托办理交易,即在业务开通后,根据《全国中小企业股份转让系统股票转让细则》第三章,代理某A买卖新三板股票。由于B券商并没有向某A销售金融产品,所以不存在违反“匹配义务”的问题,只需要看B券商是否违反“审核义务”。

关于“审核义务”的标准,应适用当时有效的《全国中小企业股份转让系统投资者适当性管理细则(试行)》第5条。该条规定,新三板个人投资者应同时满足以下两个条件。

1. 投资者本人名下前一交易日日终证券类资产市值300万元人民币以上。证券类资产包括客户交易结算资金、股票、基金、债券、券商集合理财产品等,信用证券账户资产除外。

2. 具有两年以上证券投资经验,或具有会计、金融、投资、财经等相关专业背景或培训经历。投资经验的起算时点为投资者本人名下账户在全国股份转让系统、上海证券交易所或深圳证券交易所发生首笔股票交易之日。

另据股转公司于2015年6月3日发布的《关于加强投资者适当性管理工作的通知》(股转系统函〔2015〕2251号),主办券商应做好规范客户业务权限开通工作,应确保参与股票公开转让业务的客户符合适当性管理的要求。主办券商在为客户开通业务权限前,应对其风险识别能力及承受能力作全面审慎评估,对风险测评结果显示风险承受能力低的客户,原则上不得为其开通业务权限。对证券账户资产一直较低,但在申请开通权限前突然大幅增加至500万元以上的自然人投资者,应予以重点关注。由此可见,B 券商负有审核某 A 风险识别能力和承受能力的义务,而且该义务是实质义务,而不仅是形式义务。

根据案件材料,某 A 于 2015 年 12 月初开立普通证券账户,5 日后即开通新三板股票交易权限,再 10 日后买入少量某 A 股股票,再 1 日后即大量买入某新三板股票,开立 A 股账户与开通新三板账户之间仅间隔 5 天,开立新三板账户前无证券投资经验,开户当时及事后也未能提供相关专业背景或培训经历证明,显然不符合上述第二项条件。另据某 A 自述,其资金账户 500 万元系开通新三板交易权限前一天才转入,开户当天即全部转出,B 券商本应重点关注,甚至只需简单核查,即可发现某 A 实质上也不符合上述第一项条件。在两项法定要求均未满足的情况下,B 券商草率为其开通新三板交易权限,存在明显过错。

五、过错行为与损失之间是否存在因果关系

因果关系的认定是《侵权责任法》中一个很复杂的问题,有各种理论学说,但尚无定论。本文结合投资者适当性义务的两种类型进行分析。

在审核义务下,经营机构的重点在于确保投资者符合统一的投资门槛,经营机构不向投资者销售金融产品。这种情况下,投资者发生的投资损失与经营机构的违法行为之间是否存在因果关系?从表面上看,投资损失是投资产生的后果,其直接原因是金融产品市场价格的波动,而价格波动不是经营机构引起的,也不是经营机构所能控制的,所以与经营机构的行为没有直接因果关系。但是,投资者适当性制度的目的即在于“过滤”,将不具有风险承受能力的投资者隔绝于相关市场之外。对于不合格投资者,如果经营机构严格把关,则其没有机会进入市场,损失就不会发生;如果经营机构没有勤勉尽责,导致其进入市场,则由于知识、经验和资产实力的限制,这类投资者遭受损失的可能性会实质增加。由此可见,投资者的损失与经营机构的违法行为之间存在相当因果关系。

在匹配义务下,经营机构的重点在于将适当的金融产品销售给风险承受能力与之匹配的投资者,确保两者之间“门当户对”。经营机构本身就是金融产品的发行人、管理人或销售人。如果经营机构未能履行匹配义务,销售给投资者的金融产品的风险超出了投资者的承受能力,导致损失发生,则经营机构的违法行为与损失

之间存在直接因果关系。

在司法实践中,如果经营机构违反投资者适当性义务,法院一般都认定其与投资者的损失之间存在因果关系。例如,在原告戴某与被告某银行某支行委托理财合同纠纷中,原告在被告处认购其代销的私募基金产品 XS5 号。认购当日,原告签署了风险揭示书、风险承受能力调查表、开放式基金代销业务申请表。根据原告提供的微信截屏,被告销售人员在推介产品时存在未充分揭示产品风险的情况,并提到"大牛市还是没变,短期内调整后肯定还会继续上行""当时说的是保 85"等内容。法院认为,原告出于个人目的购买风险较高的基金产品,其购买、赎回行为均为其本人控制下的自主行为,是造成损失的最主要、直接的原因;被告作为代销人,除寻找合适投资者之外,还应尽适当性义务,衡量被告是否尽到适当告知义务的标准并非仅考量形式上给与客户相关文件,而是是否真实核对客户风险承受力及作出适当告知。本案中被告销售人员在推介活动中放大产品的盈利可能,对原告盈利冲动有助长作用,对损失产生也具有一定作用。因此,法院判决被告承担一定的过错责任,但不超过总损失的 30%。

在上诉人林某与上诉人某银行某支行财产损害赔偿纠纷中,林某在某银行通过银行自助设备购买 RX 基金。产品招募说明书中提示了投资过程中面临的主要风险,包括市场、利率、操作风险等。银行提供的银行自助设备购买操作截图中,屏幕显示:"您购买的基金风险等级高于您在我行的风险评估等级,是否继续购买,请确认!"理财经理周某陈述,其以口头表述方式进行推荐案涉产品,也在购买前发过微信介绍过案涉产品。法院认为,当事人之间构成个人理财服务法律关系,某银行应履行相应义务,根据《个人理财业务风险管理指引》第 23 条及《商业银行个人理财业务管理暂行办法》第 37 条的规定,银行存在如下过错:首先,其主动向林某推介经评估不适合其购买的案涉产品;其次,未能提供充分的证明说明其以金融消费者能够充分了解的方式向林某说明产品的运作方式和将最大损失风险以显著、必要的方式向林某作出特别说明。而且,工作人员未出示基金合同及招募说明书供林某查阅了解,未尽到明确的提示说明义务。因此,应认定银行具有侵权过错。法院指出,在个人理财服务法律关系中,金融消费者由于信息不对称加上自身知识和能力的局限,在购买投资性金融产品时,往往主要依赖金融机构的推介和说明。因此,金融机构在推介金融产品时,应注意适当性管理,以避免投资者因专业性的欠缺导致不必要的损失,亦可以防止金融机构为追求自身利益,将不适格投资者引入市场。在本案中,林某购买案涉产品是基于银行的不当推介行为,无此不当推介行为,林某不会购买案涉产品,损失亦无从发生,银行的过错行为与林某的损失之间具有相当因果关系。另外,林某系一名普通中年妇女,数年来一直购买保本型理财产品,并不当然知晓案涉基金是否合乎自己的需求。相较而言,林某属于依照自身状况进行合理投资的过失较轻微。因此,为强化金融机构履行保护金融消费者权益的责任,提升消费者信息,维护国家金融安全和稳定,依法认定由银行对林某的实际损失承担全部赔偿责任。

而在上诉人张某与被上诉人某银行某分行财产损害赔偿纠纷中,张某在某支行认购某银行代销的基金产品。认购当天,张某签署基金业务风险承受力调查问卷、基金业务账户类申请表、基金代销业务交易类申请表。风险承受问卷调查结果显示张某风险承受力为“中高”,代销业务交易类申请表载明其已详阅基金契约等,自愿办理该业务,自愿承担投资风险,且该申请表抬头有特别提示“基金有风险,投资需谨慎!……银行对基金业绩不承担任何担保或责任”。法院认为,张某提供的宣传册非某银行提供,且其自认是在一审后从案外人处取得,因此,主张某银行存在虚假宣传并夸大收益,缺乏事实证据。被上诉人在向上诉人推介案涉基金前已完成风险承受能力调查评估,结果为“中高”,案涉基金属于较低风险品种,其推介行为并无不当。上诉人在系列文件中签署确认自愿承担风险,因此,上诉人未能证明某银行存在侵权行为,损失应自行承担。

综合上述案例,如果金融机构夸大宣传,或者对投资者的投资经验或风险承受能力把关不严,则应认定存在因果关系,金融机构应对投资者损失承担损害赔偿责任。在本案中,B 券商如能严格依法履行投资者适当性义务,则某 A 无法开立新三板账户,就无法进行新三板股票交易,也就不可能发生损失,这正是投资者适当性制度的本义。另外,投资人开立新三板账户意在借以进行股票投资,将不符合适当性条件之投资人引入新三板股票市场,可能会导致投资人发生投资损失,对此 B 券商应预料到。因此,应当认定 B 券商的过错行为与某 A 的投资损失之间具有相当因果关系,B 券商应对某 A 承担赔偿责任。

不过应当注意的是,本案事实与上述案例不完全相同。在上述案例中,金融机构向投资人推介和销售特定金融产品,违反了“匹配义务”,投资人的损失正是来源于金融机构推介和销售的这些金融产品,故二者之间存在直接的因果关系。而在本案中,某 A 遭受损失的直接原因是其购买的新三板股票价格下跌,该只股票并非由 B 券商向某 A 推介或销售,而是某 A 通过协议转让方式从交易对手处买入,B 券商违反的只是“审核义务”;不当开户只是买入上述股票的前提,不是导致其价格下跌的直接因素。导致某 A 损失的直接原因中包括市场因素、操作因素或者公司的经营情况等,还有第三方犯罪行为等因素。总之,B 券商的过错行为只是导致损失的次要原因。

本案还有另一个隐藏情节需要考虑。据某 A 陈述,帮助其办理网上开户的两人自称是 B 券商的员工,某 A 买入的新三板股票正是这两人向其兜售的。但 B 券商否认两人是其员工,认为协助某 A 开户并向某 A 兜售股票的是 C 公司,而 C 公司已因非法经营罪被某地法院判处刑罚。从法律上来说,开立股票账户与开户后买卖特定股票是两个行为,但如果 B 券商的人员与 C 公司存在共同犯罪,从事了协助开户并兜售股票的系列行为,则不应再机械地区分为两个行为,而应将其整体视为一个欺诈行为,B 券商应承担全部侵权责任。从案件材料来看,并无切实证据证明二人是 B 券商员工,不排除 C 公司员工或其他人员出于兜售股票等目的,冒充 B 券商员工行骗。对于他人的冒充行为,只要不构成表见代理,B 券商不需承担责任。

六、某 A 自身的过错是否能够减轻 B 券商的责任

认定经营机构的违法行为与损失之间存在因果关系,既不意味着前者是后者的唯一原因,也不意味着前者是后者主要原因。经营机构应当承担何种比例的责任,还需结合个案情况,综合考虑各种因素。

就投资者适当性义务的两种类型而言,匹配义务比审核义务更重,因此,违反前者的民事责任也相应更重。根据个案情况,违反匹配义务的经营机构可能要承担主要甚至全部责任,而仅违反审核义务的经营机构可能只需承担次要责任。即使同是违反匹配义务,也存在瑕疵程度的区别。比如,主动向客户推荐超出其风险承受能力的金融产品,就比遗漏一次电话回访的瑕疵要严重,因而应承担更高的赔偿比例。

除考虑义务的轻重和行为的瑕疵程度外,投资者自身的过错也是重要的考虑

因素。根据侵权法原理,如果受害人对损害的发生或扩大也有过错,则可以适当减轻加害人的侵权责任。《侵权责任法》第 26 条规定了过失相抵原则。

过失相抵原则在投资者适当性纠纷中的适用至少包括三种情形。第一种情形是,投资者本身违反了如实提供信息的义务。尽管经营机构因未能勤勉尽责而存在过错,但提供虚假信息的投资者也存在过错,可以适当减轻经营机构的责任。

第二种情形是,虽然经营机构有不当推介金融产品的行为,但依据投资者自身的知识和经验,其对投资应有一定的判断能力,投资者自身的判断失误也是投资损失的原因之一,因此,可以适当减轻经营机构的责任。例如,在上诉人某银行与被上诉人殷某财产损害赔偿纠纷中,法院认为,上诉人明知被上诉人的投资风险承受为平衡级,只适合购买 3R 级及以下产品,但其仍推荐了超出被上诉人风险承受程度的产品。殷某购买案涉产品是由某银行的不当推介行为造成的,殷某的亏损与某银行的不正确评估及不当推介的过错存在因果关系,银行具有过错。在本案中殷某对自身投资能力应有相应认识,其未进行合理投资,对损害发生也有过错,可适当减轻某银行的赔偿责任。

在上诉人胡某与被上诉人某银行某支行侵权责任纠纷中,法院认为,在金融服务法律关系中,投资者与金融机构存在专业性及信息量上的不对等,为弥补此种不平等,应对专业金融机构课以相应的义务,要求金融机构承担为投资者初步挑选理财产品的责任,以避免投资者因专业性的欠缺导致不必要的损失,亦可以防止金融机构为追求自身利益,将不适格投资者引入市场。鉴于上诉人购买案涉产品是基于被上诉人的不当推介行为,无此不当推介行为,上诉人不会购买案涉产品,损失亦无从发生,被上诉人的过错行为与上诉人的损失之间具有相当因果关系。另外,胡某未按自身状况进行合理投资,对相应损失的发生亦具有相应过错,依照《侵权责任法》第 26 条的规定,被上诉人的侵权责任相应减低。支持上诉人要求赔偿本金损失的要求,但上诉人亦具有过错,故不支持其利息损失的诉讼请求。

第三种情形是,投资损失发生后,投资者有机会及时止损而没有及时采取措施止损,投资者应对增加的这一部分损失承担责任。比如,在本案中,如果在双方当事人进行交涉时,股票价格逐步回升,甚至一度超过投资者的买入价格。在这种情况下,投资者就应当抓住机会,尽量卖出股票以减少损失,否则可以减少而未能减少的这部分损失应由投资者自担。

在本案中,据某A自述,其开户前存入资金账户的500万元是由C公司为其垫资,属于垫资开户,并称其本人未具体操作,500万元当天进出资金账户,并支付1.5万元手续费。假设1.5万元为1天所产生的利息,则日利率高达0.3%。依常理判断,即使一个毫无证券投资经验之人,为开户而向他人支付如此高额的手续费,亦当知晓其中存在不合理甚至不合法之处。另据某A陈述,其后来用于买入新三板股票的200万元来源于高息借款,并非自有资金,投资行为已明显超出其本人经济承受能力,其投机博取暴利的心态至为明显。因此,可以认定,某A自身亦有严重过错。

为保护中小投资者利益,立法者在设计法律制度时已向投资者适当倾斜,故投资者适当性义务主要落在金融机构肩上,这本无不当,但投资者自身亦当量力而行。如果投资者明知风险巨大仍贸然投资,甚至故意弄虚作假、行险博利,一旦发生损失又假装无辜,将全部责任推卸给金融机构,则明显违反诚实信用原则。如一味迁就投资者而对金融机构课以重责,并不利于建立双方的良性互动,长远来看也对中小投资者不利。故应根据投资者自身过错适当减轻机构责任。

综上所述,就本案而言,某A自身亦有严重过错,可适当减轻B券商的责任。比照上述案例,可免去B券商对利息损失的责任,仅要求其就本金损失依次要责任的比例予以赔偿。

七、结　　语

结合司法判例以及对本案的分析,我们可以对处理类似投资争议的要点归纳如下:

(1)投资者与金融机构之间是委托代理关系;

(2)投资者适当性义务是在签署上述合同之前发生的义务,属于法定义务。违反该等义务,投资者可以主张侵权责任;

(3)如果金融机构违反投资者适当性义务,则构成过错,且该过错与投资者损失之间存在因果关系;

(4)金融机构的过错可能只是造成损失发生的原因之一,金融机构承担责任的比例应根据案情来判定;

(5)如果投资者自身也存在过错,尤其是重大过错,则金融机构可主张减轻赔偿责任。

最后要说的是,引入合格投资者进入资本市场投资,是公平市场的应有之义,同时也是改善投资信息不对称的举措之一。但在制度完善过程中,难免有部分不适格的投资者进入或被带入市场,此时,通过对经营机构民事责任的认定能够有效保障该等投资者的合法权益,弥补其遭受的损失。侵权责任是保护投资者的主要路径。在侵权责任下,过错的认定、因果关系的确立以及责任承担比例的划分,都应当根据投资者适当性义务的特点和类型,结合个案情况进行处理,才能实现制度设计的目的。

关于新三板投资者欧阳某与某证券公司开户资格不实纠纷之调解经验总结

孙丽娟*

新三板投资者欧阳某就其与某证券公司因开户资格不实引发的投资损失赔偿纠纷,多次向中国证监会、证券公司辖区证监局、证券公司投诉,并因表示要于党的十九大召开前夕进京上访而被证券公司报告至相关维稳部门。该纠纷成为会领导、会相关部门及相关维稳部门重点关注事件。业经地方证券业协会两次调解未成功,中证中小投资者保护服务中心(以下简称投服中心)对该纠纷采用“裁决+调解”模式,最终促成纠纷双方达成调解协议。

一、投资者诉求及事实陈述

欧阳某称其本不符合新三板开户条件,某理财公司为其伪造部分开户资料,证券公司为其开立新三板账户。欧阳某被某理财公司诱导投资 200 万元购买了新三板某股票 40 万股,股票浮亏且无法卖出。某理财公司失联。欧阳某认为某理财公司与某证券公司恶意串通致其被骗,要求某证券公司退还其投资款并赔偿损失。欧阳某陈述事情经过如下。

2015 年 10 月,欧阳某在微信中接受了慕容某的添加申请。慕容某在微信聊天时声称她在做新三板的股票,买到就赚,投资回报快,利润高,并声称她有内部消息,可靠稳妥。同时,慕容某在微信朋友圈里一再炫富。11 月,慕容某向欧阳某透露,可以用内部关系帮欧阳某买到某理财公司正在做投资的转板股票;股票转板只需一两个月的时间,上市后将有几倍的投资回报。欧阳某有些动心,但查询后获知新三板开户需要资金 500 万元。欧阳某坦言没有这个投资能力,也不符合开户条

---

* 就职于全国中小企业股份转让系统有限公司,最高人民法院中国应用法学研究所和中国社会科学院法学所博士后、北京交通大学中国产业安全中心经济学博士后。

件。慕容某主动提出可以找人帮其垫资开户,但要收取手续费。经慕容某极力怂恿和不断洗脑,欧阳某拿出积蓄并向亲戚借钱,还不惜高息借贷,凑了200万元准备投资。11月27日,欧阳某给慕容某银行卡转入1.5万元垫资手续费。11月28日,欧阳某及其家人到理财公司与慕容某等工作人员见面。慕容某告诉欧阳某,“理财公司是受证券公司委托提供投资服务,其实她本人就是证券公司的业务员,但不能在明面上公开”,并说:开户相关事宜交给某理财公司的投资专员赵某为其对接某证券公司,资料交给赵某,不用本人到场即可办理。2015年12月1日,某理财公司另一员工钱某通过QQ指导欧阳某开通某银行的网上银行,并按欧阳某提供的地址邮寄了新三板开户文件。12月2日,钱某通过QQ发给欧阳某证券公司手机开户流程,通过网络指导欧阳某用手机在某证券公司某营业部开立了证券账户。12月4日,欧阳某收到某证券公司新三板开户文件,其中包括《全国中小企业转让系统挂牌公司股票公开转让特别风险揭示书》《买卖挂牌公司股票委托代理协议》等10份文件,并附有借款合同一份,以及由某教育咨询有限公司出具的欧阳某通过了高级会计师考试的《会计证书培训证明》。欧阳某在文件签名处签名时,指出其根本没有参加会计培训。某理财公司答复:“只是流程,按要求签字即可。”12月4日,欧阳某将签字后的文件与银行卡、网上银行的U盾寄至某理财公司指定收件地址。12月14日,欧阳某收到某理财公司寄回的邮件,邮件中包括欧阳某寄出的银行卡和U盾、写有欧阳某名字、资金账号和网银密码的纸张以及借款合同一份。借款人为高某,开户资金500万元系由其垫付,注明借款利息1.5万元。

12月15日,欧阳某在使用某理财公司寄回的银行网银时,发现和股票账户间存在被限制资金转出的情况。欧阳某直接打电话给某证券公司服务热线。热线服务人员却让他联系给其开户的赵某。经与赵某联系后不到20分钟,欧阳某的股票账户资金限制被解冻。欧阳某进一步加深了对赵某和某理财公司的信任。

12月15日,欧阳某在慕容某、赵某的电话指导下输入交易协议号和申购信息,将转入账户的200万元购买了慕容某推荐的某股票40万股。约一个月后,欧阳某所购股票出现浮亏。2016年5月,欧阳某联系不上慕容某。某理财公司其他员工的曾有联系方式均联系无效。时至2017年6月,欧阳某所购股票账面价格约70万元左右因无埋单而无法卖出。

二、证券公司答辩要点

某证券公司认为欧阳某的诉求不应当得到支持,其主要答辩意见如下:

(1)欧阳某在某证券公司营业部开立新三板账户并以200万元购买新三板某股票属实,但其所述某证券公司与某理财公司恶意串通欺骗其投资的情况不属实。

根据证券公司柜台交易系统显示的情况,2015年12月2日,欧阳某通过网上开户审核在公司开立普通证券账户。2015年12月8日,某证券公司下属营业部为其开通了新三板股票交易权限。欧阳某投资200万元购买某新三板股票属实。但是,欧阳某所述某证券公司与理财公司存在恶意串通欺骗欧阳某进行投资的情况不属实。某证券公司及其营业部从未与某理财公司签署过任何协议,没有与某理财公司进行过任何合作,没有发生任何形式的利益分成及佣金返点,也没有发生任何其他利益往来。公司及其营业部不存在与理财公司恶意串通向客户欧阳某推荐其所购新三板股票的行为。某理财公司实际控制人已因非法经营罪被有关法院作出刑事判决,判决中没有涉及某证券公司及其营业部、公司员工存在与某理财公司恶意串通欺骗投资者进行投资的行为。在该刑事案件公安调查阶段,公安部门对证券公司是否存在与某理财公司串通实施诈骗进行调查,没有认定某证券公司及营业部、公司员工存在与某理财公司恶意串通欺骗投资者进行投资的行为。

(2)欧阳某诉求追讨财产损失和赔偿无事实依据。

某证券公司认为,尽管包括欧阳某在内的一些新三板投资者开户环节存在瑕疵并因此被采取行政监管措施,但并不表示某证券公司应当承担民事赔偿责任。某证券公司从未影响欧阳某的投资行为。欧阳某主张的损失是股票浮亏,并不是事实损失。股票价格是不断变化的,在某证券公司答辩之日,欧阳某所购股票虽依然无法卖出但略有浮盈。即使未来欧阳某卖出所购股票而致事实上确有损失,欧阳某的投资损失与某证券公司也不存在法律上的因果关系。

三、投服中心采用“裁决+调解”的方式成功调解纠纷

地方证券业协会为欧阳某及某证券公司组织了两次调解,但因纠纷双方调解

方案差距过大无法形成一致意见,均未达成调解协议。投服中心接手该纠纷后,采用了创新的“裁决 + 调解”模式,经征询纠纷当事人双方意见,将开庭裁决方式引入调解。在“裁决庭”开庭之前,投服中心做了充分的准备工作。投服中心工作人员与选定裁决员通过微信群、邮件、电话等多种方式,对“裁决 + 调解”的程序及涉及事实查明与法律关系等问题进行讨论,集思广益确定庭前会议讨论提纲,并召集选定的裁决员座谈沟通,就程序确定、事实查明重点、法律关系难点及调解价值取向、注意事项等进行了充分的讨论。并且,投服中心工作人员和调解人员到相关法院、公安部门调查某理财公司刑事案件中是否存在与本纠纷相关的证据或事实认定。然后,以借鉴法庭开庭形式召开裁决庭了解事实并进行调解,最成促成纠纷双方达成协议,并共同至法院进行了司法确认。上海市某区人民法院审查了调解协议,确认符合司法确认调解协议的法定条件,出具了相关民事裁定书。

（一）“裁决 + 调解”的程序确定

1. 裁决程序的启动

申请人填写裁决申请书并明确授权投服中心指定裁决员以及在调解不成的情形下进行裁决;明确事实、理由与诉求;提交必要的证据及证据目录,包括但不限于身份证明材料、新三板开户合同文本等;如有委托人,提交授权委托书。被申请人填写裁决授权书,同意自愿授权投服中心指定裁决员以及在调解不成的情形下进行裁决,承诺认可该裁决结果效力;提交代理人的授权委托书。

2. 裁决庭组成

投服中心根据该纠纷情况,组成由律师、法官、新三板业务专家各一名共三人组成的裁决庭。裁决庭裁决员签署《裁决员声明书》,保证依法、独立、公正、及时地裁决案件,维护当事人的合法权益,保证在收到裁决员选定、指定前,未向案件的任何一方当事人或代理人就争议案件发表过意见;保证不是本案当事人、代理人或代理人的近亲属;保证与本案没有任何利害关系;保证在整个裁决程序过程中,不私自会见当事人、代理人,不单独与当事人、代理人交谈有关案件的情况;保证自觉接受投服中心开庭、合议的时间安排及程序监督;保证不接受当事人、代理人的请客送礼,不索贿受贿、徇私舞弊、枉法裁决;保证及时予以裁决,审结期限严格控制在规定的期限内;保证严格保守因参与案件知晓的双方当事人的隐私、商业秘密等事项,若有违反,愿意接受解聘、除名处分等后果;保证严格遵守投服中心案件调解及裁决的相关管理规定。

3. 通知答辩

投服中心将申请人一方提交的申请书及证据发送给被申请人一方,被申请人一方需在收到《答辩通知书》3 日之内提交书面答辩意见,说明事实与理由,并附上相关证明材料及证据目录。同时,投服中心将裁决庭的组成人员及简单介绍发送给双方当事人,告知双方当事人可根据投服中心《调解规则》规定的回避事由,申请裁决员回避。

4. 开庭通知及证据交换

裁决庭将提前 3 日将开庭的时间及地点通知双方当事人,确认开庭查明该案件,并安排双方交换证据材料,证据材料原则上应为原件(或原始载体等),并按照纠纷对方人数准备 N+3 份复印件(或复制件等)提交裁决庭,由裁决庭组织进行交换,并发表初步质证意见。裁决庭认为双方的证据材料不全,影响事实判断的,可以要求双方补充提交相关证据材料。

5. 开庭查明

开庭查明程序不公开进行,开庭查明程序原则上按照如下流程进行:

(1)核实参与开庭查明程序的纠纷双方身份,并由相对方进行身份确认;

(2)由申请人最终确认其事实、理由及诉求,并由被申请人最终确认其答辩意见;

(3)由申请人举证,并由被申请人对申请人证据发表质证意见;由被申请人举证,并由申请人对被申请人证据发表质证意见;

(4)由申请人和被申请人相互发问,并由被发问方针对问题依据事实和证据作出回应和解释;

(5)由裁决员针对双方陈述、问答情况并结合双方证据材料进一步向双方询问,充分了解事实情况;

(6)由裁决员总结争议焦点,并由双方针对裁决员总结的争议焦点发表各自意见;

(7)如裁决员认为事实已经清楚、证据已经充分,可以询问双方是否愿意申请调解;如裁决员认为尚需进一步开庭,则暂时休庭,待相关材料补充完毕后安排下一次开庭;

(8)如双方愿意调解,则现场开展调解或者在庭审后5个工作日内开展调解,如调解成功则调解解决纠纷,签署调解协议;如双方无调解意愿或者在期限内调解不成功,则由裁决员根据庭审情况予以裁决。

书记员需做好庭审记录并由全体参与人员签字确认。

6. 裁决决定

裁决庭根据开庭查明及质证情况,参照有关法律法规和民事诉讼证据规则,作出裁决决定,就该案的事实和责任进行裁定。

7. 异议期

申请人一方在接到该裁决决定书之日起3日内须明确答复是否接受该裁决,对该裁决有异议的可以向裁决庭提出异议。裁决庭根据异议是否存在新的事实与理由等情况,决定异议是否成立。异议成立的,可根据异议修改裁决决定书;异议不成立的,驳回异议申请。

申请人一方明确接受裁决后,将裁决发送给被申请人一方,被申请人在接到之日起3日内,对该裁决有异议的可以向裁决庭提出异议。裁决庭根据异议是否存在新的事实与理由等情况,决定异议是否成立。异议成立的,可根据异议修改裁决决定书;异议不成立的,驳回异议申请,裁决生效。

8. 裁决程序的结束

申请人与被申请人任何一方,均可随时申请终结裁决程序;一经终结,不再恢复。

裁决庭所作出的裁决结果,申请人一方若不接受,则该裁决决定书不发生效力。该纠纷裁决程序结束,建议双方当事人依法通过其他途径解决纠纷。裁决生效的,投服中心组织纠纷双方依据裁决书的内容签署调解协议。

(二)庭前会议

根据本案具体情况,投服中心组织裁决庭人员召开庭前会议,充分听取选定裁决员就争议尚须查明的主要事实、证据、分配举证责任及双方争议焦点归纳的意见,就裁决的基本原则、价值取向、基本走向进行初步探讨,分析欧阳某最近思想动态和心理预期,研判"一揽子"解决问题的路径并分析裁决方案对资本市场波及效应等。

庭前会议确定了应由行政监管思维向平等主体观念转变的理念,本纠纷性质是交易代理合同纠纷,由细究适当性管理的规定转化成结合法律法规和业务规则审查双方签署合同。明确某证券公司已承担行政责任并不必然导致其民事责任。在事实方面,需重点核查欧阳某账户的资金流水及来源,查明是欧阳某与某理财公司勾结还是某理财公司与某证券公司勾结、某理财公司在该纠纷中是什么法律地位,具体包括查明开户文本材料的交付、欧阳某咨询某证券公司热线电话的情况等。欧阳某的损失尚不属于事实损失,其投资损失与某理财公司、某证券公司之间没有直接的法律上的因果关系。一方面,欧阳某与某证券公司均有一定过错,某证券公司对欧阳某未现场开户存在过错;另一方面,欧阳某对其明知不符合开户条件、主动参与提供虚假开户资料方面存在过错。同时,会议还明确应当提高政治站位,把握好个案结果对市场的波及影响。无论纠纷最终处理结果如何,均掌握好扩散范围与宣传时点、尺度。

(三)裁决庭查明事实

1. 纠纷双方当事人陈述、举证及对方发表质证意见

欧阳某一方认为其不具有开户资格,某证券公司和某理财公司存在串通、欺诈行为,某证券公司应当对投资者的开户条件进行实质审查,承担不当开户责任,要求追讨被诈骗的财产及某证券公司赔偿损失。欧阳某为其陈述的事实共提交了七份证据:第一份证据是欧阳某股票账户新三板交易记录,证明其投资新三板股票并产生浮亏;第二份证据是垫资开户银行流水,证明欧阳某本身不具有新三板开户资格,有人为其垫资开户;第三份证据是欧阳某在开户后与银行卡、U 盾同时收到的记载其网银密码、U 盾密码、取款密码、资金账号密码及开户行信息的相关资料,证明某理财公司与某证券公司勾结为其开户;第四份证据是钱某 QQ 号及其与欧阳某的聊天记录,证明欧阳某被欺骗开户的过程;第五份证据是银行卡一张,证明慕容某收取其新三板开户手续费 1.5 万元;第六份证据是欧阳某与钱某之间的聊天记录,证明欧阳某的包括风险提示书等新三板开户手续,不是其本人签署;第七份证据是补充开户的合格投资者承诺书,该承诺书不是其本人签署。

某证券公司对上述证据发表质证意见如下:第一份证据的真实合法性无异议;第二份、第三份证据,与证券公司无关;第四份、第五份、第六份证据,与某证券公司之间的纠纷无关;第七份证据来源不合法,没有加盖某证券公司印章,与某证券公司承诺书格式不符。

某证券公司认为,欧阳某的诉求不应当得到支持,主要理由是新三板账户开通及交易是欧阳某真实意思表示,欧阳某不存在事实上的投资损失。某证券公司共提交证据五组:第一组,欧阳某开户资料,证明欧阳某本人通过自己手机远程开通普通股证券账户;第二组是欧阳某资金存取的相关凭证,包括《银行账户情况表》,其名下证券资金账户资金存取明细2份,证明欧阳某在自助开户时绑定银行卡后,银行提供其对应银行账户,此后欧阳某的所有资金存取通过该银行账户采用网上自助进行,证券公司无从核查500万元资金来源;第三组是欧阳某开通新三板账户的相关资料,包括《投资者参与挂牌公司股票公开转让背景承诺书》、《买卖挂牌公司股票委托代理协议》、《全国股转系统挂牌公司股票公开转让特别风险提示书》、《会计证书培训证明》、欧阳某与钱某手机微信截图、证券公司与欧阳某就新三板交易权限开通电话回访记录(附录音)等,证明欧阳某开通新三板交易是其本人真实意思表示,其委托钱某到证券公司营业部开通新三板交易权限;第四组是欧阳某的交易委托情况,证明欧阳某交易系其真实意思表示,不存在证券公司诱导、误导行为;第五组是慕容某的情况说明,包括《证券公司员工花名册》、《社保及公只金缴纳情况表》、《合肥市参保单位社会保险费缴费情况》、中国证券业协会关于慕容某的《证书基本信息》截图,证明慕容某非证券公司员工,与证券公司没有任何关系。

欧阳某的质证意见为:认可前四组证据的真实性,不认可其证明目的;对第五组证据的真实性及证明目的均不认可。

2. 双方相互询问及法庭询问

在双方相互询问过程中,纠纷双方当事人就需要对方回答或说明的问题进行了充分发问。其中,某证券公司作为被申请人询问欧阳某如下:

被申请人:请问申请人是否是本科学历?

申请人:是。

被申请人:你签署的材料是否都看过?

申请人:没有。

被申请人:你是否知晓你买入的新三板股票是点对点的转让?

申请人:不知道。我承认我的疏忽,但是你方应当承担开户审核失误责任。如果没给我开户就不会有交易,不会有损失。

被申请人:你是否知晓理财公司被刑事起诉的事实?

申请人:不知晓。

裁决庭组成人员对开户环节等事实询问了双方当事人,其中包括:

裁决庭:到现场开户的具体人员是谁?

被申请人:有人到现场,是不是欧阳某不清楚。

申请人:我没到现场。

裁决庭:被申请人目前提交的材料是否都是申请人亲自签署的?

申请人:是。

裁决庭:被申请人,你是否知晓申请方交易的对手方是理财公司?

被申请人:不知道。留痕应该在全国股转公司,我司无法查询。理财公司因刑案被调查时,我司营业部已经告知申请人救济途径。但是刚才申请人说不知道,与事实不符。

裁决庭:是哪种途径告知的?

被申请人:电话告知。

裁决庭:对于申请人到过现场,你方有无证据证明。

被申请人:QQ 聊天记录。

申请人:这份证据只能证明申请人不在现场。

裁决庭:某证券公司提交的材料中,某证券公司的通知,是由你公司发出,接受人是谁?

被申请人:是我方发出的,发给的是申请人。

裁决庭:在根据申请人的陈述,2015 年 12 月 15 日,他曾拨打过热线服务电话给证券公司客服,你司是否接到过该电话?你公司的热线服务电话号码是多少?

被申请人:没有。服务热线电话是×××××。

申请人:申请人打过这个电话。

裁决庭:申请人电话通讯记录中是否有拨打×××××这个电话的通话记录?有无可能提供相应电话记录?

申请人:没查过记录。庭后查到后补充给裁决庭。

裁决庭:请于10天内补充提交该证据。

裁决庭:你公司有无关于新三板开户的相关制度文件,你公司是否要求现场开户,有无录音录像?

被申请人:是要求现场开户的,录音录像是有的,但是时间长了无法提取。

裁决庭:申请人开户的时候是有人来到现场的?

被申请人:有。如果代理人持有被代理人的身份证,就默认其可以代理开户。

裁决庭:关于申请人开户一事,有无留存代理人的身份证明文件复印件?

被申请人:没有留存。

(四)纠纷双方发表辩论意见

在纠纷双方对双方提交的欧阳某开户材料及交易过程的证据材料无异议的基础上,裁决庭归纳了辩论焦点,并提请双方在尊重事实、具有调解诚意的基础上表达意见。裁决庭明确:申请人一方主要对开户是否其真实意思表示发表意见;被申请人一方就整个开户过程中是否合规、已尽风险提示责任发表意见。同时,双方针对以下3个问题发表意见:一是开户过程的合规与适当性?二是申请人损失的具体确定及与被申请人为其开立新三板账户的法律上的因果关系?三是针对申请人提出的回购请求及相关请求成立与否的法律依据?

申请人欧阳某提出不将第二点作为争议焦点,被申请人某证券公司表示同意。

申请人欧阳某发表辩论意见主要如下:开户不是其真实意思表示,是基于他人的诱导。第一,开户不合规、不具有适当性,某证券公司应当承担责任。股转公司及证监会关于开户的条件,都已经非常明确。某证券公司方开户流程和留痕明显缺失:首先,欧阳某不在现场,没有做风险测评;其次,资金进出不符合开户条件;最后,在代理过程中,代理人的身份材料未留痕,且风险承诺书不是欧阳某本人签署的。第二,关于股份回购的理由。首先,这个账户开户不合规,不应当继续由申请人持有。其次,所购股票虽然目前略有浮盈但因无买单无法卖出。让财力雄厚的某证券公司回购,择时卖出更合理。

被申请人某证券公司主要发表如下辩论意见。第一,证据表明申请人形式上具备新三板合格投资者的条件:首先,申请人签署了规定的所有法律文件;其次,风险提示的标志应该是签署的法律文件,至于申请人是否阅读具体提示内容,是申请人自身问题;最后,权限开通的承诺书,是申请人本人签署的。第二,关于回购。所有证据表明,申请人的合作者是某理财公司,申请人买入新三板股票的时候,申请人一无所知,充分表明其是授权某理财公司代为操作,是申请人对自己行为的放纵。该交易的结果也应由申请人承受。即使证券公司开户有瑕疵,某证券公司对欧阳某的交易环节却没有过错。如果申请人对于该交易结果有异议,应向某理财公司主张权利。所谓回购,从哪买回到哪里去,该股票不是从证券公司购买的。某证券公司不否认开户过程的瑕疵,申请人当时在形式上是合格的投资者,事后来看申请人不是合格投资者是因为申请人与某理财公司共同造假。从这方面来看,申请人是造假来开户,某证券公司承担的责任肯定小于申请人本身承担的责任。

(五)裁决庭组织调解

裁决庭组织调解,并说明如果双方调解不成,裁决庭将对此纠纷进行裁决。裁决庭说明双方在纠纷的发生中都存在一定程度的过错,建议双方互谅互让、形成一致意见,避免花费大量时间、精力纠缠于其中。同时,向纠纷当事人释明,申请人欧阳某主张由被申请人某证券公司接盘其所购股票并非"回购",相对准确的表述是"由欧阳某作为卖方、证券公司作为买方,双方协议转让欧阳某现持有的新三板某股票40万股"。

在组织双方当面调解时,因双方调解意见差距过大,未达成一致。裁决庭调解人员和投服中心人员分成两组,分别与纠纷当事人沟通交流,引导其权衡利弊,对其耐心劝导。在某证券公司同意以120万元价格受让纠纷股票,欧阳某坚持不能低于180万元的时候,裁决人员提出了150万元的折中价格并继续分别开展说服工作。裁决人员根据前期走访某证券公司辖区证监局等部门了解到的情况,判断欧阳某对其权利的主张及处分深受其舅舅影响。经欧阳某同意,裁决人员直接与其舅舅电话对话,取得了欧阳某舅舅的信任及其对调解建议方案的认可。最终,欧阳某与某证券公司的纠纷以证券公司用150万元价格购买欧阳某所持纠纷股票调解解决。

四、纠纷调解成功之经验总结

(一)投服中心的有效组织和参与调解人员的共同努力

本次成功调解是在投服中心主持下,参与调解的各方人员在前期调解基础上共同努力实现的。投服中心非常重视此纠纷,在经前期两次组织调解未成功后,创新制定了"裁决+调解"方案,并周密落实:详细规划了程序安排;选定法律实践功底扎实、社会阅历丰富、具备证券市场理论知识和实践经验的调解员,其中包括出函联系全国股转公司派出专业人员协助处理纠纷;召开庭前会议,并在会前专门组织裁决调解员就程序及实体问题展开讨论;为查清事实,投服中心工作人员与裁决调解人员共同到相关公安部门、辖区证监局了解情况。

(二)调解程序对诉讼程序的适当借鉴

本次"裁决+调解"的程序设置,投服中心工作人员与调解员们合理借鉴了其他纠纷解决机制的程序规则,尤其是民事诉讼的相关规则。这种借鉴符合法律思维的惯性,因为"诉讼与程序亲密甚至具同一性关系。任何一种试图发挥替代性纠纷解决功能的制度,其发展或多或少有一个自诉讼程序中发掘规则资源的过程"。[①] 程序公平在司法上一直占有重要地位,程序正义被奉为诉讼法的价值圭臬。作为一种解决纠纷的方式,协调可以预设"程序"这一过程框架,也可以不预设程序规则。但是,调解预设程序且规范化,不仅为了赋予调解以规范有序的外部观感,在一定程度上增强非行政强制力裁决的理性权威,更是为了合理吸收经得住理论探究和实践检验的诉讼程序的要点以保障实现公平。

投服中心的此次调解从本质上属于行业调解的一种形态。调解权威性及公信力的建立与形成,由于并不具有公权架构内的主体身份,因而更需依赖专业性的体现以及一定程度上依托于外观形式,这也有利于调解作为建设性纠纷解决路径来建构乃至整体推进。同时,本次纠纷调解并非克隆诉讼程序,而是基于调解的灵活性和便捷性实施了纠纷当事人认可接受的程序结构。诉讼的程序规则是经立法制度化的,具有刚性化特征。调解在程序方面不同于诉讼的主要特点是调解程序灵

---

① 唐俊:《调解制度构建新论》,中国政法大学诉讼法学2010年博士学位论文,第148页。

活可变,因为调解解决纠纷的前提框架是基于私人间的合意空间并非源于强制性的公权力。因此,调解的程序适度规范即可而不必过于制度化,这样有利于保证调解的快捷性与灵活性。

(三)既要"面对面"了解事实及分析责任,更要从正反方面"背靠背"做通工作

调解不是简单的"和稀泥"。调解常常是需要以查明事实为基础的,基于事实分清当事人的是非曲直,对当事人权利义务有基本的判断以及对双方责任大致合理的划分。这有利于开展调解工作,动员双方互做让步、达成共识。在了解事实和判断纠纷双方大致责任方面,由调解人员面对面开展工作是必需的。在开始调解初期,纠纷双方面对面说明方案、沟通交流必不可少。然而,纠纷当事人是在意见不一致的情形下才寻求调解的,必然存在分歧。由于双方立场不同,有时甚至出现感情用事、矛盾激化的局面。在这种情形下,纠纷当事人很难进行平和对话,或者即使对话也在各自打算的基础上难以形成共识。此时,调解者作为第三者居中斡旋,帮助双方交换意见,或者提出解决问题的建议方案,促进纠纷当事人达成协议。

在欧阳某与某证券公司纠纷调解案中,纠纷双方最终达成妥协也有赖于调解人员"背靠背"地分别做通纠纷当事人的工作。调解人员从"情、法、理"多角度开展调解,分别做通了纠纷当事人思想工作。在本案的纠纷处理中,调解员不仅从法律规定和业务规则上分析某证券公司是否存在过失,还从欧阳某一再投诉甚至信访对其造成的声誉损失和正常工作的干扰等,促使某证券公司对达成调解、了结纠纷的价值认知到位,劝说其适当妥协。在欧阳某方面,调解人员对其释明相关法律规定及若诉诸司法的可能性裁判结果,指出其自身过错,帮助其分析诉讼或仲裁程序下实际获得利益的可能性及大小来促使其期望降至合理范围。当然,调解人员所做的调解工作既不是压制调解,也不是哄骗调解,而是从法律上、从情理上做通工作。调解员是在法律规定和司法实践的基础上,结合事实和既往工作经验给予一定程度的引导来缩小分歧,使纠纷一方或双方对通过司法途径来取得有利结果抱有悲观的态度,使纠纷当事人从内心对调解员的分析产生认同。

由此可见,"面对面"式调解与"背对背"式调解相结合有利于促成调解。"面对面"式调解可用于调解的前期,便于了解案情、降低当事人不可实现的心理预期;"背靠背"式调解则有利于缓和、疏导双方情绪以及利弊分析,更适用于调解的中、后期,便于在已查证事实的基础上达成可行的调解协议。当然,两种调解方式并非

绝对割裂，介入时间亦非绝对僵化，可根据实际需要灵活运用、反复进行。

（四）分析纠纷双方心理预期和实际情况，发现“互让点”促进达成共识

在欧阳某与某证券公司的纠纷调解中，调解人员在调解初期根据双方的调解预期，努力缩小双方差距。在双方无法形成一致意见、陷入僵局的情况下，根据双方调解方案的差距，结合市场情况等实际因素，调解人员提出了中间方案，促进双方继续磋商。比较准确地找到纠纷双方的“互让点”，为纠纷双方提供了一个最终能够接受的合适价格，是本次调解成功的因素之一。在努力促成调解的方向的指引下，调解员充分关注双方情绪的变化，避免矛盾纠纷激化出现沟通僵局，帮助当事人在友好诚意和互相体谅的氛围下达成合意。从纠纷双方能够进行第三次调解的情况来看，调解人员分析，双方均是希望能够化解纠纷的，主要问题是双方能够让步到什么程度。欧阳某作为资金实力有限的个体存在尽量少损失甚至不损失的心理。不过，某证券公司因欧阳某的投诉间接导致其被采取行政监管措施而很难完全满足欧阳某的要求，且若在纠纷诉诸司法的情形下，某证券公司处于相对有利局面，因此其妥协是有限的。调解人员判断双方均需对最初观点有所妥协，甚至欧阳某需在较大程度上降低其最初期望，某证券公司则因可长期持有、择时卖出股票并不必然产生损失而有望以适当价格接盘。故调解人员在双方出现调解僵局时，后中提出建议方案，促成双方进一方作出让步，最终达成共识。

（五）既要关注纠纷本身情况，还要考虑纠纷案外因素

调解具有结果导向的特点，追求纠纷问题最终解决且不存在程序反复。因此，调解不仅需要关注纠纷本身各种要素呈现的表面现象，还要关注解决纠纷的各种影响性因素和力量，必要时需要挖掘纠纷背后的力量和影响因素，将纠纷之外对案件处理有实质帮助的案外人加入调解过程，促进纠纷“一揽子”解决。

在欧阳某与某证券公司纠纷案的调解中，调解人员了解到欧阳某的投入资金大部分源自其舅舅，且其舅舅为其投诉、信访及调解出谋划策，欧阳某如果在其最初预期的基础上作出较大让步，需要取得其舅舅的认同以及其舅舅对家族其他参与人员的说服。调解人员认为欧阳某舅舅是纠纷解决的一个案外关键人物，主导着调解的走向和欧阳某的最终调解意见。调解人员提出与欧阳某舅舅直接通话，表明欢迎其舅舅参与到调解中。同时，从欧阳某舅舅作为家长的角度，建议其充分考虑纠纷给欧阳某带来的物质和精神上的压力。作为一家人从情理上应体谅欧阳

某的难处,给予欧阳某一定的困难分担和实际支持,帮助其脱离纠纷困境带来的各方面压力,早日恢复平和状态,正常工作、生活。调解人员对相关非法律因素外的道德和人情的适用,在调和矛盾和最终说服上起到了重要作用。

(六)调查人员既要熟悉法律法规和业务规则,也要通晓社会实践和人情世故

从欧阳某与证券公司纠纷案的调解成功经验来看,调解人员需要具备多方面的综合素质,以胜任调解员在调解中的多重角色。结合学者的研究成果[①]分析,调解人员在欧阳某与证券公司纠纷调解案中担当着如下角色并发挥相应作用。

若调解人员想要游刃有余地掌控纠纷调解有序进行并最终成功调解,既需要掌握系统的法律法规和业务规则,又需要具备洞察纠纷产生、发展、变化的领悟力和体察力,以及基于同理心对当事人进行心理疏导、情绪安抚和利益引导。后两者要求调解人员具备一定的工作经历、生活经验以及人情世故阅历,对纠纷当事人的心理分析认知比较准确且处理得当。因此,在选任调解员时,要从个案的具体情况出发,不仅要将知识能力作为重要考察方面,还要对调解人员工作经验、生活阅历有所考察,以及要求调解人员对调解工作具有积极性和耐心。

五、延伸理论探讨

(一)调解当事人处分私权的意思自治

在欧阳某与某证券公司纠纷调解中,申请人欧阳某与被申请人某证券公司均自愿授权投服中心指定裁决员进行裁决。但是,对于最终裁决结果,申请人一方保留了不接受的权利,被申请人则承诺接受最终裁决结果。这意味着纠纷当事人对处分自身权利的让渡不同。这两种对自身权利的不同处分,均不违反法律强制性规定。因为投服中心组织的“裁决庭”并不具有制定法上的强制力。“裁决庭”的裁决决定,实质上是建立在依据事实和法律规定的基础上形成的第三方调解建议,其法律拘束力的形成依赖与纠纷当事人间的契约而建立。这是以“契约自由”为内核的“私法自治”原则在民事主体自主处分私权时意思自治的实践表现。

---

① 参见李文超、李明红:《新形势下乡土法官调解模式的检视与完善——从人民法庭家事纠纷的微观角度》,最高人民法院第二届人民法庭论坛论文集。

"私法自治"意指私法主体有权依自己意志实施私法行为,他人不得干预;私法主体仅对基于自由表达的真实意思而实施的私法行为负责;在不违反法律规定的前提下,私法主体自愿达成的协议优先于私法而适用。[①] "私法调整公民个人之间的关系,为个人利益确定条件和限度,'涉及个人福利'。"[②]"私法自治在其合法的范围内保障个人具有根据自己的意志,通过法律行为构筑其法律关系的可能性。"[③]"私法自治"被认为是法律赋予公民的一种自治空间。在这种自治空间内,公民可以通过法律行为自由地为自己设定权利义务及处分权利,实现自己的私法利益。民事权利属于私权,当事人具有可处分性。在本次纠纷调解中,当事人不同程度地让渡自身的处分权利给"裁决庭",仅与当事人本人有关而与国家利益和社会利益无关,属于其意思自治范畴。纠纷当事人是否让渡自身处分权利及让渡权利的范围具有意思自治的自由。如接受"裁决庭"意见而使裁决决定书形成法律效力,是因"诺成契约"而发生债的根据,即优士丁尼在《法学阶梯》中定义的"由于双方意思一致而产生相互间法律关系的一种约定"。

(二)"事实"与"法律"在调解与诉讼中的不同地位和作用

尽管在欧阳某与证券公司纠纷调解中借鉴了诉讼程序规则,但是调解过程中所隐含的理念与原则,完全不同于"以事实为根据,为法律为准绳"民事审判原则。调解中的"事实"与"法律"的地位和作用通常有别于诉讼。"事实查明"和"法律适用"是民商事审判的主要过程,也是民商事裁判结论的依据基础;而调解则不一定是"认定事实和适用法律"的过程,调解协议的达成也并不必须依赖于"事实查明"和"法律适用"。

调解呈现出实用主义色彩,强调纠纷解决的结果导向和综合效果。调解并不一定必须"查明事实"及对事实予以固定。纠纷当事人达成协议而致调解终结时,事实也许仍然处于模糊、混沌状态。而且,法官在诉讼中通常关注的是当事人主张的、在法律关系判断上具有重要意义的事实,那些与法律关系本身并无关联的事实,通常不在法官考虑之列。调解则可以把那些与纠纷事实虽无直接关系然而有利于妥善解决纠纷的关联事实纳入考察范围,以促成调解为结果导向来综合地加

① 参见李军:《法律行为理论研究——以私法为根据》,山东大学法学院2005年博士学位论文,第55页。
② [意]彼得罗·彭梵得:《罗马法教科书》,黄风译,中国政法大学出版社2005年版,第7页。
③ [德]迪特尔·梅迪库斯:《德国民法通论》,邵建东译,法律出版社1991年版,第8页。

以考量。正如欧阳某与证券公司纠纷案中,调解人员考虑到欧阳某投入资金的来源及其舅舅实际影响其主张和权利处分这些案外事实,通过与欧阳某舅舅的交流沟通,最终促成欧阳某对调解建议的接受。这既实现了纠纷的成功调解,也有利于化解欧阳某与其舅舅等亲属之间因这次投资而产生的矛盾,符合当事人的长远利益。

同样,调解中的“法律适用”也有别于具刚性特征的诉讼中的“法律适用”。调解需要依据法律,但是并不拘囿于法律规则和原则。调解不是简单机械地适用法律规则来解决矛盾纠纷。甚至调解人员并不总是试图运用法律规范来解决双方纠纷,而是更多地结合纠纷双方的心理预期寻求一个双方可以接受的妥协方案。法律在调解中可能被作为工具来使用。法律适用在调解中可以模糊、淡化甚至不存在。“法官的任务,是对具体案件作出裁判,并在裁判的过程中适用法律。……法官在适用法律时,必须从需要裁判的具体案情出发,不断地对法律中包含着的判断标准进行明确化、精确化和具体化。”①调解不完全是,甚至不一定是基于法律规则的纠纷解决。调解人可以灵活运用职业道德、商业习惯、风俗人情、社会关系等法律以外的因素做通当事人的工作。“聘请调解员是希望他能够像催化剂一样促进双方交流并解决问题。”②诉讼裁判要求法官“查明、认定事实并有证据支持,以及正确适用法律”,调解虽然也需要关注双方当事人争议的事实,但调解的重心在于促进纠纷双方交流并解决问题,而不一定要求查明事实真相及正确适用法律。

另外,诉讼的裁判逻辑是固定的三段论公式,即以法律为大前提、以事实为小前提,最后推导出具体案件的裁判结论。卡尔·拉伦茨在《法学方法论》中将这个思维过程形象地概括为“法官把事实归摄于法律之下的过程,法官在审判中需要把目光流转往返于事实与规范之间”。调解则无思维逻辑定式,关注的是解决纠纷,至于事实和法律是否是思维过程的要素及其次序怎样并不重要。

(三)调解中的“公平正义”不同于司法上的“公平”

调解作为多元化解决民商事纠纷的重要机制,必然追求民商法“公平正义”价值的实现。然而,调解中的“公平正义”不同于司法审判中的“公平正义”。调解结

① [德]卡尔·拉伦茨:《德国民法通论》(上),王晓晔等译,法律出版社 2003 年版,第 14 页。
② [英]迈克尔·努尼:《法律调解之道》,杨利华、于丽英译,法律出版社 2006 年版,第 31 页。

果是纠纷当事人接受的“公平正义”，这并不一定是司法上的“公平正义”。司法上的“公平正义”体现为刚性的裁判结果，调解中的“公平正义”往往是不同程度妥协的弹性结果。因此，司法上的“公平正义”通常是单解的，一个案件依据事实认定和法律适用一般只有唯一“公平正义”的结果；而调解中的“公平正义”则是多解的，一个纠纷有多种解决方案，只要纠纷当事人接受即可。“正义并不只是一种声音说话，它是采用各种日常权力技术给予当事人实实在在的利益”①在调解中得到充分体现。

可以说，调解追求的“公平正义”比司法上的“公平正义”更具有综合性。司法上的“公平正义”是依据事实和法律规定而产生的法律判断；调解中纠纷当事人接受、认可的“公平正义”则被嵌入更广泛的社会关系情境中。调解中纠纷当事人认可的“公平正义”，包含着利己动机和共同合意两方面的内容。这种“公平正义”包含着能够被纠纷双方认可和接受、建立一致性的原则。这个原则不仅体现了当事人双方能够接受的“公平正义”理念，也常常体现了社会从“情、理、法、政策、现实”等综合角度的一般性认识。

六、结　　语

投服中心在党的十九大召开之前受理欧阳某与证券公司纠纷的调解，是投服中心不畏困难、服务大局，围绕党委、政府和群众关注的难点、热点开展工作的具体落实。“裁决＋调解”的创新方式，是证券纠纷调解组织适应社会发展的积极探索，丰富了多元化解决证券纠纷的机制与途径。

① [日]小岛武司、伊藤真编：《诉讼外纠纷解决法》，丁婕译，中国政法大学出版社2005年版，第12页。

Cases
Review of
Dispute
Mediation

第二篇

证券期货调解员队伍建设相关机制研究*

* 本课题联合承接方为湖南省证券业协会和湘潭大学。课题负责人：刘丹岳、程波；课题组成员：王兰兰、潘炼、吴玉姣。

前　言

2016年5月25日,最高人民法院、中国证监督管理委员会《关于在全国部分地区开展证券期货纠纷多元化解机制试点工作的通知》(法〔2016〕149号)发布,以调解方式解决证券期货方面的纠纷渐渐成为主要潮流。然而,证券期货调解业务虽然在数量上取得了有效成绩,但是证券期货调解业务的质量有待提高。相应地,如果要提升证券期货调解业务的质量,实现调解职业化、专业化、多元化、法治化的目标,证券期货调解员队伍建设势必将是解决这一问题的关键。

境外几乎没有关于证券期货调解员的专门规定,在这一情形下,本课题组借鉴了澳大利亚、法国、英国以及我国香港特别行政区有关调解员资质认证和培训等方面的规定,参考了我国传统的人民调解员制度、中国国际贸易促进委员会/中国国际商会调解中心的调解员制度建设、我国与证券期货调解员相关的法律法规以及相关协会的管理办法等样本和经验。在此基础上,本课题主要从以下三个方面展开证券期货调解员队伍建设相关机制的研究:一是证券期货调解员选聘机制建构,二是证券期货调解员管理机制创建,三是证券期货调解员保障机制完善。其中,证券期货调解员选聘机制的具体建构除包括调解员的资质、调解员的聘任、调解员的续聘和解聘等方面的内容外,本课题研究者还注意到调解专员与一般调解员在选聘机制上的不同,并进行了特别的说明。证券期货调解员管理机制创建除包括名册制、培训制、全程监督制度和主动报告制度等内容外,我们还设计了强制证券期货调解员名册制和推荐证券期货调解员名册制的方案。另外,要真正提升证券期货调解员纠纷调解业务的质量,对证券期货调解员队伍进行培训非常必要。因此,本课题在借鉴相关行业培训的经验基础上,重点讨论了证券期货调解员队伍培训机制中的分级培训、分类培训、与高校合作的培训等方面的内容。至于证券期货调解员保障机制完善，本课题组认为可以从3个方面着手：第一个方面是职业保障与激励机制；第二个方面是约束机制的类别创设；第三个方面是考核评估体系和责任追究制度。

为使证券期货调解员队伍建设达到专业权威、管理规范以及各方认可等目的，在上述课题论证的基础上，本课题组还草拟了一份《证券期货调解员管理规程》。这一规程也是为未来证券期货调解员队伍建设相关机制朝规范化发展方向的建设而提出来的。《证券期货调解员管理规程》一共有五章，28个条款。5个章节的内容分别是第一章总则、第二章调解员的选聘、第三章调解员的管理、第四章调解员的保障、第五章附则。其中，第一章调解员的选聘与证券期货调解员选聘机制建构的内容相对应，第二章调解员的管理与证券期货调解员管理机制创建相对应，第三章调解员的保障与证券期货调解员保障机制完善相对应。

一、境内外证券期货调解员队伍建设的经验

（一）境外证券期货调解机制及调解员队伍建设概要介绍

对有关国家和地区证券纠纷调解机制的研究较多，如美国、英国、德国、我国台湾地区等国家和地区证券期货调解机制，国内皆有相关论文的介绍。

《美国证券调解机制及其价值评析》①《证券行业纠纷解决机制的程序正当性——以美国的交易所调解与仲裁程序为中心》②等文章就介绍了美国证券调解的相关制度。美国证券业自律组织证券商协会（National Association of Securities Dealers，NASD）于1989年率先推出证券纠纷调解服务。至2007年，NASD与纽约证券交易所（New York Stock Exchange，NYSE）的会员监管业务合并，重组美国金融业监管局（Financial Industry Regulatory Authority, FINRA），其调解服务在美国占据主导地位。FINRA调解制度具有以下特点：首先是专业性，主要体现在对调解员的要求上，调解员须经严格的遴选程序，在正式上岗前，调解员还须接受专业化的调解技巧培训；其次是效率高，FINRA要求所有调解参与者必须是案件的当事人或拥有授权的代理人，有权出庭调解的人员必须积极出庭参与调解，以保证调解效率；最后是成本低，证券调解收费标准相对较低，收费结构简单，仅包括立案费与调解员报酬及开支两部分，便于当事人预测和控制成本。

---

① 参见刘晓春：《美国证券调解机制及其价值评析》，载北京大学金融法研究中心主编：《金融法苑》（第2辑），中国金融出版社2009年版，第201~220页。

② 参见吴伟央：《证券行业纠纷解决机制的程序正当性——以美国的交易所调解与仲裁程序为中心》，载广州仲裁委员会主编：《仲裁研究》（第2辑），法律出版社2013年版，第23~35页。

《英、日金融监管部门消费纠纷解决机制比较研究》①《证券纠纷ADR的比较研究》②等文章详细介绍了英国证券调解的相关机制。英国金融监管局(Financial Service Authority,FSA)1999年将原来多机构提供投诉处理服务和调查员服务整合成一个解决各种金融纠纷的综合性机构——金融调查服务公司(Financial Ombudsman Service, FOS),以调解与裁定相结合的方式解决金融服务消费者与金融机构之间的纠纷,在程序上较明显地保护消费者,消费者可以选择是否接受裁决,而相对地,金融机构却不得不接受这样的裁决。FOS提供的是一整套金融争议解决机制,包括审裁员(adjudicator)对案情进行评估,当事人经调解达成和解;若不能调解成功,审裁员进行调查后作出正式结论,供当事人采纳;若当事人不采纳该正式结论,则交督察员(ombudsman)作出最终决定。对于该最终决定,消费者有权选择是否接受。若消费者选择接受,则最终决定对服务提供者(如银行、保险公司、券商等)和消费者双方均有约束力;如果消费者不接受,则消费者仍有权诉诸法院。英国这种以调解和裁定相结合的金融专业调解/仲裁制度的主要特点:首先是统一性,金融调查服务公司的审裁员(adjudicator)的管辖范围足以涵盖几乎金融行业所有类型的纠纷;其次是独立性,金融调查服务公司及其审裁员根据《金融服务和市场法》的规定获得了独立授权,成为独立的非营利法人,负有限责任;最后是收费合理性,金融调查服务公司的资金来源25%来自金融企业依法应纳的税费,75%来自因使用调解服务的金融机构缴纳的费用,纠纷的消费者一方是完全免费的。

在《论证券纠纷调解机制的修改与完善》③一文中,关于德国证券期货调解机制的介绍也比较详细。在德国的调解制度中,调解员是引领当事人进行调解的独立、中立且不拥有裁判权限的人员。调解员的责任、义务与仲裁员或者法官最大的不同是,调解员并不作出决定。调解员的功能在于协助当事人之间理解各自的观点,缩小他们之间的差距。德国金融领域第一个庭外调解程序是1992年开始的私人银行调查员程序,以解决客户与银行发生的法律纠纷。这一金融专业调解制度的基

① 参见麻欣然:《英、日金融监管部门消费纠纷解决机制比较研究》,华东政法大学经济法学院2015年硕士学位论文,第19~22页。

② 参见陈小雁:《证券纠纷ADR的比较研究》,华东政法大学国际法学院2010年硕士学位论文,第26~28页。

③ 参见李有星、王卓晖:《论证券纠纷调解机制的修改与完善》,载徐明、黄红元主编:《证券法苑》(第12卷),法律出版社2014年版,第237~241页。

本程序规则比法庭灵活,运行时间也短于诉讼时间,避免了漫长的司法程序。对消费者免费,消除了消费者的费用风险,且调解书对消费者也没有必然约束力。对5000欧元(合47,000元人民币)的投诉标的具有约束力。银行不得向普通法院提起诉讼,而投诉人则可向普通法院提起诉讼。

《论证券纠纷的非诉讼解决机制》[①]《我国大陆与台湾地区证券纠纷调解机制比较研究》[②]等文章中有关于我国台湾地区证券期货调解机制的研究。我国台湾地区“证券投资人及期货交易人保护中心”是依据2002年“证券投资人及期货交易人保护法”,由证券商业公会、台湾证券交易所等机构共同捐助设立。统筹执行证券投资人及期货交易人保护事宜,负责调处“证券投资人或期货交易人与发行人、证券商、证券服务事业、期货业、交易所、柜台买卖中心、结算机构或其他利害关系人之间、因有价证券之募集、发行、买卖或期货交易及其他相关事宜所生民事争议”。该调解机制虽然借鉴于美国,但有其自身特点。例如,该机制不负责证券商之间、证券商与交易所或结算机构之间的争议。调处事件经双方当事人达成协议,即视调处成立,此时调处委员会将结果作成调处书,并送请管辖法院审核;调处书一旦经法院核定,便与民事确定判决具有相同效力。在收费方面,申请人于申请调处时应向该中心缴纳工本费,但相对人拒绝调处或调处不成立时,可予以退还。该中心不以案件受理费为主要收入来源,收入主要来自主管机构拨款、保护基金孳息及运营收益及境内外捐款。

然而,有关证券期货调解员,却没有专门的研究,并且在上述有关证券期货的调解机制研究中也较少有提及。只有在一些有关调解员介绍中,有涉及证券期货调解员的内容,如《澳大利亚调解员资质认证审批国家标准》[③]《调解培训和资质认证的全球化趋势——以法国为例》[④]《香港调解员评审机制死而复生》[⑤]。但是,从

① 参见彭叶萍:《论证券纠纷的非诉讼解决机制》,华东政法大学经济法学院2008年硕士学位论文,第21页。

② 参见侯怡墨:《我国大陆与台湾地区证券纠纷调解机制比较研究》,载中国证券业协会:《创新与发展:中国证券业2012年论文集》,中国财政经济出版社2013年版,第1040~1042页。

③ 参见澳大利亚调解员协会:《澳大利亚调解员资质认证审批国家标准》,蒋惠岭译,载《人民法院报》2010年9月10日,第6版。

④ 参见[法]皮埃尔·伯纳菲-施密特:《调解培训和资质认证的全球化趋势——以法国为例》,龙飞译,载《人民法院报》2011年6月10日,第6版。

⑤ 参见吕哲盈:《香港调解员评审机制死而复生》,载新浪金融网:http://finance.sina.com.cn/sf/news/2016-01-13/135616854.html,最后访问日期:2018年1月2日。

澳大利亚、法国,特别是英国的证券申诉专员制度以及我国的香港特别行政区有关调解员的资质认证和培训等方面的规定来看,其经验与启迪仍是证券期货调解员队伍建设机制构建时须要认真对待的。具体介绍如下:

1. 澳大利亚有关调解员的资质认证标准

2007年,澳大利亚出台了有关调解员的资质认证标准。2008年澳大利亚又根据需要进行了修改,最终定稿为《澳大利亚调解员资质认证审批国家标准》,①该标准主要包括六个部分的内容,具体为适用范围、调解程序、认证标准、教育培训、准入培训和续展认证。以下将对这一文件的认证标准、教育培训、准入培训、续展认证进行具体的介绍,以为我国调解员队伍的建设提供一些参考。

(1)认证标准

该文件的第三部分规定了《澳大利亚调解员资质认证审批国家标准》的认证标准。其规定调解员必须具备一定的个人素质、社会阅历与工作经验,以便独立、专业地主持整个调解过程。该文件规定主要从五个方面进行考察,即认证机构要求申请人出具的证明材料,主要包括:第一,品行端正;第二,遵守现行执业准则、立法要求和认证标准;第三,参加了执业保险、从业保证金或者具有劳动合同;第四,具有正规协会或组织的会员资格,并且该协会或组织应当建立了职业道德标准、投诉惩戒程序和职业培训机制;第五,具备专业调解技能,如接受过相应教育培训或具备调解经验等。其中,"品行端正"可以通过以下五个方面的材料进行证明:①申请人具有诚信公正之品格,其生活经验和工作阅历,适合从事调解工作,例如,可以由与申请人熟识三年以上的邻居就以上内容作出相关证明;②申请人能够满足其执业地区的警察机关的核查要求(如无犯罪记录等);③申请人没有任何可影响其以称职、诚信、适当的方式履行其职责的严重违法违纪行为或身体智力缺陷;④申请人符合现行"品行端正"的要求;获得现行相关规定的认证(如法学院、法学会、律协或家事争端解决执业认证机构的相关规定);⑤申请人未被某司法辖区列入"禁止执业人员名单",未曾因执业情况受到其他行业协会取消资质(如法学会、医疗协会等)。若申请人曾被取消或中止调解员资格,则需就此事向认证机构说明真实

① 参见澳大利亚调解员协会:《澳大利亚调解员资质认证审批国家标准》,蒋惠岭译,载《人民法院报》2010年9月10日,第6版。

理由。

(2)教育培训和准入培训

《澳大利亚调解员资质认证审批国家标准》的第四部分和第五部分规定了相关的培训内容,主要分为教育培训和准入培训。其中,教育培训的内容在第四部分,主要内容包括两个方面。第一方面,调解员必须向资质认证机构证明其接受过相关教育培训,符合执业认证标准、具有相关执业能力。而除资质认证机构外,其他机构如行业培训组织、大专院校及其他相关培训机构等也可以向调解员提供教育培训课程。第二方面,调解员必须符合基本的准入审批标准以及继续专业教育要求。采用“混合式”调解方式并在调解过程中提供咨询意见的调解员必须具有相应调解技巧与相关专业知识。

准入培训的内容在第五部分,主要包括除2008年1月1日前具有“合格实践经验”的调解以外,其他调解员均须完成以下调解教育培训课程、具备某种能力标准。调解教育培训课程的相关规定包括师资团队、模拟实践的师资要求、培训课时、模拟调解的次数和角色要求、书面反馈总结等方面的内容。具体为:第一,师资团队须由至少两名教师组成,其中主讲人应具有3年以上的调解员从业经历、符合第六项规定的续展认证要求并从事培训工作至少满3年;第二,培训课程后期的模拟实践部分,每三名学员需配有一位助教,而且担任助教的人员均须获得相关资质认证;第三,培训课时满38小时(课程可选择参与多个调解研讨会的形式,但各个研讨会间隔不得超过9个月),第五项第2款规定的评估过程除外;第四,每名学员至少需参加9场模拟调解,并且至少在3场中担任调解员角色;第五,由不同培训教师为每位学员参加模拟调解(至少两场)的情况作书面反馈总结。此外,调解员还必须符合某种能力标准,这种标准是在参加38小时培训班由不同培训教师为参加1.5个小时的模拟调解之后出具的书面技能评价。这种书面评价必须反映执业标准中所规定的重要能力领域。用于作最终技能评价的模拟调解过程,可以通过录像或光盘的形式进行角色扮演。书面评价的内容必须包含以下详情:技能评估结果、优点及其表现、缺点及其表现、对进一步培训与技能开发的建议。

此外,《澳大利亚调解员资质认证审批国家标准》还分情况对合格实践经验者以及申请采用提供法律咨询的“混合式”调解方式执业的调解员(如和解或评估型调解)进行了另外的规定。对居住于多语言、多文化地区,要求相关专门知识技能;

并且(或者)来自农村或边远地区,很难参加调解课程或达到大专或同等学力水平;2008 年 1 月 1 日前已开始从事调解员工作,具有《调解员执业准则》中规定的主要能力和知识技能,具备实践经验并接受过相关培训,符合调解员资质认证机构的要求,并且在申请前 24 个月内已符合续展认证要求。对满足这两个条件中其中一项的,认定为具有合格实践经验的调解员即已经通过调解员资质认证机构评估,符合《调解员执业准则》中规定的能力要求的相关人员。而申请采用提供法律咨询的"混合式"调解方式执业的调解员(如和解或评估型调解)必须再提供以下证明材料:相关专业领域的注册资格、会员资格或同等能力;获得相关法律专业领域的 4 年以上全日制大学或高等教育学院的相关学位证书或同等学力,或达到职业教育审核组织的"国家资质框架的六级标准";在相关专业领域从事调解工作至少 5 年。

(3)续展认证

《澳大利亚调解员资质认证审批国家标准》规定调解员资格须每隔两年进行续展认证。

《澳大利亚调解员资质认证审批国家标准》规定申请续展认证的调解员除必须向认证机构证明他们仍然符合认证标准外,申请续展认证的调解员必须在两年的周期内向认证机构提供以下材料以证明其具备以下条件。

第一,具有一定的调解实践经验,包括在两年周期内从事过 25 小时以上的调解、共同调解或调停工作。有正当理由未能提供相关证据的,认证机构可以要求调解员从事 10 小时以上调解、共同调解或调停工作,并可以要求调解员参加补充性培训或对其进行重新考试。其中,所谓正当理由包括:缺少工作机会(如新任调解员),担任纠纷管理人、协调员、纠纷解决辅导员或从事类似的相关工作,照顾家庭、职业生涯或学业的间断期,疾病或者受伤等。

第二,两年周期内完成 20 小时以上的调解职业拓展活动,包括:参加后续的职业拓展课程、教育项目、研讨会、专题研讨班或其他相关技能的培养(20 个小时以上);参加对调解的诊所实践指导和监督工作(15 个小时以上);在调解或替代性纠纷解决机制研讨会或专题研讨班上作过发言(16 个小时以上,其中每小时的发言最少有 2 小时的准备时间);作为一方的代理人参与过 4 场调解活动(8 小时以上);指导、辅导和监督培训学员或缺乏经验的调解员(10 小时以上);参与见习调解员与后备调解员在调解评估活动中的角色扮演或旁听、评估他们的调解过程(8 小时以上)；指导缺乏经验的调解员并为其提供旁听机会(10 小时以上)。

《澳大利亚调解员资质认证审批国家标准》还规定，调解员定期资质认证要求调解员符合《调解员执业准则》中规定的执业标准和能力水平。调解员资质认证机构根据优势证据材料认定调解员未能遵守《调解员执业准则》、相关职业道德守则或专业要求或本标准相关规定时，有权撤销或暂停其调解员资质。当调解员资质认证机构准备采取以上措施时，应当在 14 天内通知相关调解员，并为其提供解释、答辩的机会。调解员资质认证机构应当建立撤销或者暂停调解员资质的程序，以保证整个决定过程的公正。

2. 法国有关调解员的执业标准和培训要求

据皮埃尔·伯纳菲－施密特(皮埃尔·伯纳菲－施密特是法国调解研究集团和法国里昂第二大学国家科学研究中心学者兼调解员)在《调解培训和资质认证的全球化趋势》①一文中的介绍，法国调解员的执业标准和资质认证、培训要求等方面对我国调解员队伍的建设也很有参考价值。

(1)调解员的执业标准和资质认证

有关考察表明，调解员的行为准则体现了这一职业的本质特征，确立了调解员的特点和义务(无决策权、公正性、保密性)以及程序和结果方面的特点(自愿参与、充分知情下的同意)。基于这一点，法国一直较重视推动建立普遍适用的调解行为准则。如法国的国家调解中心等全国性机构和调解员网络目前仍在推动建立普遍适用的调解行为准则中，而法国政府在这个领域中也一直保持积极的态度。虽然对调解的资质认证程序重要性的认识，法国的调解员组织机构并不一致，这一点不像英美法系国家那样，但法国似乎更愿意承认大学或大型调解组织颁发的调解文凭。以家事调解员为例，要成为家事调解员的标准是十分精确的，也就是拿到国家颁发的家事调解文凭。而如果要参加这种培训，在法国，学生们必须参加两年社会实践工作或获得法律、心理学或社会学等方面的本科或硕士学位。

在其他调解领域，一些法规规定了成为一个司法调解员必须具备的条件和前提。例如，1996 年 7 月 22 日法令规定，从事民事案件调解的调解员未曾被判处有

---

① 参见[法]皮埃尔·伯纳菲－施密特：《调解培训和资质认证的全球化趋势》，龙飞译，载《人民法院报》2011 年 6 月 10 日，第 6 版。

期徒刑,应该获得了相关领域或案件类型的调解培训资质,并应提供证据证明参加过相关方面的培训或者具有相关的经验。2001 年 6 月 29 日法令规定了受害人与罪犯之间纠纷调解员的条件,明确调解员在做调解员期间不得从事律师活动,调解员未曾被判处有期徒刑,并确保调解员能独立、公正地胜任工作。

关于调解员的资格认证问题,在法国目前几乎各个调解员团体都有自己认证的调解员名册,例如,家事调解领域里有诸如“全国家事调解协会”“全国家事调解联合会”等大型专业家事调解组织,商事调解领域里有诸如“商事调解员网络”,刑事调解领域里有诸如“全国被害人救助和调解学会”,邻里纠纷调解领域里有诸如“全国法律和调解网络”以及主要以律师、公证员和审计师为成员的“调解中心联合会”等。此外,还有一些影响力较小的调解员组织,如全国调解工会、全国调解中心、调解员网络、全国调解员协会等组织。由于这些组织也都有自己的调解员资质认证标准,这样,便导致了认证的多样性。

(2)培训

法国的调解具有职业化的特点,经历了从短期的课程培训到调解文凭的变化。在法国,最初调解员培训属于调解组织的职责范畴,家事调解和受害人—罪犯之间的调解领域是最早提供调解培训的。20 世纪 80 年代末,这些调解培训课程不超过 30 小时。而今,想获得“国家家事调解文凭”或调解硕士学位,必须经过超过 500 小时的调解培训。以家事调解领域为例,培训成为调解职业化进程中的一个特别重要的因素。甚至还有一些主要家事调解组织决定将家事调解员的培训时间延长至 30 天,这也是 1992 年《欧洲家庭调解员培训章程》所规定的标准。这一标准适用于欧洲调解论坛各个成员国家(包括法国、英国、意大利、瑞士和德国),各种家庭调解培训组织都主动遵守这一标准。正是在这种调解职业化的驱动下,法国于 2003 年设置了国家家事调解文凭。可见,今天的情况与以往已大不相同,调解培训时间在逐渐增加。至于培训时间的增长,主要可以归因于调解职业人士的纠纷化解工作与传统的法律职业、咨询行业之间的相似性和密不可分的关系。

而调解员培训课程时间的变化导致了调解员资质认证方式的深刻变革。原来由一些大的调解机构或私人协会的调解组织直接提供培训课程,现在则由一些大学或社会工作者学校加入调解员培训工作。随着调解员资质认证培训时间的逐渐增加,原先调解专业课程培训时间随之增加的趋势也越来越普遍,原先颁发给培训学员的简单调解证书也变成调解专业证书或大学专业文凭证书。这也同样适用于社区调解领域，该领域设立了“调解员职业培训文凭”，这实际上是由“教育和就业部”承认并颁发的全国性专业文凭。

开始时，调解培训课程只有30小时，内容集中在统一对调解制度的认识、宣传调解的好处、排除调解发展的障碍等方面。虽然最初的课程基本上是关于家庭纠纷调解、受害者与罪犯之间的调解等领域的基本内容和教学方法的方案，但这些培训非常实用，主要的培训方式是角色扮演或个案分析。培训内容包括诸如主持商讨、倾听艺术、复述能力或者通过公平谈判寻求解决方案。培训是跨学科的，融合心理学（情感管理等）、法律（法律研究、法律介绍）和社会学（战略性和系统性分析）等方法。举例来说，家事调解的专业文凭需要经过560小时的培训，包括490小时的理论培训和70小时的实践经验培训。理论培训包括一个315小时的调解技巧培训过程，两个63小时的心理、法律模块训练和35小时社会学模块训练，还有14个小时的报告写作方法模块训练。而社区调解的培训重点是调解机构工作制度以及调解方式等，几乎不讨论冲突管理方面的问题。

在一些调解组织和大学的推动下，各种调解课程正在逐步建立，这些都有力地促成了调解员身份的统一。但受到此类培训的调解人员仍然是少数，大多数培训仍然是按照2004年国家家事调解文凭证书的专业性培训进行，这使建立一个共同的调解员身份比建立其他冲突管理的职业人员更为困难。事实上，专业化是调解组织一直希望保持的，它们通过批准培训课程、严格调解员资质认证程序、提供专业培训、保持领域的专业性，以保持和展现调解员的职业身份。

随着时间的推移，调解培训或认证程序的制度化显得越来越重要。随着大型培训组织如社会工作者协会、大学等越来越多地加入，调解培训市场也会发生变化，那些由调解先驱们所建立的私人培训组织的作用将逐步弱化，调解职业化建设将会继续向前发展，逐步建立法国式的长期培训课程和职业文凭制度（与国家的家事调解文凭一样），并逐步被大学所设立的“调解硕士”所取代。由于法国没有美国式的全国冲突解决协会这样的统一管理机构，所以还不太可能建立全国统一的调解员资质认证体系。不过，一旦建立了统一的调解教育培训、资质认证程序，那么在法国对调解员实行统一管理也是可以实现的。

3.英国有关证券申诉专员的制度

20世纪90年代,证券申诉专员(ombudsman),即FOS制度开始从英国发端,其主要以调解与裁决相结合的方式来解决投资者与金融机构之间的纠纷。随着其示范效应的日益显现和其制度本身的优越性的不断被发掘,近20年来,FOS制度迅速在全球发达国家和地区的资本市场得到广泛的应用。

证券申诉专员制度具备以下六个方面的特征,即统一明确的法律依据、专门统一的纠纷解决机构、强制性与自愿性并存的管辖原则、"调解+裁决"的纠纷解决方式、向中小投资者倾斜的程序设计、监管或司法为后盾的效力保障。① 这些特征具体分析如下。

统一明确的法律依据:证券申诉专员制度的推行往往依赖于相应的立法工作,因而统一明确的法律依据是其坚实的制度基础。英国于2001年就颁布了《2000年金融服务与市场法》(FS-MA 2000),以统合型金融申诉专员制度取代了分业型金融申诉专员制度,开始统一调整存在于保险、证券及银行等不同金融领域的纠纷。②

专门统一的纠纷解决机构:FOS是英国专门统一的金融申诉专员机构。虽然其是以公司形态存在的争议调处机构,但在解决纠纷以及维护市场秩序等方面有着充分的特殊机能。

强制性与自愿性并存的管辖原则:英国FOS的管辖权被规定于《2000年金融服务与市场法》和《2006年消费者信用法》中。依据这两部法律的相关规定,FOS的管辖权可以分类为强制性管辖权与自愿性管辖权。其中,强制性管辖权管辖的是金融消费者与FCA许可设立的金融机构发生的争议,自愿性管辖权管辖的是金融消费者与自愿加入FOS的金融机构产生的纠纷。③

"调解+裁决"的纠纷解决方式:一项金融纠纷的解决如需通过英国FOS的纠纷解决模式处理,那就得经过金融机构的内部处理阶段、纠纷受理阶段、调解阶段、裁决阶段等四个阶段。其中,调节阶段是审裁员提供一些非正式性建议来促使双

① 参见卢勇:《中国证券申诉专员制度的探索构建——以投服中心为样本的思考》,载郭文英、徐明主编:《投资者》(第1辑),法律出版社2010年版,第110~113页。

② 参见王慧:《金融消费者权益保护的非诉讼机制探讨——以金融申诉专员制度为视角》,载《浙江金融》2014年第5期。

③ 参见吴弘:《金融纠纷非讼解决机制的借鉴与更新——金融消费者保护的视角》,载《东方法学》2015年第4期。

方当事人的和解,如果不成功,就进入了具有终局性质的申诉专员裁定阶段。

向中小投资者倾斜的程序设计:这一特点体现在调处程序、裁决结果以及费用承担三个方面。首先,由投资者单方决定启动和终止 FOS,这是在调处程序方面给予中小投资者倾斜。其次,当投资者不接受申诉专员的裁决时,依然可以申请仲裁或向法院起诉,这是在裁决结果方面给予中小投资者的倾斜。费用承担方面则体现在,申诉专员制度的运行只向中小投资者收取象征性费用或者不收费。

监管或司法为后盾的效力保障:在英国,申诉专员的裁定具有终局性。也就是说,双方当事人均不得再向其他申诉专员就该案件进行上诉。而一旦金融消费者如果接受该裁定,那么就对双方发生了效力,可以通过自律性规则或者法院的强制执行程序来保障其得到遵守。

4. 我国香港特别行政区有关调解员的评审机制

我国香港特别行政区处于与内地不同的法系中,这便导致两地的调解制度建立在不同的法制环境当中。吕哲盈的《香港调解员评审机制死而复生》[①]详细介绍了香港调解员评审机制,对我国内地调解员队伍建设亦有借鉴意义。

2012 年 6 月,我国香港特别行政区制定了《调解条例》(第 620 章),并于 2013 年 1 月 1 日起实施。在我国香港特别行政区,有严格的调解员资格制度,其对调解员的任职条件有比较系统的制度规范。如香港的调解员资格由香港调解资历评审协会有限公司[②](以下简称调评会)认可并制作调解员名录。调评会,是由业界主导、负责资格评审和处理纪律审裁事宜的香港单一调解员资格评审组织进行商议,成为香港特别行政区首屈一指的资历评审机构,以评审资历及树立规范为己任,在香港特别行政区建立唯一的调解员资历评审机关是其主要目标。该单一资格评审组织已在 2012 年 8 月 28 日以担保有限公司的形式注册,于 2013 年 4 月 2 日正式投入服务。调评会的成员组织包括香港大律师公会、香港律师会、香港国际仲裁中心、香港调解中心等,还有超过 30 个颁发调解资历的机构。另外,在调评会下还设有理事会,理事会由不多于 10 位成员组成,其中包括香港大律师公会、香港律师会、香港国际仲裁中心,香港调解中心的专业人员等,调评会现在会员数目已经超过

① 参见吕哲盈:《香港调解员评审机制死而复生》,载新浪金融网:http://finance.sina.com.cn/sf/news/2016-01-13/135616854.html,最后访问日期:2018 年 1 月 10 日。

② 参见香港调解资历评审协会有限公司网:http://www.doj.gov.hk/sc/public/mediation.html。

1000人。理事会通过严格程序认定调解员资格,使调解员的业务水平得到保障。

香港调评会成立后,规定如果要成为调评会的认可调解员,最基本条件首先应该是申请人必须具备至少两年工作经验,否则,申请是不被接纳的。另外,考虑到持有学位与否并非是给予调解员资格的决定性原因,而尽量容许有志成为调解员的人加入调解行业是调评会遵循的基本原则,因此,要成为认可调解员无须有任何学历要求。

由于影响调解员的素质高低的原因有很多,其中包括经验、培训等,最佳的调解员是被要求拥有高水平的专业知识的。因此,调评会要求申请人必须完成一个调解训练课程,此课程的时长要求不少于40小时的,并且此等课程必须是调评会所认可的调解训练课程。当然,这个40小时的训练为基本的课程培训,主要教授的内容是新手调解的原则和理论。课程培训完成后,申请人还要参加调评会组织的考核。基于角色扮演既能反映调解的理论,也能有效地提升技巧的作用,申请人还需要成功完成两宗模拟调解个案后,并取得两份由评核员填妥的仿真评核表格。调评会设计出了一套考核表格,并通过该评核表格一目了然地看到申请人的理论知识和实战经验,以此考察申请人是否已经具备了可胜任调解员的能力。

最后,在完成并通过考核后,申请人需要提交申请表格、调解训练证书等文件,并缴交申请费(现暂为港币600元)及年费(现为港币900元),接下来即可由调评会审批后获得认可。

(二)境内有关调解员队伍建设的一般做法

1.人民调解员的制度安排

调解指的是,“在第三方主持下,以国家法律、法规、规章和政策以及社会公德为依据,对纠纷双方进行斡旋、劝说,促使他们互相谅解,进行协商,自愿达成协议,消除纠纷的活动”。[①] 作为需要在第三方的介入下自愿协商而解决纠纷的调解活动,在中国有着悠久的历史。现今,我国主要的调解活动可以分为四类,诉讼调解即法院在诉讼过程中进行的调解、行政调解即行政机关在执法过程中进行的调解、

① 江伟、杨荣新主编:《人民调解学概论》,法律出版社1994年版,第1页。

仲裁调解即仲裁机关在仲裁过程中进行的调解、人民调解即群众性组织即人民调解委员会进行的调解。其中,人民调解制度是其典型。因此,本部分将对人民调解制度中的人民调解员进行重点研究。

人民调解制度是一项独具中国特色的非诉讼纠纷解决方式,其中包含着深厚的传统文化内涵,曾被赋予了“东方经验”等美誉。1982 年,人民调解制度被载入宪法。为了完善人民调解制度、规范人民调解活动、及时解决民间纠纷、维护社会和谐稳定,第十一届全国人民代表大会常务委员会第十六次会议于 2010 年 8 月 28 日通过了《人民调解法》,这部法律自 2011 年 1 月 1 日起施行。《人民调解法》对调解员进行了简要的介绍。其中,规定了人民调解员的来源,即担任人民调解员既可以是人民调解委员会委员,也可以是人民调解委员会聘任的人员。此外,还规定了担任人民调解员的要求,首先要求人民调解员应该是成年公民,然后对个人素养以及调解能力有一定的要求,法条的具体规定包括公道正派、热心人民调解工作,并具有一定文化水平、政策水平和法律知识等方面的内容。

随着国家层面调解法的出台,各地也相继出台了一些关于人民调解法的地方性法规,如《湖北省人民调解规定》《武汉市人民调解条例》等。另外,还有不少省市级的人民调解协会对人民调解员的行为规范进行了具体规定,其中,上海市人民调解协会于 2011 年 7 月 5 日公布的《上海市人民调解员行为规范》(沪调协〔2011〕第 1 号)对人民调解员的规定最为典型。《上海市人民调解员行为规范》总共有 19 条,其中第 3 ~ 17 条规定了人民调解员在法律上的要求、个人形象、责任承担,禁止为和应为的行为,具有一定的借鉴意义。

中国国际贸易促进委员会/中国国际商会调解中心的前身是北京调解中心,成立于 1987 年,自 2000 年起更名为中国国际贸易促进委员会/中国国际商会调解中心。该中心主要是以调解的方式,独立、公正地处理商事、海事等争议,当事人可以是中国当事人与外国当事人。该中心现已形成庞大的调解网络,在全国各省、市、自治区及一些重要城市设立了共计 42 家分会调解中心。在中国,可以说中国国际贸易促进委员会/中国国际商会调解中心最规范,因而中国国际贸易促进委员会/中国国际商会调解中心调解员的相关规定也最为齐全。在中国国际贸易促进委员会/中国国际商会调解中心调解员网站①上,可以看到有专门的调解员一栏,其中包括调解员名册、《调解员守则》、《调解员聘任管理办法》、《调解员培训管理规定》,以及《调解员行为考察规定》等方面的内容(见表2-1)。

表2-1　中国国际"贸促会"和"商会"调解中心相关文件

文件名称	条款数量	主要内容
《调解员守则》	12项	有关调解的行为准则
《调解员聘任管理办法》	7个部分的内容	应聘调解员的基本条件,不同行业、不同专业领域人士担任调解员应具备的条件、对申请担任调解员的人士资格审查、调解员的任期、以及调解员的续聘与解聘等
《调解员培训管理规定》	27项	总则,培训内容、对象和形式,培训保障及收费,培训记录与评估,以及附则等
《调解员行为考察规定》	22条	总则,考察内容、考察程序、附则等

2. 中国国际贸易促进会/中国国际商会调解中心调解员

(1)《调解员守则》

中国国际贸易促进委员会/中国国际商会调解中心的网站上列举的《调解员守则》,总共有12项,主要涉及有关调解的行为准则,具体内容如下。

调解员应当以事实为依据,以法律为准绳,在查清事实、分清是非责任的前提下,独立、公正地调解案件。调解员不代表任何一方当事人。调解员必须按照调解规则规定的程序办理案件。调解员应当事先商定调解进程方案;由一位调解员调解时,也应事先拟订调解进程方案。调解员应当认真、详细地审阅和研究案件的全部文件和材料,抓住案件争议的关键性问题。调解员应当从法律上和业务上向当事人客观地讲释案情,帮助当事人分析争议的要点和当事人各自的责任,引导当事人在互谅互让的基础上,逐步减少分歧、缩短距离,以期最后达成和解协议。调解员在调解过程中,应当十分耐心地进行调解工作。调解员在调解过程中,不得有偏向一方当事人的言行,应尊重由当事人自愿达成和解协议的原则。如果调解成功,

① 中国国际贸易促进委员会/中国国际商会调解中心的网址:http://adr.ccpit.org/CH/Index/index.html。

调解员就应及时地制定调解书;如果调解失败,调解员也应及时地声明调解程序终止并以书面通知当事人。调解员应当严格保守秘密,不得对外透露任何有关案件实体和程序上的情况,包括案情、调解过程、调解商议、调解结果等情况。在当事人申请调解之前就案件实体问题向当事人提供过咨询意见的任何人,不得担任案件的调解员。调解员在调解失败之后,在其后的仲裁程序中不得充当任何一方当事人的仲裁代理人。

(2)《调解员聘任管理办法》

《调解员聘任管理办法》是中国国际贸易促进委员会/中国国际商会调解中心为加强调解员队伍建设,提高办案质量、效率和社会效果制定的,自2008年1月1日起施行。该办法主要分为应聘调解员的基本条件,不同行业、不同专业领域人士担任调解员应具备的条件、对申请担任调解员的人士资格审查、调解员的任期以及调解员的续聘与解聘等几个部分的内容。

应聘调解员的基本条件,总共有6点要求:第一,符合《调解员守则》规定的条件,有良好的政治、业务素质,能认真执行法律、法规,维护国家和社会公共利益,维护当事人的合法权益;第二,能自觉遵守《调解规则》《调解员守则》和本办法;第三,品行端正、公道正派、认真勤勉、注重效率;第四,具有大学本科以上(含本科)或同等学力,具备必要的法律知识和专业知识;第五,身体健康、精力充沛,能保证其为调解工作所必需的时间和精力;第六,年龄在70岁以下,但健康状况良好、有丰富经验的人士可适当放宽。

不同行业、不同专业领域人士担任调解员应具备的条件,一共分为从事法律、经济贸易教学或研究,从事经济贸易实务工作、离、退休法官,从事律师工作,从事立法、执法和其他法律事务工作五类。其中,从事法律、经济贸易教学或研究工作的人士担任调解员应具备的条件是,直接从事法律、经济贸易教学或研究工作;以及具有中、高级职称。从事经济贸易实务工作的人士担任调解员应具备的条件是,熟悉相关法律、法规,精通所从事的行业规范、专业知识;以及具有中、高级职称或同等专业水平;离、退休法官担任调解员应具备的条件是,长期从事民商事审判工作,经验丰富的离、退休法官;以及曾任审判员满5年。从事律师工作的人士担任调解员应具备的条件是,具有同行公认的较高的业务水平和丰富的办案经验;以及担任律师满5年;从事立法、执法或其他法律事务工作的人士担任调解员应具备的条件是,具有丰富的理论、实践经验及较高的办案技能;以及从事立法、执法或其他法律事务工作满5年。

对申请担任调解员的人士资格审查。其中包括本人申请担任调解员,申请人所在地贸促会系统调解中心推荐,总会调解中心审查、讨论、与通过,拟聘任的调解员等方面的内容。具体内容包括:第一,本人申请担任调解员的,应当详细填写《调解员申请登记表》,提交其所在地的贸促会系统调解中心,本省内若无调解中心,可直接报送中国贸促会/中国国际商会调解中心(以下简称总会调解中心);第二,申请人所在地贸促会系统调解中心作为推荐人,填写推荐意见后,将《调解员申请登记表》报送总会调解中心;第三,总会调解中心秘书处对《调解员申请登记表》进行初步审查后,报调解中心主席会议讨论、通过;第四,对拟聘任的调解员,调解中心将进行培训,颁发调解员聘书,列入调解员名册。

有关调解员任期的规定,其中包括了调解员的任期时间以及相关信息,如有变动的处理情况。具体情况如下:第一,调解员的任期为2年,自聘书签发之日起计算;第二,调解员在聘任期内如有工作变动,通信地址、联系电话发生变化或遇有长期出国等情况,应及时通知调解中心秘书处。

与调解员的续聘与解聘相关,包括续聘以及续聘后的处理,解聘情形以及对解聘后还有尚未审结案件的处理,具体分为四个方面的内容。第一,聘任期届满前,调解中心对调解员在聘任期内的表现予以审查,审查通过后予以续聘;第二,续聘的调解员,由调解中心再次颁发聘书;第三,调解员在聘任期内,因违反《调解员守则》或有不称职的其他情形,以及因工作、身体的原因不能继续担任调解员的,应予解聘;第四,未被续聘且在原聘任期内被指定为某一案件的调解员,而该案件尚未审结的,可以继续审理至该案结束,但本人不愿意继续办理的除外。

(3)《调解员培训管理规定》和《调解员行为考察规定》

《调解员培训管理规定》是2008年12月23日经过中国国际贸易促进委员会/中国国际商会调解中心第七届主席第一次会议的审议并通过后颁行的,2009年1月1日起开始施行。《调解员培训管理规定》一共分为5个章节,共计有27个条款。具体章节包括:总则,培训内容、对象和形式,培训保障及收费,培训记录与评估以及附则等。其中,对于本课题的研究有重要意义的有:调解员培训应当遵循的特点,即根据经济社会发展和调解员队伍建设需要,按照不同层次、不同行业和不同类型的调解员特点进行；调解员培训应当遵循的原则，即调解员培训应当遵循理论联系实际、以人为本、全面发展、注重能力、学以致用、科学管理的原则；调解员参加培训情况的作用，即调解员参加培训情况作为调解员行为考察的内容、调解中心指定其担任调解员和调解员续聘、解聘的依据之一。

《调解员行为考察规定》是中国贸促会/中国国际商会调解中心第七届第一次主席会议审议通过的，通过的具体时间是 2008 年 12 月 23 日，施行的具体时间是 2009 年 1 月 1 日。《调解员行为考察规定》一共包括四章内容，分别是总则、考察内容、考察程序、附则等方面的内容，共有条款 22 条。其中有对《调解员守则》《调解员培训规定》《调解员聘任管理办法》的强调，如调解员应当遵纪守法、公道正派、廉洁自律、严格遵守《调解员守则》；调解员应遵守《调解员培训规定》，接受业务培训，具备调解技巧的理论知识和实践经验，注重知识更新，不断提高调解办案能力。调解员行为考察结果是中国贸促会/中国国际商会调解中心续聘、解聘调解员的重要依据之一，具体程序按照《调解员聘任管理办法》执行。

3. 证券期货调解员在相关法律法规以及办法中的规定

（1）最高人民法院《关于人民法院特邀调解的规定》

2016 年 5 月 23 日由最高人民法院审判委员会第 1684 次会议通过的，自 2016 年 7 月 1 日起施行的最高人民法院《关于人民法院特邀调解的规定》，其中有关特邀调解员队伍建设的一些规定，可以为证券期货调解员资质提供一定借鉴。

最高人民法院《关于人民法院特邀调解的规定》中的特邀调解应当遵循的原则包括：第一，当事人平等自愿；第二，尊重当事人诉讼权利；第三，不违反法律、法规的禁止性规定；第四，不损害国家利益、社会公共利益和他人合法权益；第五，调解过程和调解协议内容不公开，但是法律另有规定的除外。

相关名册的内容，即人民法院开展特邀调解工作应当建立特邀调解组织和特邀调解员名册。建立名册的法院应当为入册的特邀调解组织或者特邀调解员颁发证书，并对名册进行管理。上级法院建立的名册，下级法院可以使用。相关调解组织依申请或者法院主动邀请加入特邀调解员名册，即依法成立的人民调解、行政调解、商事调解、行业调解及其他具有调解职能的组织，可以申请加入特邀调解组织名册。品行良好、公道正派、热心调解工作并具有一定沟通协调能力的个人可以申请加入特邀调解员名册。另外，人民法院可以邀请符合条件的调解组织加入特邀调解组织名册,可以邀请人大代表、政协委员、人民陪审员、专家学者、律师、仲裁员、退休法律工作者等符合条件的个人加入特邀调解员名册。当然,特邀调解组织应当推荐本组织中适合从事特邀调解工作的调解员加入名册,并在名册中列明;在名册中列明的调解员,视为人民法院特邀调解员。相关培训的内容,即特邀调解员在入册前和任职期间,应当接受人民法院组织的业务培训。特邀调解员名册提供渠径等,即人民法院应当在诉讼服务中心等场所提供特邀调解组织和特邀调解员名册,并在法院公示栏、官方网站等平台公开名册信息,方便当事人查询。

(2)《中国证券业协会证券纠纷调解工作管理办法》《中国期货业协会调解规则》《中国期货业协会调解员守则》《中国期货业协会调解员聘任管理办法》《中国期货业协会调解委员会工作办法》等

2012年6月11日中国证券业协会发布了"两法一则",即《中国证券业协会证券纠纷调解工作管理办法(试行)》《中国证券业协会调解员管理办法(试行)》《中国证券业协会证券纠纷调解规则(试行)》。而在2016年,中国证券业协会将其变更为"一法一则",即《中国证券业协会证券纠纷调解工作管理办法》与《中国证券业协会证券纠纷调解规则》。"一法一则"中的《中国证券业协会证券纠纷调解工作管理办法》中就有关于调解员队伍的规定,可以为本课题证券期间调解员队伍的建设提供借鉴。

《中国证券业协会证券纠纷调解工作管理办法》中第四章就是有关调解员的规定,包括担任调解员的条件、调解员的相关义务、调解员的申请、调解员的聘任、调解中心的日常管理、调解员的解聘等。

中国期货业协会第三届理事会第十六次会议审议通过的《中国期货业协会调解规则》,自2014年3月12日起实施。其中,第一章的总则部分,第5条规定了由中国期货业协会设立调解委员会,建立并维护调解员名册。第二章的调解程序部分的第二节,是有关调解员的选定和指定的规定,其中第17条规定调解员应当和不应当的一些行为。如应当接受协会调解委员会管理,遵守《中国期货业协会调解员守则》,忠于职守,以中立和公正的态度协助当事人解决纠纷,不得利用调解工作的便利牟取不正当利益等。

中国期货业协会第三届理事会第十六次会议审议通过了《中国期货业协会调解员守则》,该守则自2014年3月12日起开始实施;共14条条款。最开始是该守则制定的目的和依据,最后是《中国期货业协会调解员守则》的解释主体和通过施行时间。

《中国期货业协会调解员聘任管理办法》是由中国期货业协会第三届理事会第十六次会议审议通过的,自 2014 年 3 月 12 日起实施,一共有 12 个条款。除去制定的目的依据,解释主体、实施具体还包括 10 个方面的内容。

《中国期货业协会调解委员会工作办法》是由中国期货协会第三届理事会第十六次会议审议通过,自 2014 年 3 月 12 日起实施,一共包括 6 个章节以及 19 个条款。

(3)《广东证券期货业协会证券期货纠纷调解员管理办法(试行)》

最高人民法院、中国证监督管理委员会《关于在全国部分地区开展证券期货纠纷多元化解机制试点工作的通知》规定了八家证券期货纠纷多元化解机制试点调解组织名单。其中,中国证券业协会与中国期货业协会有关调解员的规定已在上述段落中详细阐述;中国证券投资基金业协会和中国证券投资者保护基金有限责任公司,暂时还没有查到有关调解员的内容;深圳证券期货业纠纷调解中心建立了相关网站,但网站上并没有详细公布有关调解员的信息;天津市证券业纠纷人民调解委员会则连相关网站都没有建立。然而,中证中小投资者服务中心(以下简称投服中心)①与广东中证投资者服务与纠纷调解中心的网站以及相关调解员制度的机制比较健全。具体内容见表 2-2。

表 2-2 八家证券期货纠纷多元化解机制试点调解组织及调解相关内容

调解组织	调解相关内容
中国证券业协会	出台了 1 部文件
中国期货业协会	出台了 4 部文件
中国证券投资基金业协会	未找到相关内容
中国证券投资者保护基金有限责任公司	未找到相关内容
深圳证券期货业纠纷调解中心	建立了网站,但无内容
天津市证券业纠纷人民调解委员会	未建立网站
投服中心	建立了网站,且内容详细
广东中证投资者服务与纠纷调解中心	建立了网站,且内容详细

① 详见中国投资者网:http://www.investor.gov.cn。

2013年3月,广东证券期货业协会在广东证监局的指导下,成立了证券期货纠纷调解委员会。《广东证券期货业协会证券期货纠纷调解员管理办法(试行)》经广东证券期货业协会证券期货纠纷调解委员会审议通过后,于2013年5月10日生效,一共有6个章节,27个条款。[①]

其中,有关调解员的资格条件的规定最详细:调解员应当具有解决证券、期货业务纠纷所需的知识、经验和能力,并应符合以下6个方面的资格条件:第一,品行端正、公道正派、勤勉尽责;第二,熟悉证券、期货法律,熟悉证券、期货业务知识;第三,具有本科以上(含)学历;第四,年龄在65岁以下,身体健康、精力充沛,能保证调解工作必需的时间和精力,健康状况良好、有丰富经验的人士可适当放宽;第五,无违法或重大违规行为;第六,在不同领域的人员还应满足以下条件之一:(1)证券、期货机构从业人员,须有8年以上从业经历或证券、期货机构合规部门专职工作人员,须有5年以上从业经历;(2)证券期货监管系统工作人员,须有5年以上证券监管工作经历;(3)离退休法官、检察官和政府工作人员须在当地有一定影响和威望;(4)律师、仲裁员或人民调解员须有5年以上纠纷解决经验;(5)直接从事法律、经济教学或研究的专家学者须具有中级或以上职称;(6)证券期货行业协会工作人员须5年以上协会工作年限或部门副主任以上;(7)其他符合条件的人员。

调解员聘任制的其他相关规定:符合调解员资格条件且有意愿从事证券、期货纠纷调解工作的人员可向广东证券期货业协会证券期货纠纷调解委员会(以下简称委员会)递交《调解员申请登记表》。有关调解员行为规范的内容、调解员培训的内容、调解员的考核的内容该文件均有较详细的规定。

---

① 广东中证投资者服务与纠纷调解中心2015年4月发布了《广东中证投资者服务与纠纷调解中心证券期货纠纷调解规则》,2016年1月发布了《广东中证投资者服务与纠纷调解中心证券期货纠纷调解员管理办法》以及《广东中证投资者服务与纠纷调解中心证券期货纠纷调解工作管理办法》。其中,涉及调解员的主要是《广东中证投资者服务与纠纷调解中心证券期货纠纷调解员管理办法》。由于《广东中证投资者服务与纠纷调解中心证券期货纠纷调解员管理办法》的绝大部分内容与《广东证券期货业协会证券期货纠纷调解员管理办法(试行)》一致,仅在聘期等方面的规定不一致,且多了一条关于"调解中心要求调解员参加的培训活动所需的培训费等相关费用由调解中心承担"的规定,少了一条关于"调解员补贴按次发放,具体标准由委员会另行制定"的规定。这部分仅对《广东证券期货业协会证券期货纠纷调解员管理办法(试行)》进行详细剖析。

二、证券期货调解员选聘机制的建构

证券期货调解员选聘机制是否合理、是否能够良性运作,将直接决定证券期货调解员队伍的素质,从而决定证券期货纠纷解决的质量,对证券期货机构乃至证券期货调解制度的发展均有重大影响。由此,证券期货机构如投服中心聘任调解员的水平和能力也构成证券期货机构公信力和竞争力的重要部分。

(一)证券期货调解员选聘机制建构的意义

在某种意义上,证券期货调解员聘任的意义可从以下几个方面进行理解。

第一,证券期货调解员选聘机制的建立,有利于投服中心对证券期货调解员进行规范化管理。因为在聘任证券期货调解员时可以建立相应的档案,有档可查就为投服中心的管理提供了方便。

第二,证券期货调解员选聘机制的建立,有利于证券期货调解员找到归属感,有利于其认真对待证券期货调解这一工作。聘任证券期货调解员是一个仪式感较强的活动,证券期货调解员经历了这一活动后至少在心里会建立起严肃的感觉。并且,聘书上也会加盖聘任单位的印章,使证券期货调解员容易找到认同感。这样,其可能会较正式地对待证券期货的调解工作。

第三,证券期货调解员选聘机制的建立,有利于当事人对证券期货调解员进行了解,并选择自己所想要的证券期货调解员为其工作。证券期货调解员聘任机制一旦建立,有关证券期货调解员的相关信息就有渠道和方式可以查询,这样,当事人选择证券期货调解员时便不再是盲目的,当事人可以根据自己的纠纷情况具体选择证券期货调解员。

第四,证券期货调解员选聘机制的建立,有利于证券期货调解行业的长期发展。证券期货调解员聘任机制的建立对投服中心、证券期货调解员以及证券期货纠纷当事人都有利,而证券期货行业的组成正是这三类主要主体。因此,这无疑也会推动证券期货调解行业的长期稳定发展。

(二)证券期货调解员选聘机制的具体建构

1.调解员的资质

目前,境外关于调解员的资质主要采取的是资质认证审批制,区别在于调解员的资质认证标准不一。在这一审批模式中,有的直接规定了形式审查的国家标准,但相对来说,这些标准还比较宽松。例如,《澳大利亚调解员资质认证审批国家标准》规定调解员应该品行端正,遵守现行执业准则、立法要求和认证标准,参加执业保险、从业保证金或者具有劳动合同,具有正规协会或组织的会员资格,并且该协会或组织应当建立了职业道德标准、投诉惩戒程序和职业培训机制,具备专业调解技能,如接受过相应教育培训或具备调解经验等。

有的形式审查标准则相对严格,但也会针对不同类型的调解员,采用不同的做法。例如,在法国,家事调解员要求拿到国家颁发的家事调解文凭,且如果要参加这种培训,必须参加两年社会实践工作或获得法律、心理学或社会学等方面的本科或硕士学位。而从事民事案件调解的调解员则要求未曾被判处有期徒刑,获得了相关领域或案件类型的调解培训资质,并应提供证据证明参加过相关方面的培训或者具有相关的经验。另外,受害人与罪犯之间的纠纷调解员,则还要求调解员在做调解员期间不得从事律师活动,调解员未曾被判处有期徒刑,并确保调解员能独立、公正地胜任工作。

还有,如我国香港特别行政区的调解员资质的取得,则主要注重实质审查,即注重调解的经验和能力。例如,香港调评会诞生后,申请人必须具备至少两年工作经验,是调评会认可调解员最基本的条件,但是无任何学历要求只是申请人需要递交学历证明或者已若干年的工作经验。等课程培训完成后,申请人还要参加调评会组织的考核,以此考察申请人是否已具备可胜任调解员的能力,即理论知识和实战经验。

在上述境外调解员的资质取得模式中，到底是制定严格的资质取得的形式标准，还是按照不同的纠纷调解类型设定不同的调解员资质，或者还是侧重经验、能力等实质审查来选聘调解员，目前尚无定论。基于此，我们认为，如何构建我国证券期货调解员的资质，必须考虑中国当下有关调解员队伍建设的一般规定，但同时也必须强调证券期货行业的专业性，并使两者有机地结合起来。

这是因为，一方面，我国《调解法》只是一般性地规定担任人民调解员的要求应该是成年公民，然后对个人素养以及调解能力有一定的要求。法条的具体规定包括公道正派、热心人民调解工作，并具有一定文化水平、政策水平和法律知识等方面的内容。这种规定对于证券期货调解员而言，其资质的取得标准偏低，它最大的不足在于在涉及专业或专门知识的纠纷调解领域缺少诸如证券期货行业的专业知识和业务能力等方面的要求。

另一方面，这一现象开始得到改变，不仅开始强调调解员应具有专业、专门知识以及法律等方面的知识，而且开始制定出台有关调解员的从业经验方面的规定。例如，中国国际贸易促进委员会/中国国际商会调解中心的《调解员聘任管理办法》（2008 年 1 月 1 日起实施），就规定了要符合《调解员守则》规定的条件，有良好的政治、业务素质，能认真执行法律、法规，维护国家和社会公共利益，维护当事人的合法权益。而这些规定内容，可以说是国内率先从“业务素质”方面开始强调调解员的资质。同时，把能自觉遵守《调解规则》《调解员守则》和本办法；品行端正、公道正派、认真勤勉、注重效率；具有大学本科以上（含本科）或同等学力等形式标准与“具备必要的法律知识和专业知识”的标准结合起来；在规定调解员“身体健康、精力充沛，能保证其为调解工作所必需的时间和精力”的基础上，甚至规定“年龄在 70 岁以下，但健康状况良好、有丰富经验的人士可适当放宽”。

基于此，2013 年 5 月 10 日生效的《广东证券期货业协会证券期货纠纷调解员管理办法（试行）》、2014 年 3 月 12 日开始实施的《中国期货业协会调解员聘任管理办法》，2016 年 6 月中国证券业协会发布的《中国证券业协会证券纠纷调解工作管理办法》等文件中，则作了更加具体的规定。其中，《中国期货业协会调解员聘任管理办法》，除了规定调解员应当品行良好，公道正派，勤勉尽责，具有大学本科及以上学历，身体状况良好、能保证调解工作必需的时间和精力之外，还将证券期货调解员“要有熟悉期货法律及期货业务知识具有 8 年以上的工作经历，其中 3 年以上期货实务经验,包括但不限于从事期货业务、期货监管、期货案件处理等工作”写入规定中。《中国证券业协会证券纠纷调解工作管理办法》更是具体规定了如果是协会会员单位(含特别会员)的人员,则应该满足以下条件之一:担任中层以上领导职务或有10年以上证券行业工作经历;如果是证券监管部门、自律组织的人员则应该有5年以上工作经历;如果是律师、仲裁员或调解员,则要求有5年以上纠纷解决经验;如果是离退休法官、检察官和政府工作人员,则应该在当地有一定影响和威望的;如果是专家学者则要具有中高级职称,直接从事法律、经济教学或研究的。当然,规定的最为详细的是《广东证券期货业协会证券期货纠纷调解员管理办法(试行)》。其第2条规定了调解员应当具有解决证券、期货业务纠纷所需的知识、经验和能力,并应符合资格条件。我国现行对调解员相关规定见表2-3。

表2-3 我国现行对调解员相关规定

国家法律	行业办法	具体规定
《调解法》	《调解员聘任管理办法》	《广东证券期货业协会证券期货纠纷调解员管理办法(试行)》 《中国期货业协会调解员聘任管理办法》 《中国证券业协会证券纠纷调解工作管理办法》

至于一些既在证券期货方面拥有丰富的审判经验,又具备高超的调解技能以及实战经验的在职法官,能否被聘任为证券期货一般调解员?在本课题组看来,一方面,这些在职法官直接被聘任为证券期货调解员是不合适的。毕竟我国对在职法官的兼职作了相关的限制,但是可以与这些在职法官建立友好关系,如定期邀请其对证券期货调解员进行培训等,以提升证券期货调解员的专业性。另一方面,从在职法官可以作特邀调解员的角度来看,在职法官作为调解员是没有问题的,也许今后在人事制度相关方面突破后,在职法官也可以成为证券期货调解员。

综上所述,我们在结合投服中心近年来开展的证券期货纠纷调解的实际工作经验的基础上,草拟了《证券期货调解员管理规程(建议稿)》(参见附录一),从以下8个方面对我国证券期货调解员的资质作出如下规定:(1)品行端正、公道正派、勤勉尽责;(2)熟悉证券期货法律法规及业务知识;(3)具有正规协会或组织的会员资格;(4)具有本科以上(含)或同等学力;(5)能保证调解工作必需的时间和精力;(6)年龄在65岁以下,身体健康、有丰富经验的人士可适当放宽;(7)无违法或重大违规行为;(8)愿意遵守所在协会或组织的相关规定。

2. 调解员的聘任

调解员的聘任也是证券期货调解员队伍建设中比较重要的一环，它首先涉及调解员的认证机构。如澳大利亚的调解员认证机构可以是专业团体、调解机构或调解中心、法院、裁判所以及其他机构；法国调解员资质的认证具有多样性的特点，几乎各调解员团体都有自己认证的调解员名册，且调解员资质认证标准不一；我国香港特别行政区则是由调评会审批和认可。具体见表4。

在多元认证机构模式下，还有一些国家和地区对调解员的认证机构（见表2-4）也作出了具体规定。例如，澳大利亚所规定的要求调解员认证机构必须具备的6个方面的条件，①这是对调解员认证机构所作的门槛限制，有利于提升调解员认证机构以及被其所认证的调解员的公信力，值得重视。

表2-4　相关国家和地区对调解员的认证机构

澳大利亚	法国	中国香港特别行政区
专业团体、调解机构或调解中心、法院、裁判所以及其他机构	各调解员团体	调评会

由于有关调解员的认证机构，澳大利亚、法国、中国香港特别行政区这三个地方规定不一，而《中国证券业协会证券纠纷调解工作管理办法》与《中国期货业协会调解员聘任管理办法》等文件对相关调解员的聘任有详细规定，因而本课题以这两个文件为蓝本，同时借鉴了澳大利亚、法国、中国香港特别行政区等地的规定，以及中国国际贸易促进委员会/中国国际商会调解中心的《调解员聘任管理办法》《广东证券期货业协会证券期货纠纷调解员管理办法（试行）》《广东中证投资者服务与纠纷调解中心证券期货纠纷调解员管理办法》②等文件的内容，以此来设计调解员聘任的相关条款。

① 澳大利亚要求调解员认证机构必须具备的6个条件：(1)拥有10名以上经"国家调解员认证系统"认证的调解员作为会员；(2)提供一系列会员服务，如直接提供或间接介绍调解员参加一些在职专业培训论坛、研讨会或其他指导课程；(3)具备符合"行业客户争端解决指南"中规定的投诉机制，或将相关投诉移交法定机构处理；(4)健全的管理机构、财务能力和适当的行政资源；(5)健全的备案制度，并要求从业人员的资质认证与对内、对外或其他相关教育课程的审定工作均须备案；(6)具有根据相关规定对众多教育培训机构所提供之教育培训质量进行评估的能力与专业水平。

② 《广东证券期货业协会证券期货纠纷调解员管理办法（试行）》与《广东中证投资者服务与纠纷调解中心证券期货纠纷调解员管理办法》的规定几乎是一样的，因而本课题此部分仅考虑《广东证券期货业协会证券期货纠纷调解员管理办法（试行）》的内容。

关于调解员的申请,主要有调解员主动申请以及相关单位推荐两种渠道,《中国证券业协会证券纠纷调解工作管理办法》《中国期货业协会调解员聘任管理办法》《广东证券期货业协会证券期货纠纷调解员管理办法(试行)》,以及中国国际贸易促进委员会/中国国际商会调解中心的《调解员聘任管理办法》无一例外,都规定了这两种渠道。具体情况如《中国证券业协会证券纠纷调解工作管理办法》规定,符合调解员资格条件且有意愿从事证券纠纷调解工作的人员可以向调解中心提交申请。另外,相关单位也可以在被推荐人本人同意后向调解中心推荐调解员,提交申请。而《中国期货业协会调解员聘任管理办法》规定得更详细,还包括了主动申请时应该填写《调解员申请登记表》,该登记表应当附申请人身份、学历、资质、职称等证明文件。相关单位推荐时应填写推荐意见,并将《调解员申请登记表》报送协会。而《广东证券期货业协会证券期货纠纷调解员管理办法(试行)》、[①]中国国际贸易促进委员会/中国国际商会调解中心的《调解员聘任管理办法》[②]的规定与《中国期货业协会调解员聘任管理办法》几乎一致。因此,本课题也决意采取这两种渠道:一种是主动的自我申请渠道;另一种则是被动的推荐申请渠道,即符合调解员资格条件且有意愿从事证券、期货纠纷调解工作的人员可向所在协会或组织提出申请,相关单位也可在被推荐人本人同意后向协会或组织推荐调解员。这样的主动申请和被动推荐相结合,可以更广泛地吸纳优秀调解员。

调解员主动申请或者相关单位推荐后,接下来应该是对相关资料进行审定,并且颁发聘书以及列入调解员名册。《中国证券业协会证券纠纷调解工作管理办法》[③]《中国期货业协会调解员聘任管理办法》《广东证券期货业协会证券期货纠纷

① 《广东证券期货业协会证券期货纠纷调解员管理办法(试行)》规定符合调解员资格条件且有意愿从事证券、期货纠纷调解工作的人员可向广东证券期货业协会证券期货纠纷调解委员会(以下简称委员会)递交《调解员申请登记表》。相关单位也可向委员会推荐调解员,填写《调解员推荐表》,并经被推荐人本人签字后,递交委员会。

② 中国国际贸易促进委员会/中国国际商会调解中心的《调解员聘任管理办法》第三个部分规定的主要是对申请担任调解员的人士资格审查,其中包括本人申请担任调解员,申请人所在地贸促会系统调解中心推荐,本人申请担任调解员的,应当详细填写《调解员申请登记表》,提交其所在地的贸促会系统调解中心,本省内若无调解中心,可直接报送中国贸促会/中国国际商会调解中心(下称总会调解中心);申请人所在地贸促会系统调解中心作为推荐人,填写推荐意见后,将《调解员申请登记表》报送总会调解中心。

③ 《中国证券业协会证券纠纷调解工作管理办法》规定由调解中心初步审查申请材料,经专业委员会审议后由会长办公会审定。对拟聘任的调解员,由协会颁发调解员聘书,列入调解员名册。

调解员管理办法(试行)》[①],以及中国国际贸易促进委员会/中国国际商会调解中心的《调解员聘任管理办法》[②]对这些规定的内容都相差无几,只是各审查机构有所差别。具体以《中国期货业协会调解员聘任管理办法》为例,其规定由协会秘书处对《调解员申请登记表》进行初步审查后,提交调解委员会会议审核通过。对拟聘任的调解员,颁发调解员聘书,列入调解员名册。调解委员会根据调解员变化情况及时更新调解员名册,并对外公布。本课题组也认为,这些必须要经过正常程序,因而规定由协会或组织进行初步审查后审定,并对拟聘任的调解员颁发调解员聘书、列入调解员名册。

至于调解员的任期,有2年和4年两种规定。其中,《中国证券业协会证券纠纷调解工作管理办法》和中国国际贸易促进委员会/中国国际商会调解中心的《调解员聘任管理办法》规定调解员的聘期为2年。《中国期货业协会调解员聘任管理办法》与《广东证券期货业协会证券期货纠纷调解员管理办法(试行)》规定调解员的任期为4年。本课题组认为,我国人大、政府机关等任期,一般实行5年制,且调解员的任期稍长有利于稳定性,因而本课题组将调解员的聘期设计为5年,而任期的计算采用通用做法即自聘书签发之日起算。另外,《中国期货业协会调解员聘任管理办法》还规定调解员在任期内有工作单位、通信地址、联系电话、电子邮件地址等变动的或长期出国等情况的,应及时或提前通知协会。而《广东证券期货业协会证券期货纠纷调解员管理办法(试行)》与中国国际贸易促进委员会/中国国际商会调解中心的《调解员聘任管理办法》也设计了这一规定。因此,本课题组借鉴这一规定,认为在聘期内如有工作单位、通信地址、联系电话发生变化或遇有长期出国等情况,调解员若能应及时告知所在协会或组织,则便于相关协会或组织管理以及安排工作任务等。

综上所述,本课题组在草拟的《证券期货调解管理规程》中所设计的有关调解员聘任的具体内容为:符合调解员资格条件且有意愿从事证券、期货纠纷调解工作的人员可向所在协会或组织提出申请。相关单位也可在被推荐人本人同意后向协

---

① 《广东证券期货业协会证券期货纠纷调解员管理办法(试行)》委员会对《调解员申请登记表》和《调解员推荐表》进行初步审查,经委员会审定。对拟聘任的调解员,由委员会颁发调解员聘书,列入调解员名册。

② 中国国际贸易促进委员会/中国国际商会调解中心的《调解员聘任管理办法》总会调解中心秘书处对《调解员申请登记表》进行初步审查后,报调解中心主席会议讨论、通过;对拟聘任的调解员,调解中心将进行培训,颁发调解员聘书,列入调解员名册。

会或组织推荐调解员。协会或组织进行初步审查后审定。对拟聘任的调解员,颁发调解员聘书,列入调解员名册。调解员聘期5年,自聘书签发之日起计算。调解员在聘期内如有工作单位、通信地址、联系电话发生变化或遇有长期出国等情况,应及时告知所在协会或组织。

3.调解员的续聘和解聘

证券期货调解员因实行聘期制,因而势必存在续聘和解聘的问题。因此,调解员的续聘和解聘也是证券期货调解选聘机制中的重要环节,须作专门讨论。其中,有关续聘的规定,在一些文件中并没有体现,如《调解法》与《中国证券业协会证券纠纷调解工作管理办法》就没有调解员续聘的相关规定。而有些文件则对续聘进行了规定,即主要通过对聘期内的表现进行考评和审查,若考评合格、审查通过,则予以续聘。《中国期货业协会调解员聘任管理办法》、[①]中国国际贸易促进委员会/中国国际商会调解中心的《调解员聘任管理办法》、[②]《广东证券期货业协会证券期货纠纷调解员管理办法(试行)》[③]以及《澳大利亚调解员资质认证审批国家标准》亦如是规定的。而对于续聘后,是否还需颁发聘书,则仅中国国际贸易促进委员会/中国国际商会调解中心的《调解员聘任管理办法》作了相关的规定。再有,对于未被聘任的调解员,如果其在原聘任期内调解还有尚未完成的纠纷,应该怎么处理,则可借鉴《广东证券期货业协会证券期货纠纷调解员管理办法(试行)》或《中国期货业协会调解员聘任管理办法》的规定,即调解员可以继续进行调解。但这两个文件的规定忽略了另一个情景,即若调解员不愿意继续进行调解的怎么办?本课题组认为,可以借鉴中国国际贸易促进委员会/中国国际商会调解中心的《调解员聘任管理办法》[④]的规定,即如果调解员本人不愿意继续进行调解,也不应该强迫。当然,这也包括非因不称职原因而被解聘的调解员在内。因而,对有关调解员

① 《中国期货业协会调解员聘任管理办法》规定调解员任期届满前,协会秘书处根据调解员在任期内履行职责情况和调解工作需要提出是否继续聘任的建议,由调解委员会会议决定续聘。

② 中国国际贸易促进委员会/中国国际商会调解中心的《调解员聘任管理办法》规定聘任期届满前,调解中心对调解员在聘任期内的表现予以审查,审查通过后予以续聘;续聘的调解员,由调解中心再次颁发聘书。

③ 《广东证券期货业协会证券期货纠纷调解员管理办法(试行)》规定调解员聘任期届满前,委员会对调解员在聘任期内的表现予以考评,考评通过后,可由委员会予以续聘。第2款还规定未被续聘且在原聘任期内调解的纠纷尚未完成的,可以继续调解。

④ 未被续聘且在原聘任期内被指定为某一案件的调解员,而该案件尚未审结的,可以继续审理直至该案结束,但本人不愿意继续办理的除外。

的续聘,本课题组认为:证券期货调解员聘任期届满前,协会或组织对调解员在聘任期内的表现予以考评,考评通过后,可根据调解员在任期内履行职责情况和调解工作需要予以续聘。未被续聘或者非因不称职原因而被解聘的调解员,对尚未调解完结的案件,在征得案件当事人的同意后可以继续履行调解员职责,至调解程序结束,但本人不愿意继续办理的除外。

值得我们思考的是《澳大利亚调解员资质认证审批国家标准》中规定,申请续展认证的调解员除必须向认证机构证明他们仍然符合认证标准外,还必须在2年的周期内向认证机构提供材料以证明其具备"具有一定的调解实践经验"①或者"两年周期内完成20小时以上的调解职业拓展活动"②这两个条件中的一个,并且还对实践经验和调解职业拓展活动进行了细分。再有,《澳大利亚调解员资质认证审批国家标准》还规定调解员定期资质认证要求调解员符合《调解员执业准则》中规定的执业标准和能力水平。由此看来,《澳大利亚调解员资质认证审批国家标准》对调解员的续聘进行层层设防,以保障续聘的调解员其能保持符合执业条件的能力。这对保证续聘调解员的质量有重要的意义。本课题组认为,在我国证券期货调解员队伍的后期建设中,如果有条件,也可以引入这样的机制。

还有调解员的解聘问题,也需要特别讨论。《中国证券业协会证券纠纷调解工作管理办法》《中国期货业协会调解员聘任管理办法》《调解法》《广东中证投资者服务与纠纷调解中心证券期货纠纷调解员管理办法》《广东证券期货业协会证券期货纠纷调解员管理办法(试行)》,以及中国国际贸易促进委员会/中国国际商会调解中心的《调解员聘任管理办法》都规定了解聘的问题。但这些文件,对于解聘条件罗列的数量不一。其中,中国国际贸易促进委员会/中国国际商会调解中心的

---

① 具有一定的调解实践经验,包括在两年周期内从事过25个小时以上的调解、共同调解或调停工作。有正当理由未能提供相关证据的,认证机构可以要求调解员从事10个小时以上调解、共同调解或调停工作,并可以要求调解员参加补充性培训或对其进行重新考试。其中,所谓正当理由包括:缺少工作机会(如新任调解员),担任纠纷管理人、协调员、纠纷解决辅导员或从事类似的相关工作,照顾家庭、职业生涯或学业的间断期,疾病或者受伤等。

② 2年周期内完成20个小时以上的调解职业拓展活动,包括:参加后续的职业拓展课程、教育项目、研讨会、专题研讨班或其他相关技能的培养(20个小时以上);参加对调解的诊所实践指导和监督工作(15个小时以上);在调解或替代性纠纷解决机制研讨会或专题研讨班上做过发言(16个小时以上,其中每小时的发言最少有两小时的准备时间);作为一方的代理人参与过四场调解活动(8个小时以上);指导、辅导和监督培训学员或缺乏经验的调解员(10个小时以上);参与见习调解员与后备调解员在调解评估活动中的角色扮演或旁听、评估他们的调解过程(8个小时以上);指导缺乏经验的调解员并为其提供旁听机会(10个小时以上)。

《调解员聘任管理办法》[①]与《中国期货业协会调解员聘任管理办法》、[②]《调解法》[③]以及《澳大利亚调解员资质认证审批国家标准》[④]规定得较为简单,《中国证券业协会证券纠纷调解工作管理办法》[⑤]规定了6条,最多的是《广东证券期货业协会证券期货纠纷调解员管理办法(试行)》[⑥]有10条之多。因而,本课题组以《广东证券期货业协会证券期货纠纷调解员管理办法(试行)》为样本,对调解员的解聘条件进行限制,具体如下:在聘任期内,调解员主动提出辞职或有以下不称职或不适宜担任调解员的情形以及因工作、身体等原因不能继续担任调解员的,予以解聘:(1)涉及刑事犯罪或受到严重行政处罚的;(2)在调解过程中,有违平等、公正、中立、独立原则,受到当事人有效投诉的;(3)未按照规定履行信息披露义务的;(4)强迫当事人接受调解员本人对纠纷的看法或调解建议的;(5)违反调解员勤勉审慎义务,不负责任的;(6)接受当事人或代理人请客、馈赠或提供的其他利益的;(7)无正当理由拒绝接受安排的调解培训的;(8)无正当理由拒绝接受安排的调解任务的;(9)因工作、身体等原因不适宜继续担任调解员的;(10)其他违反本办法规定或不适宜继续担任调解员的情形。

在《澳大利亚调解员资质认证审批国家标准》中,还规定了调解员的救济机制

---

① 中国国际贸易促进委员会/中国国际商会调解中心的《调解员聘任管理办法》调解员在聘任期内,因违反《调解员守则》或有不称职的其他情形,以及因工作、身体的原因不能继续担任调解员的,应予解聘。

② 《中国期货业协会调解员聘任管理办法》调解员任期未满,因违反《调解员守则》或有其他不称职的情形,以及因工作、身体等原因不能继续担任调解员的,由调解委员会予以解聘。

③ 《人民调解法》规定,人民调解员在调解工作中有偏袒一方当事人的;侮辱当事人的;索取、收受财物或者牟取其他不正当利益的;泄露当事人的个人隐私、商业秘密的等行为之一的,如果情节严重的,人民调解员将会由推选或者聘任单位予以罢免或者解聘。

④ 《澳大利亚调解员资质认证审批国家标准》调解员资质认证机构根据优势证据材料认定调解员未能遵守《调解员执业准则》、相关职业道德守则或专业要求或本标准相关规定时,有权撤销或暂停其调解员资质。

⑤ 《中国证券业协会证券纠纷调解工作管理办法》规定在聘任期内,调解员出现以下情形的,予以解聘:(1)主动提出辞职的或因工作、身体等原因不适宜继续担任调解员的;(2)涉及刑事犯罪或受到严重行政处罚的;(3)在调解过程中,有违公平、公正、中立、独立原则,受到当事人投诉两次(含)以上的;(4)接受当事人或代理人请客、馈赠或提供的其他利益的;(5)无正当理由拒绝接受调解组织安排的调解培训或调解任务的;(6)其他违反本办法规定或不适宜继续担任调解员的情形。

⑥ 《广东证券期货业协会证券期货纠纷调解员管理办法(试行)》规定:"在聘任期内,调解员主动提出辞职或有以下不称职或不适宜担任调解员的情形,由委员会予以解聘:(一)涉及刑事犯罪或受到严重行政处罚的;(二)在调解过程中,有违公平、公正、中立、独立原则,受到当事人有效投诉的;(三)未按照《规则》的规定履行信息披露义务的;(四)强迫当事人接受调解员本人对纠纷的看法或调解建议的;(五)违反调解员勤勉审慎义务,不负责任的;(六)接受当事人或代理人请客、馈赠或提供的其他利益的;(七)无正当理由拒绝接受委员会安排的调解培训的;(八)无正当理由拒绝接受委员会安排的调解任务的;(九)因工作、身体等原因不适宜继续担任调解员的;(十)其他违反《办法》、《规则》以及本办法规定或不适宜继续担任调解员的情形。"《广东中证投资者服务与纠纷调解中心证券期货纠纷调解员管理办法》仅缺少第4点。

以及相关的程序正义，例如，“当调解员资质认证机构准备采取以上措施时，应当在14 天内通知相关调解员，并为其提供解释、答辩的机会。调解员资质认证机构应当建立撤销或者暂停调解员资质的程序，以保证整个决定过程的公正”。对此，本课题组认为，在证券期货调解员队伍的相关机制建立起来后，确实也有必要保障调解员的个人权益。因此，证券期货调解员队伍建设机制的考量中，这一点值得注意。

综上所述，我们在草拟《证券期货调解员规程》有关调解员续聘和解聘的相关内容时，制定了以下规定以供证券期货调解中心参考。证券期货调解员聘任期届满前，协会或组织对调解员在聘任期内的表现予以考评，考评通过后，可根据调解员在任期内履行职责情况和调解工作需要予以续聘。未被续聘或者非因不称职原因而被解聘的调解员，对尚未调解完结的案件，在征得案件当事人的同意后可以继续履行调解员职责，直至调解程序结束，但本人不愿意继续办理的除外。在聘任期内，调解员主动提出辞职或有以下不称职或不适宜担任调解员的情形以及因工作、身体等原因不能继续担任调解员的，由委员会予以解聘：(1)涉及刑事犯罪或受到严重行政处罚的；(2)在调解过程中，有违公平、公正、中立、独立原则，受到当事人有效投诉的；(3)未按照规定履行信息披露义务的；(4)强迫当事人接受调解员本人对纠纷的看法或调解建议的；(5)违反调解员勤勉审慎义务，不负责任的；(6)接受当事人或代理人请客、馈赠或提供的其他利益的；(7)无正当理由拒绝接受安排的调解培训的；(8)无正当理由拒绝接受安排的调解任务的；(9)因工作、身体等原因不适宜继续担任调解员的；(10)其他违反本办法规定或不适宜继续担任调解员的情形。

(三)调解专员与一般调解员在选聘机制上的不同

证券期货调解员分类管理是实行职业化、专业化和调解员绩效考核的一个重要前提，只有在调解专员、一般调解员等人员的责、权、利都已明确并且对每类人员的管理均自成体系的情况下，原有行政管理方式的影响才能得到有效的淡化或消除，证券期货调解员绩效考核机制才具有可行性。建立健全科学合理、注重实绩、公开透明的证券期货调解员遴选考核制度，使证券期货调解员制度既符合证券投资市场规律，也符合科学管理的规律。因此，要建立证券期货调解员绩效考核机制,必须同时实现调解员分类管理并早日推行证券期货调解员的职业化建设。

在实践中,投服中心采取按照调解专员和一般调解员的分类方法选聘证券期货调解员(见表2-5)。其中,所谓证券期货调解专员,是指专业知识较全面,且没有再担任其他工作的调解员,由本人申请,经投服中心认定,就可以被纳入证券期货调解员的专门队伍。而证券期货一般调解员,是指在证券期货某一方面的专业知识较好,另外还担任其他社会工作的调解员,由本人申请,经投服中心认定,纳入证券期货一般调解员的队伍。

表2-5 两种选聘的证券期货调解员

证券期货调解专员	证券期货一般调解员
专业知识较为全面,且没有再担任其他工作的调解员,由本人申请,经投服中心认定,就可以纳入证券期货调解员的专门队伍	在证券期货某一方面的专业知识较好,另外还担任其他社会工作的调解员,由本人申请,经投服中心认定,纳入证券期货一般调解员的队伍

1.调解专员

证券机构调解专员,特指经年累月在证券期货行业实践,具有精深的专业知识的调解员。随着金融创新的发展,证券期货产品越来越复杂。有些案件高度疑难复杂,经济与法律问题相互交织,对企业和行业均有重大影响。一般的法官和调解员往往不具备这些专业知识,难以胜任审判、调解工作。这时,证券期货调解专员就具有专业化优势。因此,关于证券期货调解专员的限制(标准)主要在专业知识方面,可以从专业证书的有无、从事证券期货调解工作的年限等方面进行。另外,证券期货调解专员与一般调解员最大的不同是,调解专员可以说是专门从事证券期货调解工作的,因而,可以从职务上分辨出证券期货调解专员与一般调解员。

那么,处于哪些职务的人最适合做证券期货调解专员呢?本课题组认为,在证券期货行业相关组织或协会工作的人员是最适合的。主要原因在于,首先,在证券期货行业相关组织或协会工作的人员势必对证券期货的相关专业知识会有一定的了解。其次,在证券期货行业相关组织或协会工作的人员长期处于证券期货行业的第一线,对实践方面肯定也有较深的见解。再次,在时间上,在证券期货行业相关组织或协会工作的人员也能够有充分保证。最后,还因为证券期货调解员没有固定的工资制,因此,可能由具有固定工作的证券期货行业相关协会或组织的工作人员来担任调解专员可以减少工资上的顾虑。综上所述,由证券期货行业相关协会或组织的工作人员做证券期货的调解专员最合适不过。

并且,还可以从我国《调解法》和《中国期货业协会调解委员会工作办法》等文件中找到依据。《调解法》规定担任人民调解员的可以是人民调解委员会委员,也可以是人民调解委员会聘任的人员。《中国期货业协会调解委员会工作办法》明确规定了委员是当然调解员,列入调解员名册。因而,本课题组认为调解专员应该是在证券期货行业相关组织协会工作5年以上的或部门副主任以上的人员。这也说明,我国《调解法》和《中国期货业协会调解委员会工作办法》对其委员担任调解专员是比较认可的,因而,证券期货的调解专员同样适用于在证券期货行业相关组织或协会工作的人员。

另外,《中国期货业协会调解委员会工作办法》[①]还对其作为调解员的委员进行了限制,包括品行、专业知识、实务经验、身体等方面。本课题组认为,在调解员聘任时已对调解员的各方面进行了规制,那么调解专员也当然适用那些规制,因而在这一部分没有必要再进行规定,以避免重复。

2. 一般调解员

证券机构一般调解员是相对于证券机构调解专员来说,专业知识没那么深,并且另外担任其他职务,但在证券期货纠纷调解中能起到积极作用,且热心于证券期货调解的调解员。对其限制(标准),主要在于工作时间等方面。也就是说,证券机构一般调解员能安排出一定的时间来处理证券期货纠纷,当纠纷当事人选定其为调解员或者是投服中心指定其为调解员时,有足够充裕的时间来处理证券期货纠纷。

有关一般调解员的规定可以分为两类,一类是中国国际贸易促进委员会/中国

① 作为调解员的委员应当符合代表性和专业性的要求,并且还规定了委员应该具备的条件,品行良好,公道正派,勤勉尽责;熟悉期货法律及期货业务知识;具有大学本科及以上学历;具有8年以上的工作经历,其中3年以上期货实务经验,包括但不限于从事期货业务、期货监管、期货案件处理等工作;年龄在65周岁以下,身体状况良好,能保证调解工作必需的时间和精力;愿意遵守中国期货业协会(以下简称协会)调解规则、调解员守则和本办法;无违法和重大违规行为。

国际商会调解中心的《调解员聘任管理办法》,[1]按照不同行业、不同专业领域人士担任调解员应具备的条件来对一般调解员进行划分的,共分为五类:从事法律、经济贸易教学或研究;从事经济贸易实务工作,离、退休法官;从事律师工作;从事立法、执法或其他法律事务工作。此外,对所应具备的知识、技能和实践的时间都做了详细的规定。而与之不同的是,《中国证券业协会证券纠纷调解工作管理办法》[2]《广东证券期货业协会证券期货纠纷调解员管理办法(试行)》[3]《广东中证投资者服务与纠纷调解中心证券期货纠纷调解员管理办法》[4]几乎是按照职务来规定作为一般调解员所应该具备的条件的。因此,本课题组采取多数一类的做法,即以不同职务来规定一般调解员的要求。

以上多数文件将一般调解员划分为六类,即协会会员单位;证券监管部门或自律组织工作经历;离退休法官、检察官和政府工作人员;律师、仲裁员或人民调解员;专家学者;其他符合条件的人员。本课题组认为,协会会员单位一般是公司,而公司是一个营利性的组织,并不是公益的,因而可能会在调解时处在不公正的立场。因此,本课题组认为协会会员单位不应列为一般调解员,仅设证券监管部门或自律组织工作经历的人员;离退休法官、检察官和政府工作人员;律师、仲裁员或人

① 中国国际贸易促进委员会/中国国际商会调解中心的《调解员聘任管理办法》规定了不同行业、不同专业领域人士担任调解员应具备的条件。其中,从事法律、经济贸易教学或研究工作的人士担任调解员应具备的条件是直接从事法律、经济贸易教学或研究工作;以及具有中、高级职称。从事经济贸易实务工作的人士担任调解员应具备的条件是熟悉相关法律、法规,精通所从事的行业规范、专业知识;以及具有中、高级职称或同等专业水平。离、退休法官担任调解员应具备的条件是长期从事民商事审判工作,经验丰富的离、退休法官;以及曾任审判员满5年。从事律师工作的人士担任调解员应具备的条件是具有同行公认的较高的业务水平和丰富的办案经验;以及担任律师满5年。从事立法、执法或其他法律事务工作的人士担任调解员应具备的条件是具有丰富的理论、实践经验及较高的办案技能;以及从事立法、执法或其他法律事务工作满5年。

② 《中国证券业协会证券纠纷调解工作管理办法》规定调解员可以是在协会会员单位(含特别会员)担任中层以上领导职务或有10年以上证券行业工作经历的人员;有5年以上证券监管部门、自律组织工作经历的人员;有5年以上纠纷解决经验的律师、仲裁员或调解员;在当地有一定影响和威望的离退休法官、检察官和政府工作人员;具有中高级职称,直接从事法律、经济教学或研究的专家学者;其他符合条件的人员。

③ 《广东证券期货业协会证券期货纠纷调解员管理办法(试行)》还规定不同领域的人员还应满足以下条件之一:证券、期货机构从业人员,须有8年以上从业经历或证券、期货机构合规部门专职工作人员,须有5年以上从业经历;证券期货监管系统工作人员,须有5年以上证券监管工作经历;离退休法官、检察官和政府工作人员须在当地有一定影响和威望;律师、仲裁员或人民调解员须有5年以上纠纷解决经验;直接从事法律、经济教学或研究的专家学者须具有中级或以上职称;其他符合条件的人员。

④ 《广东中证投资者服务与纠纷调解中心证券期货纠纷调解员管理办法》规定调解员应该满足以下之一:有5年以上证券监管部门、自律组织工作经历的人员;在协会会员单位担任中层以上领导职务或有6年以上证券行业工作经历的人员;在广东上市公司协会会员单位担任董事会秘书或证券事务代表等中层以上职务的人员;在当地有一定影响和威望的离退休法官、检察官和政府工作人员;有5年以上纠纷解决经验的律师、仲裁员或人民调解员;具有中级或以上职称,直接从事法律、经济教学或研究的专家学者;其他能胜任调解工作的人员。

民调解员;专家学者;其他符合条件的人员5类一般调解员。其中,关于一般调解员之前在各工作领域的工作年限,各文件的规定不同。如《中国证券业协会证券纠纷调解工作管理办法》规定了10年和5年两个时间,《广东证券期货业协会证券期货纠纷调解员管理办法(试行)》规定了8年和5年两个时间,《广东中证投资者服务与纠纷调解中心证券期货纠纷调解员管理办法》规定了5年和6年两个时间。本课题组认为,各职务的工作年限并不一定要不一样,而如果在一个工作领域工作5年,对这一领域就会有较深的了解,因此,本课题组将各工作年限都规定为5年,这样也便于相关协会或组织的管理。因而,本课题组设计的一般调解员的要求是有5年以上证券期货监管部门、自律组织工作经历的人员;在当地有一定影响和威望的离退休法官、检察官和政府工作人员;有5年以上纠纷解决经验的律师、仲裁员或人民调解员;具有中级或以上职称,直接从事法律、经济教学或研究的专家学者;其他符合条件的人员。

综上所述,本课题组在《证券期货调解员管理规程》中拟规定:调解专员是证券期货行业相关组织或协会工作人员须5年以上协会工作年限或部门副主任以上;一般调解员的要求是有5年以上证券监管部门、自律组织工作经历的人员;在当地有一定影响和威望的离退休法官、检察官和政府工作人员;有5年以上纠纷解决经验的律师、仲裁员或人民调解员;具有中级或以上职称,直接从事法律、经济教学或研究的专家学者;其他符合条件的人员。

三、证券期货调解员管理机制的创建

（一）名　册　制

名册亦即人员花名册，是指登记人名的簿子，如学生名册、职工名册等就是这一类型。当然，为便利证券期货调解员的管理，建立相关名册有其必要性。调解员的名册上囊括的信息一般应该包括调解员姓名、职业、特长等。在本课题组所调查的组织中，中国国际贸易促进委员会/中国国际商会调解中心调解员的调解员名册最详细。其共有360条相关信息，即中国国际贸易促进委员会/中国国际商会调解中心有调解员360名。调解员名册的页面有一个表格，表格显示出3个栏目，分别是姓名、居住地和专业特长；而点击某一个人的信息则会跳出单独的一个页面，显示了该调解员的姓名、性别、居住地、职业、专业特长五方面的信息。另外，在调解员名册的页面还可以通过姓名、居住地/国籍、职业、专业特长四方面对中国国际贸易促进委员会/中国国际商会调解中心的调解员进行搜索。

调解员名册的另外一个特色是，在调解员名册的页面还有一个关于商事调解专家组的信息，商事调解专家组一共分为4个大组，每组有8位调解员。这4个大组分别是金融专家组，房地产、物业管理专家组，知识产权专家组，海事海商专家组。

证券期货机构如投服中心通常也应印有调解员名册，记载机构聘任的调解员的有关信息，如调解员的姓名、学历、专业或专长、职业类别等。

截至2017年11月，中证中小投资者服务中心有限责任公司的调解员共有289名，主要是地方协会、证券从业人员、律所从业人员等。

调解员总计289名，其中男性176名，女性113名（见图2－1）。省份分布（见表

2－6)、工作领域分布(见表2－7)如下。

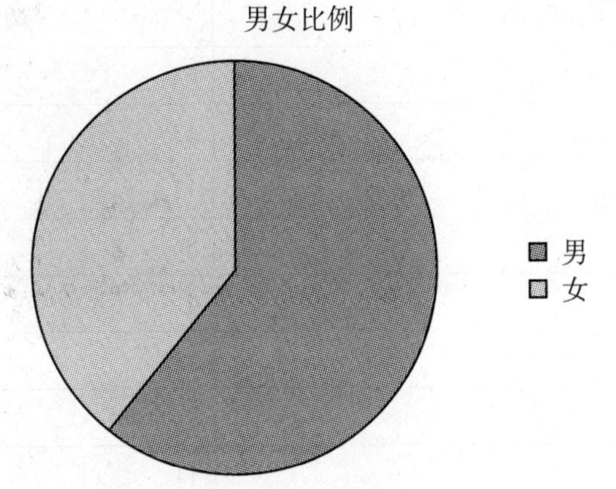

图2－1　调解员男女比例分布

表2－6　调解员省份分布

单位:人

省份	调解员人数	省份	调解员人数	省份	调解员人数
安徽	7	湖北	6	山东	7
北京	3	湖南	5	山西	5
大连	5	吉林	5	陕西	6
福建	9	江苏	11	上海	9
甘肃	13	江西	9	深圳	12
广东	4	辽宁	5	四川	18
广西	2	内蒙古	7	天津	5
贵州	5	宁波	6	西藏	1
海南	6	宁夏	5	新疆	6
河北	7	青岛	3	云南	9
河南	6	青海	3	浙江	14
黑龙江	6	厦门	13	重庆	9

表2-7 调解员工作领域分布 单位:人

工作领域	调解员数量
地方协会	63
法院(退休法官)	13
高校	11
律师事务所	56
其他	4
证券公司	122
证券监管机构	9
中证协	11

1.强制证券期货调解员名册制

强制调解员名册是指在证券机构调解案件时,调解员必须从调解员名册中选择,禁止在调解员名册外选择调解员。

以最高人民法院《关于人民法院特邀调解的规定》为例,其有关于名册的具体制度中就有强制性的制度。其规定,人民法院在开展特邀调解工作时应当建立名册。这些名册分为两类:一类是特邀调解组织,另一类是特邀调解员。

建立名册后,接下来法院就应当为入册的特邀调解组织或者特邀调解员颁发证书,并对名册进行管理。而具体的管理包括业务培训、名册信息公开、及时更新名册等,即业务培训的管理是指特邀调解员在入册前和任职期间,应当接受人民法院组织的业务培训。

名册信息公开是指人民法院应当在诉讼服务中心等场所提供特邀调解组织和特邀调解员名册,并在法院公示栏、官方网站等平台公开名册信息,方便当事人查询。及时更新名册即人民法院应当建立特邀调解组织和特邀调解员业绩档案,定期组织开展特邀调解评估工作,并及时更新名册信息。

《中国证券业协会证券纠纷调解工作管理办法》《中国期货业协会调解员聘任管理办法》中都规定要将调解员列入名册,并说明应该根据调解员变化情况及时更新,且还应该对外公布。

以上述3个文件为借鉴样本,本课题组在对强制证券期货调解员名册制进行设计时,受最高人民法院《关于人民法院特邀调解的规定》的启发,从中得到一些借鉴:第一,投服中心必须建立证券期货调解员的名册,并对入册的证券期货调解员办理证书且进行管理;第二,在入册前和任职期间,由“投服中心”组织培训;第三,投服中心应该通过在官方网站以及相应办公室宣传栏公开期货证券调解员信息,方便当事人查询;第四,“投服中心”应该建立期货证券调解员的业绩档案,定期评估,及时更新名册信息。

2. 推荐证券期货调解员名册制

《中国证券业协会证券纠纷调解工作管理办法 》和《中国期货业协会调解员聘任管理办法》,无论对于主动申请还是被推荐申请的调解员,一般最终都是经过审查后,列入调解员名册。因此,这两个文件虽然有关于调解员名册的规定,但是没有对强制调解员名册和推荐调解员名册进行细致的划分。仅最高人民法院《关于人民法院特邀调解的规定》这一文件,能看出一点有关推荐调解员名册的迹象,本课题组认为这值得我们认真对待。

最高人民法院《关于人民法院特邀调解的规定》中有关于名册的具体制度,其中有关于特邀调解员推荐的制度。其中,一类是上级法院建立的特邀调解员名册,下级法院可以使用,也就相当于上级法院向下级法院推荐特邀调解员;另一类是依法成立的人民调解、行政调解、商事调解、行业调解及其他具有调解职能的组织,可以申请加入特邀调解组织名册,而这些特邀调解组织还拥有推荐本组织中适合从事特邀调解工作的调解员加入名册的权力。这些被推荐的调解员需要在名册中列明,而只要在名册中列明了就可以视为人民法院特邀调解员。

推荐证券期货调解员名册制的构建可以从人民法院特邀调解员推荐制度中获得些许启示。第一,建立全国互相承认的证券期货调解员制度。也就是说,证券期货调解员只要在全国范围内一家机构中被纳入名册,其他所有机构都可以予以承认。这可以说是在证券期货调解员方面实行共享,不仅可以减少工作量,还能使优秀的调解员容易得到各地的认可。第二,可以由单位、组织推荐证券期货调解员,也可以由个人申请,还可以由投服中心邀请。当然,不管是推荐的、个人申请的还是邀请的证券期货调解员都应该符合相应资质。

3. 投服中心对证券期货调解员名册制的完善举措

除划分强制证券期货调解员名册和推荐证券期货调解员名册外,本课题组认为投服中心对证券期货调解员名册制的完善举措主要还包括以下两点。

第一,建立详尽的证券期货调解员名册信息。可以在名册上公布调解员的姓名、性别、年龄、学习经历、工作经历、专业特长、资格认证、培训情况以及其他与证券期货调解工作相关的信息,以便当事人了解。

第二,建立便捷的查询证券期货调解员名册信息的通道和方式。证券期货调解员名册信息的具体通道可以包括官方网站、各办公室等。证券期货调解员名册信息的具体方式可以是纸质的或电子的。

(二)培 训 制

1. 证券期货调解员培训的必要性

证券期货纠纷调解是一种与调解员的经验、能力知识(包括法律知识及其证券期货的专业知识)乃至人格魅力密切相关的实践活动。因此,调解员的培训、考试和认证,三者缺一不可。随着协商、调解等非诉讼纠纷解决方式日益受到重视,相关教育培训逐步成为调解员队伍建设的重点,甚至成为影响证券期货调解职业化的重要因素。证券期货调解员的培训,可以通过及时更新证券期货调解员的相关知识,提高其实践能力、调解技巧和经验,以提升其调解能力。具体培训内容包括调解的基本原则和程序、调解技能与方法、调解员职业操守、调解文化等调解理论与实务以及相关法律、法规,这些不但有利于证券期货纠纷的解决,还可以提高证券期货纠纷当事人的满意度。

2. 相关培训的经验

调解员的培训机制在各国及地区都有相关规定(见表2-8),如《澳大利亚调解员资质认证审批国家标准》将相关的培训内容主要分为教育培训①和准入培训;②法国经历了从短期的课程培训到调解文凭的变化,一些大学或社会工作者学校加

① 教育培训的主要内容包括两个方面。第一方面,调解员必须向资质认证机构证明其接受过相关教育培训,符合执业认证标准、具有相关执业能力。而除资质认证机构以外,其他机构如行业培训组织、大专院校及其他相关培训机构等也可以向调解员提供教育培训课程。第二方面,调解员必须符合基本的准入审批标准以及继续专业教育要求。而采用"混合式"调解方式并在调解过程中提供咨询意见的调解员必须具有相应调解技巧与相关专业知识。

② 准入培训的内容在第五部分,主要包括除2008年1月1日前具有"合格实践经验"的调解以外,其他调解员均须完成以下调解教育培训课程、具备某种能力标准。调解教育培训课程的相关规定又包括师资团队、模拟实践的师资要求、培训课时、模拟调解的次数和角色要求、书面反馈总结等方面的内容。

入调解员培训工作;我国香港特别行政区规定了最少的培训时长是40个小时。

表2-8　各国及地区对调解员的培训情况

澳大利亚	法国	中国香港特别行政区
教育培训和准入培训	调解文凭	最少的培训时长:40个小时

我国有关调解员培训机制的规定,详细情况是最高人民法院《关于人民法院特邀调解的规定》①对调解员培训作了原则性的规定。《人民调解法》②规定了对人民调解员进行培训的组织者以及培训的简要内容,而关于培训的时长以及次数没有作详细的规定,只是限定为"定期"。《广东证券期货业协会证券期货纠纷调解员管理办法(试行)》③中最有特色的应该是,其规定了调解员培训主要内容包括调解的基本原则和程序、调解技能与方法、调解员职业操守、调解文化等调解理论与实务以及相关法律、法规等方面。委员会要求调解员参加的培训活动。而有关调解员培训的相关经验,最具有借鉴意义的应属中国国际贸易促进委员会/中国国际商会调解中心的做法,不仅因为其规定是最详细、最全面的,还在于其专门颁布了《调解员培训管理规定》。《调解员培训管理规定》细致地将调解员培训的相关内容分为总则,④培

① 最高人民法院《关于人民法院特邀调解的规定》规定了特邀调解员在入册前和任职期间,应当接受人民法院组织的业务培训。

② 《调解法》对人民调解员的培训进行了相关的规定,其中培训的组织者是县级人民政府司法行政部门,培训的内容是业务培训,而关于培训的时长以及次数没有作详细的规定,只是限定为"定期"。

③ 《广东证券期货业协会证券期货纠纷调解员管理办法(试行)》规定了调解员培训遵循理论联系实际、以人为本、全面发展、注重能力、学以致用、科学管理的原则。调解员应参与委员会要求的培训项目以及相关活动,以保持和提升与调解相关的知识与技能。调解员培训主要内容包括调解的基本原则和程序、调解技能与方法、调解员职业操守、调解文化等调解理论与实务以及相关法律、法规。委员会要求调解员参加的培训活动。《广东中证投资者服务与纠纷调解中心证券期货纠纷调解员管理办法》增加了一点调解中心要求调解员参加的培训活动所需的培训费等相关费用由调解中心承担。

④ 总则部分包含了制定《调解员培训管理规定》的目的和依据,调解员培训应当遵循的特点,调解员培训应当遵循的原则,《调解员培训管理规定》适用的范围,调解员参加培训情况的作用以及调解员培训工作的主管部门和具体实施机构等方面的内容。

训内容、对象和形式,[①]培训保障及收费,[②]培训记录与评估,[③]以及附则[④]等方面。具体内容见表 2 - 9。

表 2 - 9　我国有关调解员培训机制规定

最高人民法院《关于人民法院特邀调解的规定》	《调解法》	《广东证券期货业协会证券期货纠纷调解员管理办法(试行)》	中国国际贸易促进会和中国国际商会调解中心《调解员培训管理规定》
原则性规定	对人民调解员进行培训的组织者以及培训的简要内容,而关于培训的时长以及次数只是限定为“定期”	调解员培训主要内容规定得较为详细包括调解的基本原则和程序、调解技能与方法、调解员职业操守、调解文化等调解理论与实务以及相关法律、法规等方面	调解员培训的相关内容分为总则,培训内容、对象和形式,培训保障及收费,培训记录与评估,以及附则等方面

3. 投服中心证券期货调解员培训机制建构

投服中心也有积极组织各类培训,如最近一期,2017 年 11 月 15 ~ 18 日,第三期全国调解员业务培训班在青岛举行,一共有来自全国 21 个省市的投服中心调解员及部分证监局投保业务骨干参加了此次培训。然而,投服中心的相关证券期货调解员培训机制还有待进一步完善,具体可以从以下几方面进行努力(见表 2 - 10)。

① 第二章规定的是调解员培训的内容、对象和形式等方面的内容,包括的具体方面是调解员培训的主要内容,调解员培训的主要形式,调解员接受培训的权利和义务,调解员培训实行学时制的要求,调解员每年完成调解员培训学时的最低要求,初次被聘任的调解员的培训要求,调解员培训的信息化手段,以及境外培训的相关条件和不违背法律法规而设置的兜底条款。

② 第三章规定的是调解员有关培训保障及收费等方面的内容,具体内容包括的是,年度调解员培训计划,调解员培训的授课讲师的条件以及对授课讲师的要求,调解员培训按照不同层次和不同类别进行的相关规定,以及相关培训费和差旅费等费用的规定。

③ 第四章规定的是调解员培训的与评估等方面的内容,具体内容包括有:调解员培训的记录与公布,调解员向调解中心查询培训记录的权利,对无正当理由不参加培训的调解员的处罚,调解员未完成年度最低培训学时的责任,以及调解中心每年对培训会进行评估、评估内容和评估结果的相关规定。

④ 第五章规定的是附则部分的具体内容,规定了各地方分、支会调解中心的调解员培训工作可以参考《调解员培训管理规定》《调解员培训管理规定》解释的主体以及施行的具体时间。

表 2－10　投服中心对调解员可以开展的培训

新进培训	证券类专业知识培训
	司法、仲裁知识培训
	调解技巧培训
初级调解员培训	典型案例培训
	诉调、仲调对接培训
	调解技能提升培训
资深调解员培训	调解经验交流
	专项培训
	短期脱产研修
	司法程序进修
精英调解员培训	精英调解员高级研修班
	境外培训、学习考察

第一，分级培训。

新进培训。一是证券类专业知识培训。其师资来源于证券公司、期货公司、上市公司的各业务线相关负责人，主要是介绍证券、期货、上市公司的业务，重点介绍容易产生纠纷的风险点，并配以相关案例进行分析，帮助调解员了解证券市场相关业务。二是司法、仲裁知识培训。其师资来源于仲裁委、法院、证监会，主要是介绍与证券相关的司法、仲裁、监管知识，帮助调解员了解司法、仲裁的特点，与调解的区别。三是调解技巧培训。培训内容包括但不限于调解流程、心理学、调解技能、模拟操练等，师资来源可以是高校教授，具有丰富调解技巧的调解员。

初级调解员培训。初级调解员一般具有一定的调解技能与知识，但是需要得到提高，同时需要满足中心每年要求的学习时间。因此，初级调解员的培训分为以下几类。一是典型案例培训，介绍最新的典型案例，帮助调解员及时了解市场的最新情况。其师资来源可以是投服中心的老师，可以是处理典型案例的调解员。二是诉调、仲调对接培训，介绍诉调、仲调的对接情况，国内外的典型案例分享及我国的多元化纠纷处理机制。其师资来源是国内对诉调、仲调有一定研究的人员及负责相关政策起草的人员。三是调解技能提升培训，培训内容包括但不限于高级心理学、高级调解技能、情景模拟操练等。其师资来源可以是国内外高校教授、国内外具有丰富调解技巧的调解员。通过调解技巧的学习帮助调解员提高调解技能。

资深调解员培训。一是调解经验交流。资深调解员每年固定参加两次交流活动,分享自己在处理纠纷中的经验。二是专项培训,学习最新的政策及证券市场知识,学习高级应用心理学,提升调解技巧。师资来源为行业专家、高校教授、司法机构专家。三是短期脱产研修,由境内外行业专家、教授进行封闭式培训、交流,到高校和国内著名的商事调解中心进行脱产学习。四是司法程序进修,到法院、仲裁机构进行脱产学习。

精英调解员培训。一是精英调解员高级研修班,学习境外纠纷调解经验,提升调解技巧与水平。师资来源:国外专家,同声翻译。二是境外培训、学习考察,赴境外系统性学习纠纷调解经验,提升调解技巧与水平。考察境外注明调解机构,了解其运作模式及特点。

第二,分类培训。

调解员根据其来源不同,可以分为证券行业外的调解员和证券行业内的调解员,证券行业外的调解员包括教授、律师、会计师、法官等,证券行业内的调解员包括在证券经营机构、期货经营机构、上市公司、行业协会、监管部门的调解员。因此,培训主要分为证券行业专业知识、法律法规知识、调解程序及技巧、心理学知识、典型案例的培训。培训形式分为面授培训、网络培训、脱产学习、考察学习、交流学习等。

一是证券行业专业知识培训,主要是介绍容易产生纠纷的证券行业业务知识以证券公司业务为例,包括了融资融券、股权质押、私募托管、产品销售等容易产生纠纷,又具有一定的专业性的业务知识介绍。二是法律法规知识培训,主要是介绍证券法、合同法等法律规定以及监管部门、行业组织对证券行业的规范性要求,以及仲调对接、诉调对接的相关知识。三是调解程序及技巧;主要是介绍具体的调解流程,当面调解、电话调解、网络调解等调解方式及注意事项,以及相应的调解技巧。四是心理学知识培训,主要是帮助调解员能够准确掌握、分析参与调解人员的心里,以便于进行适度的引导,促成调解协议的达成。五是典型案例的培训,主要是介绍近期发生的典型案例及处理方法、注意事项。

各类培训由浅入深,可以采用不同的形式:普及类的可以采用网络学习的形式,制作相关的视频课程,方便调解员学习;高精尖的培训可以采用脱产短期学习的方式;学习境外的先进经验可以邀请境外专家或者直接赴境外学习考察。

第三,与高校合作的培训。

可与湘潭大学法学院和上海交大法学院合作。湘潭大学法学院下设纠纷调解培训中心,上海交大的法学院全国闻名,与这两所法学院合作,可以进行各类集中的面授培训,包括短期的脱产培训。同时,向大量具有丰富经验的法学专家、心理学专家学习,能够帮助调解员快速掌握相关知识。此外,以学校为媒介,可以帮助调解员了解法院、仲裁机构的运作机制。

综上所述,本课题组在《证券期货调解员管理规程》中拟订的调解员培训的相关内容如下。第一,调解员培训遵循理论联系实际、以人为本、全面发展、注重能力、学以致用、科学管理的原则。第二,调解员应参与相关协会或组织要求的培训项目以及相关活动,以保持和提升与调解相关的知识与技能。第三,相关协会或组织可视情况分级培训与分类培训。其中,分级培训包括新进培训、初级调解员培训、资深调解员培训、精英调解员培训等;分类培训包括证券行业专业知识、法律法规知识、调解程序及技巧、心理学知识、典型案例的培训等。第四,培训形式分为面授培训、网络培训、脱产学习、考察学习、交流学习等形式。第五,相关协会或组织可以与高校合作进行培训。第六,相关协会或组织要求调解员参加的培训活动所需的培训费等相关费用由相关协会或组织承担。

(三)全程监督制度和主动报告制度

全程监督和主动报告制度的建立,势必会使一些问题得以及时发现和处理,有利于降低职业风险。

全程监督是为了更好地督促调解员进行客观公正地工作。例如,证券期货调解员是否与调解工作有利害关系,监督机制可发挥重要作用。为了保证调解员的工作质量,可以由中证中小投资服务中心进行全程监督。全程监督的内容主要是按照证券期货调解员的工作流程来进行设计的。因而,弄清楚证券期货调解员的全部工作流程是对其进行全程监督的第一要务。

证券期货调解员的全部工作流程可以分为七个部分,包括:

第一,确定具体案件的调解员的名单与人数。关于具体案件调解员的确定可按照协商后指定的方式。调解员的确定可以由双方当事人在具体名册中挑选,并协商确定;协商不成的,由投服中心指定。当事人不同意指定的,视为不同意调解。另外,关于调解员的人数一般由一名调解员进行。对于重大、疑难、复杂或者当事人要求由两名以上调解员共同调解的案件,可以由两名以上调解员调解,并由“投服中心”指定一名调解员主持。当事人有正当理由的,可以申请更换调解员。

第二,确定调解的时间以及地点。调解一般应当在投服中心或当事人所在地进行,双方当事人也可以在征得投服中心的情况下选择其他地点进行调解。调解时间由当事人以及调解员协商确定。而投服中心关于建立全国中心的未来展望也可以为实现这一制度保驾护航。具体是,根据证监会2017年工作要点“推动建立全国性纠纷调解机构”的工作任务和分工,下一步,投服中心将继续紧紧依靠各有关方面,特别是在民政部的支持下,力争尽快实现全国调解中心设立挂牌,通过打造市场纠纷调解的承办中心、人才中心、质量中心、协作中心、创新中心、宣传中心。

第三,调解前告知相关信息。调解员在接受委派或者委托调解后,应当将调解时间、地点等相关事项及时通知双方当事人,也可以通知与纠纷有利害关系的案外人参加调解。调解程序开始之前,调解员还应当告知双方当事人权利义务、调解规则、调解程序、调解协议效力、司法确认申请等事项。

第四,具体调解。调解员应当根据案件具体情况采用适当的方法进行调解,可以提出解决争议的方案建议。调解员为促成当事人达成调解协议,可以邀请对达成调解协议有帮助的人员参与调解。

第五,调解的中止。调解员发现双方当事人存在虚假调解可能的,应当中止调解,并向投服中心报告。投服中心接到报告后,应当及时审查,并依据相关规定作出处理。

第六,调解的终止。调解终止的具体情形包括:(1)当事人达成调解协议的;(2)一方当事人撤回调解请求或者明确表示不接受调解的;(3)调解员认为双方分歧较大且难以达成调解协议的;(4)其他导致调解难以进行的情形。调解员终止调解的,应当向投服中心书面报告,并移送相关材料。针对调解达成协议的情形,还应该配备相关备案、结案等制度。调解达成调解协议,调解员应当将调解协议送达双方当事人,并提交投服中心备案。另外,调解达成调解协议,调解员应当向投服中心提交调解协议,由投服中心审查并制作调解书结案。针对未达成调解协议的情形,调解员也应该向投服中心报告,由投服中心进行后续的相关处理。

第七,调解结束后的司法确认、申请执行以及相关矛盾的处理。调解达成调解协议后,由投服中心向相关法院申请司法确认。另外,经司法确认的调解协议,一方当事人拒绝履行或者未全部履行的,对方当事人可以向投服中心提交相关材料,由投服中心申请相关法院执行。再有,若是当事人就调解协议的履行或者调解协议的内容发生争议的,可以向投服中心提出,由投服中心向相关人民法院提起诉讼。

因此,对证券期货调解员进行全程监督的内容主要包括以上工作流程中的是否及时告知了相关信息、调解中的工作态度以及调解员的相关能力,以及在所有流程中是否遵守了回避的规则、是否存在受贿等违法违纪的情形。这样,可以及时发现调解员工作的好坏,以便对认真负责的调解员进行奖励形成示范效应,以及将对工作不够认真的调解员及时剔除调解员名单。另外,这样还可以增加当事人对调解工作的认可度,增加其对投服中心的信任度,以形成良性循环。

主动报告制度是为便于投服中心对调解员工作进行全程监督和管理而建立的制度。具体内容可以包括目的、适用阶段、内容、形式、报告部门等方面。其目的是对证券期货调解的相关工作进行跟进,以便及时规范。另外,也可及时总结调解工作中的经验教训,为以后的调解工作提供借鉴。再者,及时发现优秀的调解员,并给予相关奖励,形成示范效应。

适用阶段:适用于证券期货调解工作中的各个阶段,包括调解前、调解中以及调解后。

内容:(1)案件纠纷以及当事人的相关信息;(2)预设的相关调解方案;(3)具体的工作流程以及工作内容;(4)具体调解工作中遇到的问题及解决方案;(5)调解终结后,案件是否结案以及后续的执行工作等。

形式:书面报告的形式,以便形成档案。

报告部门:投服中心。

四、证券期货调解员保障机制的完善

近年来,包括投服中心在内的诸多专业调解组织,均开始探索纠纷调解工作新机制。例如,除传统的面对面的调解方式外,如何运用现代信息技术条件落实视频调解、在线调解等工作要求。在调解的程序上,如何尽可能地以灵活、便民、高效为原则,积极探索小额速裁等机制,减少工作环节、简便工作程序、缩短办理时限;在调解协议的效力认同上,如何对特定条件的纠纷案件作出有利于中小投资者的专门安排。一旦达成调解协议,经营机构负有即期付诸执行义务,以尽快实现投资者利益期待。其中,有关证券期货调解员保障机制的完善也是构建纠纷调解工作新机制的重要步骤。

(一)职业保障与激励机制

1. 职业保障

职业保障是构建证券期货调解员制度的关键。其中,保障证券期货调解员依法履职,建立区别调解专员和一般调解员人事制度、工资制度等薪酬福利制度,加强证券期货纠纷调解员的财务保障,提高调解中心及各辖区调解工作室的科技含量,切实增强调解员的获得感,皆是证券期货调解员队伍建设机制亟待研究明确的重点难点。为此,探索建立、巩固完善与证券期货调解员职责任务相适应的职责匹配、提质增效的职业保障制度,可从以下三个方面具体展开。

一是对主办证券期货调解员的履职保护。要积极探索建立证券期货调解员履行职责保护机制。明确证券期货调解员在调解纠纷时不应受到案外因素的干扰,依法独立调解,做到实事求是、对案件当事人负责、对法律负责。目前,投服中心等基层辖区普遍担心由于目前调解员岗位的临时性，遴选与退出容易形成利益化倾向，因而异化为对部门领导的业务依附，无法实现独立调解。因此，实现证券期货调解员其履行职责不受投服中心、行政机关、团体和个人的干涉，其人身、财产和住所安全受法律保护，是证券期货调解员职业保障的当务之急。

二是建立健全投服中心等有关调解组织的领导干部干预调解员调解纠纷、插手具体案件处理的记录通报制度和内部人员过问案件的记录与责任追究制度。证券期货调解员应全面、如实记录，做到全程留痕、有据可查，确保证券期货调解员公正、独立地行使调解职权。

三是非因法定事由，非经法定程序，不得将证券期货调解员调离、辞退或者对其作出免职、降级等处分。同时，探索建立证券期货调解员依法履职免责制度。证券期货调解员遭到不实举报，致使名誉受到损害时，投服中心应根据调查核实情况在一定范围内予以澄清，消除影响，并支持调证券期货调解员依法维护合法权益。投服中心应设立证券期货调解员履职保护心理疏导平台，健全心理疏导工作机制，帮助证券期货调解员缓解因遭受人身威胁、侵害及不实举报等带来的心理压力，增强调解员的职业安全感。

2. 激励机制

随着投服中心的调解员数量迅速增加，投服中心亦开始探索对调解员职业规范和队伍建设实行激励模式。该模式主要以调动证券期货调解员参与调解的积极性为目的。目前，常见的激励机制主要有名誉激励、进修激励和物质激励三种。(1)名誉激励。例如，投服中心对表现优异的调解员授予“金牌调解员”“优秀调解员”荣誉称号。这就是发挥激励示范效应的做法。(2)进修激励。主要体现在境内外的学历提升，教育培训。(3)物质激励。物质激励则包括了境外学习考察及货币奖励等方式。至于要怎样使这些激励机制落地，我们认为，主要要做的就是在现有的制度上对保障的形式、内容、要求等进行明确、细分，让调解员能够明确知道达到什么标准可以获得什么奖励、能够得到什么保障。

根据近年来投服中心有关证券期货调解员队伍建设的经验总结，我们发现，调解员业务能力的表现也是多种多样的：有的擅长通过全面扎实的专业理论功底，迅速切入问题焦点，做到对症下药、有的放矢；有的擅长综合运用金融、法律和心理学知识，通过耐心的倾听、认真的态度获得纠纷当事人的信任，为案件最终调解打下坚实基础;有的擅长利用司法确认、公证等法律手段,消除纠纷双方的顾虑,切实保障调解协议的有效履行。他们都通过中立、专业、高效的调解服务,化解了大量疑难、复杂、涉众的证券期货市场纠纷,成为广大调解员队伍的模范和榜样。因而,投服中心对这些优秀的调解员进行追踪考察,通过建立调解员业绩档案,总结"优秀调解员"的调解经验,并进行表彰。

这一对调解效果好的证券期货调解员进行表彰、激励、督促其尽职尽责的做法,不仅是在打造投服中心证券期货调解员队伍的优秀品牌,也是投服中心证券期货调解员队伍建设激励机制的创新。通常表彰的形式可以是证书、宣讲会之类的,但是,投服中心采用建立优秀调解员的业绩档案,向证券期货纠纷的当事人展示"优秀调解员"的调解经验,使当事人在通过调解员名册获得调解员信息的基础上,丰富了通过对比、评估和选任特定的调解员的方式。这种充分形成对"优秀调解员"示范效应的激励,也是名誉激励的应有之义。

当然,在名誉激励的基础上,也可以对证券期货调解员进行评级,可分为初级调解员、资深调解员以及精英调解员,这与上述的培训制遥相呼应。在投服中心名册上,不同级别的调解员也应该有所体现,以便当事人挑选。这样,既是对调解员业务能力的肯定(激励),也有利于对资本市场纠纷解决的当事人的切实维护。不同级别的调解员不仅在名册制、培训机制上存在不同,还应该在福利待遇等方面也有所差别,让物质激励发挥作用。

所谓让物质激励发挥作用,主要是加强对证券期货调解员的经济利益保障。因此,建立证券期货调解员岗位津贴和调解绩效考核奖金制度,就十分必要。现阶段,基于投服中心调解全部免除纠纷当事人费用或极低收费的做法,可采取现行"工资收入+调解补贴或调解专员岗位津贴"的方式确定薪酬。在计发标准上,可结合当地经济社会发展水平和解决纠纷状况,特别是结合证券期货调解员调解数量和调解质量,结合投服中心各辖区调解团队的工作绩效考核情况,按照两项合计人均不低于每年1万元的标准掌握。原则上以调解团队为单位按季度计发,由调解专员和一般调解员按照一定的标准和程序进行分配,使证监协会和投服中心的广大从业人员主动向调解员岗位流动,充分调动调解专员和一般调解员采用调解结案的积极性。

为加强对证券期货调解员合法权益的保护,投服中心也要积极探索调解专员和一般调解员奖励制度构建。保证证券期货调解员的业绩要与其政治待遇、经济待遇、调解质量考评和评先评优挂钩。提高证券期货调解员的待遇,按规定给予相应奖励。在评先评优、晋职、晋级时给予其优先考虑。同时,根据绩效考核情况,在表彰奖励时对证券期货调解员予以倾斜。要探索建立单独的薪酬体系,薪酬只和证券期货调解员等级有关,与行政级别完全脱钩。争取岗位工资实行精英调解员按正处级工资待遇进行奖励补助、资深调解员按正科级工资待遇进行奖励补助、初级调解员按副科级工资福利待遇进行奖励补助,为投服中心调解员队伍的专业化、精英化打好基础。

总之,证券期货调解员队伍建设包括投服中心等调解机构,组织实施遴选调解专员和一般调解员,对其调解员实施分类管理,建立调解员调解工作室,制定调解员职责权限清单等工作机制的创新。将之融合于多方支持、制度运行畅顺的纠纷调解机制之中,并推动立法将相应的创新成果以法律的形式予以确认,切实为调解员职业保障和制度激励提供支撑。

(二)约束机制的类别创设

约束机制则是对证券期货调解员的行为及身份进行限制的机制,主要包括回避制度、身份冲突禁止规则以及虚假调解防范机制等方面。

1. 回避制度

调解员居中主持调解,类似法官司法,理应适用回避规则,以保证调解结果的公平和公正,维护证券期货调解制度的公信力。建议规定证券期货调解员有下列情形之一的,当事人有权申请回避:(1)是一方当事人或者其代理人近亲属的;(2)与纠纷有利害关系的;(3)与纠纷当事人、代理人有其他利害关系,可能影响公正调解的;(4)法律法规规定的其他应当回避的情形。投服中心调解专员和一般调解员有上述情形的,应当自行回避,但双方当事人同意由该调解员调解的除外。

2. 身份冲突禁止规则

鉴于调解行为的准司法性,为避免角色混同带来的不必要混乱,保证证券期货调解专员和一般调解员调解活动的公平公正,建议明确规定调解专员或一般调解员不得在后续的诉讼程序中担任该案的人民陪审员、诉讼代理人、证人、鉴定人以及翻译人员等。需要特别指出,调解专员或一般调解员回避时其所在的投服中心成立的调解组织是否应该回避,在实践中存有争议。对此,我们认为,应视调解组织的情况而定,不能一概而论。

3. 虚假调解防范机制

推动证券期货调解员队伍建设,应以有效解决现实困难为原则,以点带面、循序渐进、积极稳妥发展。同时,应当采取切实有效的配套措施,提高证券期货调解员的专业化、职业化水平,注意防范可能引发的虚假调解或者虚假诉讼。所谓虚假调解,是指双方当事人为了牟取非法利益,虚构事实、恶意串通,以获取法院出具的调解文书的行为。虚假调解是虚假诉讼的一种常见方式,虚假诉讼常以调解结案,当事人利用调解文书与判决书具有同等的法律效力,即生效后不能上诉,且双方达成调解协议为由降低法院实质审查强度,以牟取非法利益,损害他人的合法权益。投服中心调解专员或一般调解员如果发现当事人存在虚假调解嫌疑的,应当中止调解,并向投服中心报告。投服中心接到报告后,应及时审查,并依据相关规定作出相应处理。虚假调解达成协议,提请法院司法确认的,法院应当严格审查予以驳回,并对参与虚假调解的人员依法予以惩处。具体机制内容见表2-11。

表2-11　虚假调解的配套机制

投服中心调解专员或一般调解员	投服中心	法院
发现当事人存在虚假调解嫌疑的,应当中止调解,并向投服中心报告	接到报告后,应当及时审查,并依据相关规定作出相应处理	虚假调解过成协议,提请法院司法确认的应当严格审查予以驳回,并对参与虚假调解的人员依法予以惩处

(三)考核评估体系和责任追究制度

1. 完善考核评估体系

考核评价是推动决策落实、明确目标责任、提高工作效率的有效机制。因此,考核评估体系被广泛应用于政治管理、经济发展等各个领域。同样,对证券期货调解员队伍来说,较为完善的考核评估体系一样可以起到“指挥棒”的作用,引导各调解专员与一般调解员的调解工作,以更好地为当事人服务,最终拓展证券期货行业的调解业务。如我国香港特别行政区对申请人的考核就相当重视,申请人在课程培训完成后还要参加调评会组织的考核。调评会设计出了一种划分了四个等级的考核表格，有"达标""还须进步""低于平均水平""没有达标"。且表格上注明了每一调解阶段的核心能力、目标成果及该阶段应表现的微细的技巧等。

由于考核评价内容的科学性、合理性是建立科学有效的考核评价体系的前提和基础，那么考核评价内容的设计显得十分关键。本课题组通过调研发现，可以根据调解员所调解的纠纷数量、调解过程中调解员行为的规范性、当事人对调解员的满意度以及调解员是否服从相关协会或组织的管理四个方面的情况对调解员进行考核（见图2－2）。

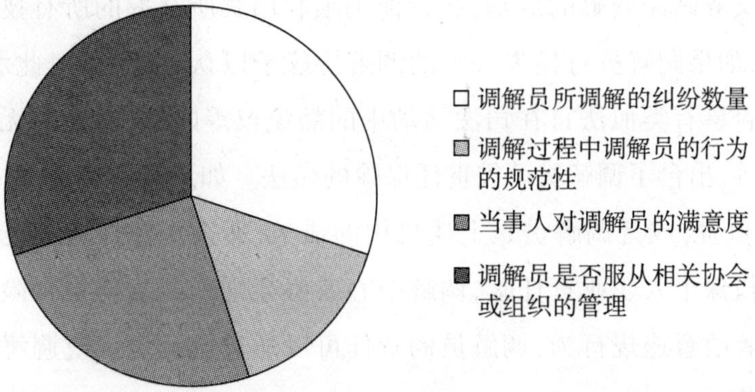

图2－2　考核指标

具体来说，调解员所调解的纠纷数量是指每一个考核年度该调解员调解的案件数量，也即该调解员的工作量。当然，这一工作量的考核不仅在于调解纠纷的件数，还在于该调解员所调解的纠纷占整个协会或组织全部调解的纠纷的比例。在调解过程中，调解员行为的规范性是指调解员在进行具体的调解工作时，是否遵循法律法规的相关规定，是否违背公平、公正、中立、独立的原则，是否履行信息披露义务，是否强迫当事人接受其调解员本人对纠纷的看法或调解建议，以及是否接受当事人或代理人请客、馈赠或提供的其他利益等。当事人对调解员的满意度则是指当事人通过与涉案调解员的接触，对涉案调解员所表现出来的工作能力、调解技巧、是否具备勤勉审慎的工作态度以及纠纷的调解结果进行的综合评价。调解员是否服从相关协会或组织的管理，主要是指调解员是否存在无正当理由拒绝接受安排的调解培训以及调解任务等情形，是否及时履行了主动报告的相关义务。另外,本课题组认为可以对据调解员所调解的纠纷数量、调解过程中调解员的行为的规范性、当事人对调解员的满意度以及调解员是否服从相关协会或组织的管理这四个考核的内容进行赋值。这样,便于使调解员的考核结果直观化、清晰化,也便于后续对调解员的奖励或惩戒。

2. 落实责任追究制度

在实践中,有关调解员的责任可适用民法中关于责任的一般规定。但到目前为止,我国尚无法律明文规定调解员的责任。通常情况下,例如,在当事人与调解员签订的调解合同中,调解员的责任具有契约性质。因此,一旦调解员拒绝完成分配的任务或者违反中立性、保密性义务,则很有可能承担责任。不过,也要看到,调解员并没有义务确保调解的成功,尽管他仍须利用其所掌握的所有技能实现预期目标。但是,如果调解员对显失公平的调解协议予以认可,是否对此承担责任,或者调解员是否享有类似法官在司法活动中的豁免权等问题,对此尚无定论。一些国家如法国等,出台了调解员可投责任保险的做法。如果调解由调解中心、调解协会或者律师负责,或者调解员是上述机构的成员,那么责任保险甚至是必不可少的。调解员投保个人职业责任险,调解中心或协会则购买集体责任险。除非存在故意欺诈或者故意违规行为,调解员的责任可以通过调解协议或调解中心的调解规则予以排除。

我们认为,在证券期货调解员队伍建设中,投服中心应该出台相关的考核评估体系和责任追究制度,以此对其聘任的调解专员或一般调解员在任期内的调解工作进行客观评估,为证券期货调解员队伍的建设提供重要指引。考核评估体系的灵魂在于其最终的应用,因此,在相关协会或组织对调解员进行评估完成后,应对评估情况予以公示。对能够完成工作任务的调解专员或一般调解员给予相应的奖励,相关奖励可以是名誉、进修和物质等方面的。相应地,对不能完成工作任务和违反本调解中心规定的调解专员或一般调解员,则给予相应的惩处,如取消调解专员或一般调解员资格等。针对调解员的不当行为,如违反保密或身份冲突禁止规定等,建议给予警告、训诫或除名等惩戒。总之,责任追究应该遵循实事求是、有错必究,教育与惩处相结合、惩处与责任相适应的原则。

当然,为了维护调解员的合法权益,及时发现和处理隐患问题,可以借鉴我国香港特别行政区的有关经验。香港调评会一般会对考核考试进行全程录像,这样在申请人需要上诉时可以作为证据使用。

此外,还应该建立相应的申诉制度,即允许对相关追究责任的决定不服的调解员本人,可以按照一定程序提出异议。

参考文献

1. 江伟、杨荣新主编:《人民调解学概论》,法律出版社 1990 年版。

2. 侯怡墨:《我国大陆与台湾地区证券纠纷调解机制比较研究》,载中国证券业协会主编:《创新与发展:中国证券业 2012 年论文集》,中国财政经济出版社 2013 年版。

3. 李有星、王卓晖:《论证券纠纷调解机制的修改与完善》,载徐明、黄红元主编:《证券法苑》(第 12 卷),法律出版社 2014 年版。

4. 刘晓春:《美国证券调解机制及其价值评析》,载北京大学金融法研究中心主编:《金融法苑》,中国金融出版社 2009 年版。

5. 卢勇:《中国证券申诉专员制度的探索构建——以投服中心为样本的思考》,载郭文英、徐明主编:《投资者》(第 1 辑),法律出版社 2018 年版。

6. 王慧:《金融消费者权益保护的非诉讼机制探讨——以金融申诉专员制度为视角》,载《浙江金融》2014 年第 5 期。

7. 吴弘:《金融纠纷非讼解决机制的借鉴与更新——金融消费者保护的视角》,载《东方法学》2015 年第 4 期。

8. 吴伟央:《证券行业纠纷解决机制的程序正当性——以美国的交易所调解与仲裁程序为中心》,载《仲裁研究》2013 年第 2 期。

9. 赵春兰:《试论证券民事纠纷的解决机制》,载《政治与法律》2006 年第 3 期。

10. 陈小雁:《证券纠纷 ADR 的比较研究》,华东政法大学国际法学院 2010 年硕士学位论文。

11. 李秀菊:《证券民事纠纷调解解决机制研究》,首都经济贸易大学法学院 2012 年硕士学位论文。

12. 麻欣然:《英、日金融监管部门消费纠纷解决机制比较研究》,华东政法大学经济法学院2015年硕士学位论文。

13. 彭叶萍:《论证券纠纷的非诉讼解决机制》,华东政法大学经济法学院2008年硕士学位论文。

14. 孙芳冠:《我国证券期货业纠纷调解制度研究》,深圳大学法学院2016年硕士学位论文。

15. 赵焱:《证券纠纷替代性解决方式探析》,中国政法大学诉讼法学院2006年硕士学位论文。

16. 嵇绍军:《证券民事纠纷解决机制研究》,中国政法大学诉讼法学院2005年硕士学位论文。

17. 澳大利亚调解员协会:《澳大利亚调解员资质认证审批国家标准》,蒋惠岭译,载《人民法院报》2010年9月10日,第6版。

18. 广东中证投资者服务与纠纷调解中心:《关于印发〈广东中证投资者服务与纠纷调解中心第一届理事会第七次会议纪要〉的通知》,载广东中证投资者服务与纠纷调解官网:http://www.gdism.org/WebSite/19/gongzuobaogao/p_1.html。

19. 吕哲盈:《香港调解员评审机制死而复生》,载新浪财经网:http://finance.sina.com.cn/sf/news/2016-01-13/135616854.html。

20. 皮埃尔·伯纳菲-施密特:《调解培训和资质认证的全球化趋势》,龙飞译,载《人民法院报》2011年6月10日,第6版。

21.《我国证券期货纠纷多元化解机制发展的里程碑》,载同花顺财经网:http://stock.10jqka.com.cn/20160718/c591768111.shtml。

22.《证券业协会:通过纠纷调解机制解决证券纠纷》,载中国证券业协会官网:http://www.sac.net.cn/hyfw/hydt/201212/t20121214_60908.html。

23. 周松林、徐明:《尽快实现全国调解中心设立》,载新浪财经网:http://finance.sina.com.cn/stock/t/2017-11-14/doc-ifynvxeh4602912.shtml。

附录一 《证券期货调解员管理规程(建议稿)》

目 录

第一章 总 则

第一条 为加强调解员队伍建设,提升调解员素质,规范调解员管理,根据《中国证券业协会证券纠纷调解工作管理办法》《中国期货业协会调解员守则》《中国期货业协会调解员聘任管理办法》等有关规定,结合调解工作实际,制定本办法。

第二章 调解员的选聘

第二条 调解员应当具有解决证券、期货业务纠纷所需的知识、经验和能力,并应符合以下资格条件:

(一)品行端正、公道正派、勤勉尽责;

(二)熟悉证券期货法律法规及业务知识;

（三）具有正规协会或组织的会员资格；

（四）具有本科以上（含）或同等学力；

（五）能保证调解工作必需的时间和精力；

（六）年龄在65岁以下，身体健康，有丰富经验的人士可适当放宽；

（七）无违法或重大违规行为；

（八）愿意遵守所在协会或组织的相关规定。

第三条　调解专员要求是证券期货行业相关组织或协会工作人员须5年以上工作年限或部门副主任以上。

一般调解员要求是满足下列条件之一：

（一）有5年以上证券监管部门、自律组织工作经历的人员；

（二）在当地有一定影响和威望的离退休法官、检察官和政府工作人员；

（三）有5年以上纠纷解决经验的律师、仲裁员或人民调解员；

（四）具有中级或以上职称，直接从事法律、经济教学或研究的专家学者；

（五）其他符合条件的人员。

第四条　符合调解员资格条件且有意愿从事证券、期货纠纷调解工作的人员可向所在协会或组织提出申请。

相关单位也可在被推荐人本人同意后向协会或组织推荐调解员。

第五条　协会或组织对符合条件的调解员进行初步审查后审定。

对拟聘任的调解员，颁发调解员聘书，列入调解员名册。

第六条　调解员聘期五年，自聘书签发之日起计算。

调解员在聘期内如有工作单位、通讯地址、联系电话发生变化，或遇有长期出国等情况，应及时告知所在协会或组织。

第七条　调解员聘任期届满前，协会或组织对调解员在聘任期内的表现予以考评，考评通过后，可根据调解员在任期内履行职责情况和调解工作需要予以续聘。

未被续聘或者非因不称职原因而被解聘的调解员，对尚未调解完结的案件，在征得案件当事人的同意后可以继续履行调解员职责，直至调解程序结束，但本人不愿意继续办理的除外。

第八条　在聘任期内，调解员主动提出辞职或有以下不称职或不适宜担任调

解员的情形以及因工作、身体等原因不能继续担任调解员的,由委员会予以解聘:

(一)涉及刑事犯罪或受到严重行政处罚的;

(二)在调解过程中,有违公平、公正、中立、独立原则,受到当事人有效投诉的;

(三)未按照规定履行信息披露义务的;

(四)强迫当事人接受调解员本人对纠纷的看法或调解建议的;

(五)违反调解员勤勉审慎义务,不负责任的;

(六)接受当事人或代理人请客、馈赠或提供的其他利益的;

(七)无正当理由拒绝接受安排的调解培训的;

(八)无正当理由拒绝接受安排的调解任务的;

(九)因工作、身体等原因不适宜继续担任调解员的;

(十)其他违反本办法规定或不适宜继续担任调解员的情形。

第三章　调解员的管理

第九条　相关协会或组织应建立详尽的证券期货调解员名册信息。在名册上公布调解员的姓名、性别、年龄、学习经历、工作经历、专业特长、资格认证、培训情况以及其他与证券期货调解工作相关的信息,以便当事人了解。

调解员名册制分为强制证券期货调解员名册制与推荐证券期货调解员名册制两类。

第十条　相关协会或组织应建立便捷的查询证券期货调解员名册信息的通道和方式。

证券期货调解员名册信息的具体通道可以包括官方网站、各办公室等。

证券期货调解员名册信息的具体方式可以是纸质的,可以是电子的。

第十一条　应建立全国互相承认的证券期货调解员制度。

第十二条　应建立期货证券调解员的业绩档案,定期评估,及时更新名册信息。

第十三条　调解员培训遵循理论联系实际、以人为本、全面发展、注重能力、学以致用、科学管理的原则。

第十四条　调解员应参与相关协会或组织要求的培训项目以及相关活动,以保持和提升与调解相关的知识与技能。

第十五条　相关协会或组织可视情况分级培训与分类培训。

分级培训包括新进培训、初级调解员培训、资深调解员培训、精英调解员培训等。

分类培训包括证券行业专业知识、法律法规知识、调解程序及技巧、心理学知识、典型案例的培训等。

第十六条　培训形式分为面授培训、网络培训、脱产学习、考察学习、交流学习等形式。

第十七条　相关协会或组织可以与高校合作进行培训。

第十八条　相关协会或组织要求调解员参加的培训活动所需的培训费等相关费用由相关协会或组织承担。

第十九条　相关协会或组织对调解员进行全程监督。监督的内容包括相关信息的告知、调解中的工作态度以及调解员的相关能力、是否遵守了回避的规则、是否存在受贿等违法违纪的事情。

第二十条　调解员也应该对相关协会或组织进行主动报告，报告的内容有：

（一）案件纠纷以及当事人的相关信息；

（二）预设的相关调解方案；

（三）具体的工作流程以及工作内容；

（四）具体调解工作中遇到的问题以及解决方案；

（五）调解终结后，案件是否结案以及后续的执行工作等。

第四章　调解员的保障

第二十一条　相关协会或组织根据调解纠纷数量、调解行为规范性等情况对调解员进行考核。

第二十二条　考核结果作为名誉激励、进修激励和物质激励的重要依据。

名誉激励包括调解员授予“金牌调解员”“优秀调解员”荣誉称号。

进修激励主要体现在境内外的学历提升。

物质激励包括境外学习考察及货币奖励等方式。

第二十三条 调解员有下列情形之一的,当事人有权申请回避:

(一)是一方当事人或者其代理人近亲属的;

(二)与纠纷有利害关系的;

(三)与纠纷当事人、代理人有其他利害关系,可能影响公正调解的;

(四)法律法规规定的其他应当回避的情形。

调解专员和一般调解员有上述情形的,应当自行回避,但双方当事人同意由该调解员调解的除外。

第二十四条 调解专员或一般调解员不得在后续的诉讼程序中担任该案的人民陪审员、诉讼代理人、证人、鉴定人以及翻译人员等。

第二十五条 调解专员或一般调解员如果发现当事人存在虚假调解嫌疑的,应当中止调解,并向相关协会或组织报告。接到报告后,相关协会或组织应当及时审查,并依据相关规定作出相应处理。

第二十六条 相关协会或组织应该出台相关的考核评估体系和责任追究制度。

第五章 附 则

第二十七条 本管理规程经审议通过后于 年 月 日生效。

第二十八条 本管理规程由负责修改或解释。

附录二　对《证券期货调解员管理规程》的说明

为使证券期货调解员队伍建设达到专业权威、管理规范以及各方认可等目的，本课题组将本报告的相关内容进行了总结提炼，试着提出了《证券期货调解员管理规程》。

《证券期货调解员管理规程》主要借鉴了中国国际贸易促进委员会和中国国际商会调解中心、中国期货业协会、广东证券期货业协会等机构的相关文件如中国国际贸易促进委员会和中国国际商会调解中心的调解员名册、《调解员守则》、《调解员聘任管理办法》、《调解员培训管理规定》以及《调解员行为考察规定》等规定，中国期货业协会的《中国期货业协会调解规则》《中国期货业协会调解员守则》《中国期货业协会调解员聘任管理办法》《中国期货业协会调解委员会工作办法》等规定，《广东证券期货业协会证券期货纠纷调解员管理办法（试行）》。另外，还参考了《人民调解法》、《上海市人民调解员行为规范》、最高人民法院《关于人民法院特邀调解的规定》、《中国证券业协会证券纠纷调解工作管理办法》等文件，以及澳大利亚、法国、我国香港特别行政区等国家和地区的相关经验。有关《证券期货调解员管理规程》章节条款设置的相关说明如下。

《证券期货调解员管理规程》一共分为 5 章，28 个条款。5 个章节分别是第一章总则、第二章调解员的选聘、第三章调解员的管理、第四章调解员的保障、第五章附则。第一章总则部分共 1 个条款；第二章调解员的选聘部分包括第 2 条至第 8 条共 7 个条款，对应的是本报告第二章的内容；第三章调解员的管理部分包括第 9 条至第 20 条共 12 个条款，对应的是本报告第三章的内容；第四章调解员的保障部分包括第 21 条至第 26 条共 6 个条款，对应的是本报告第四章的内容；第五章附则部分包括第 27 条和第 28 条共 2 个条款。具体条款说明如下：

第 1 条是《证券期货调解员管理规程》制定的有关目的和依据;

第 2 条规定的是调解员的资格条件,具体内容详见本报告第二章第二节的第一点"调解员的资质"部分的总结;

第 3 条规定的是调解专员和一般调解员的要求,具体内容详见本报告第二章第三节"调解专员与一般调解员在选聘机制上的不同"部分的总结;

第 4 条至第 6 条是调解员的主动申请和被动推荐、协会或组织对调解员的审查和拟聘以及聘期的规定,具体内容详见本报告第二章第二节第二点"调解员的聘任"部分的总结;

第 7 条和第 8 条规定的是续聘的条件、未被续聘或者非因不称职原因而被解聘的调解员对尚未调解完结的案件的处理,以及调解员主动提出辞职或者予以解聘的事项,具体内容详见本报告第二章第二节第三点"调解员的续聘和解聘"部分的总结;

第 9 条和第 10 条规定了相关协会或组织应建立详尽的证券期货调解员名册信息、调解员名册制分类以及相关协会或组织应建立便捷的查询证券期货调解员名册信息的通道和方式,具体内容详见本报告第三章第一节第三点"投服中心对证券期货调解员名册制的完善举措"部分;

第 11 条是推荐证券期货调解员名册的内容,详见本报告第三章第一节第二点"推荐证券期货调解员名册制"部分的启示;

第 12 条是强制证券期货调解员名册的内容,具体内容详见本报告第三章第一节第一点"强制证券期货调解员名册制"部分的启示;

第 13 条至第 18 条规定了调解员培训应遵循的原则、相关培训的要求和目的、分级培训与分类培训、培训形式、合作培训、培训费用的承担等,具体内容详见第三章第二节"培训制"部分,尤其是该部分的第三点"投服中心证券期货调解员培训机制建构";

第 19 条和第 20 条是相关协会或组织对调解员进行全程监督和调解员应该对相关协会或组织进行主动报告的相关规定,具体内容详见本报告第三章第三节"全程监督制度和主动报告制度"部分;

第 21 条规定的是考核的内容,具体内容详见本报告第四章第二节"考核评估体系和责任追究制度"部分;

第22条至第25条规定的是激励机制、回避制度、身份冲突禁止规则、虚假调解防范机制等，具体内容详见本报告第四章第一节“职业保障与激励机制”以及第二节“约束机制的类别创设”部分；

第26条是考核评估体系和责任追究制度的概要规定，具体内容详见本报告第四章第三节“考核评估体系和责任追究制度”部分；

第27条和第28条是附则的相关内容，规定了生效日期和修改或解释的主体。

图书在版编目（CIP）数据

纠纷调解案例评析：2018年／郭文英，徐明主编．--北京：法律出版社，2018
ISBN 978-7-5197-2697-3

Ⅰ．①纠… Ⅱ．①郭… ②徐… Ⅲ．①证券交易-经济纠纷-案例-中国②期货交易-经济纠纷-案例-中国 Ⅳ．①D922.287.5

中国版本图书馆 CIP 数据核字(2018)第211521号

纠纷调解案例评析（2018年）
JIUFEN TIAOJIE ANLI PINGXI (2018 NIAN)

郭文英 徐 明 主编

策划编辑 陈 妮
责任编辑 陈 妮
装帧设计 李 瞻

出版 法律出版社
总发行 中国法律图书有限公司
经销 新华书店
印刷 固安华明印业有限公司
责任校对 王晓萍
责任印制 吕亚莉

编辑统筹 财经法治出版分社
开本 787毫米×1092毫米 1/16
印张 13
字数 220千
版本 2018年9月第1版
印次 2018年9月第1次印刷

法律出版社／北京市丰台区莲花池西里7号(100073)
网址／www.lawpress.com.cn
投稿邮箱／info@lawpress.com.cn
举报维权邮箱／jbwq@lawpress.com.cn
销售热线／010-63939792
咨询电话／010-63939796

中国法律图书有限公司／北京市丰台区莲花池西里7号(100073)
全国各地中法图分、子公司销售电话：
统一销售客服／400-660-6393
第一法律书店／010-63939781/9782
西安分公司／029-85330678
重庆分公司／023-67453036
上海分公司／021-62071639/1636
深圳分公司／0755-83072995

书号：ISBN 978-7-5197-2697-3
定价：68.00元
(如有缺页或倒装，中国法律图书有限公司负责退换)

过去的永远回不去　当下的会决定未来

No matter how the past was, the future will belong to us.

一个人的当下 两个人的未来

Wait For Future

颜昕悦　著

线装書局

图书在版编目（CIP）数据

一个人的当下 两个人的未来 / 颜昕悦著. -- 北京:
线装书局, 2013.12
ISBN 978-7-5120-1159-5

Ⅰ. ①一… Ⅱ. ①颜… Ⅲ. ①言情小说－中国－当代
Ⅳ. ①I247.5

中国版本图书馆CIP数据核字(2013)第286598号

一个人的当下 两个人的未来

作　　者：颜昕悦
插　　画：若筱美 Suissy
出 品 人：耿　帅
执行编辑：杨越博
责任编辑：肖玉平
封面设计：秋水书衣
出版发行：线装書局
地　址：北京市西城区鼓楼西大街 41 号（100009）
电　话：010-64045283 64041012
网　址：www.xzhbc.com
经　　销：新华书店
印　　刷：大连海大印刷有限公司
开　　本：890mm×1240mm　1/32
印　　张：7
字　　数：60千字
版　　次：2015年1月第1版第1次印刷
印　　数：00001—10000册

定　　价：52.80元